Christoph Storck · Dagmar Paland
Hans-Josef Löhnenbach

Menschen – Kinder Menschenskinder

Pädagogik/Erziehungswissenschaft
in der Sekundarstufe I

Band 1

Hrsg.: Christoph Storck

(✝ 2013)

Schneider Verlag Hohengehren GmbH

Umschlagbild: © pict rider – adobe stock.com

In Nordrhein-Westfalen mit Bescheid vom 14.1.2000 als Schulbuch genehmigt für das Fach Erziehungswissenschaft an Gymnasien
(AZ 813.82-48-58-11/99/00)

Alle von den Autoren des Buches verfassten Texte orientieren sich an den neuen Regeln für die Rechtschreibung; Textauszüge aus anderen Büchern wurden unverändert übernommen.

Gedruckt auf umweltfreundlichem Papier (chlor- und säurefrei hergestellt).

Storck, Christoph:
Menschen – Kinder – Menschenskinder :
Pädagogik, Erziehungswissenschaft in der Sekundarstufe I /
Christoph Storck ; Dagmar Paland ; Hans-Josef Löhnenbach. –
4. unveränd. Aufl.
Baltmannsweiler : Schneider-Verl. Hohengehren
  Bd. 1. / Hrsg.: Christoph Storck (2000)

ISBN: 978-3-8340-2050-5 – **4. unveränderte Auflage**
Schneider Verlag Hohengehren, 73666 Baltmannsweiler
Homepage: www.paedagogik.de

Alle Rechte, insbesondere das Recht der Vervielfältigung sowie der Übersetzung, vorbehalten. Kein Teil des Werkes darf in irgendeiner Form (durch Fotokopie, Mikrofilm oder ein anderes Verfahren) ohne schriftliche Genehmigung des Verlages reproduziert werden.
© Schneider Verlag Hohengehren, 2020.
  Printed in Germany – Druck: Format Druck, Stuttgart

Vorwort

Das Buch **Menschen – Kinder – Menschenskinder** will Schülerinnen und Schüler auch schon in der Sekundarstufe I für pädagogisches Fragen und Nachdenken begeistern. Das Band will Materialien bereitstellen, mit denen Pädagogikunterricht in Differenzierungskursen der Klassen 9 und 10 gelingen kann.

Einige Menschen haben die Autoren unterstützt, dass dieses Buch überhaupt erstellt werden konnte.

Dr. Eckehardt Knöpfel hat im Namen und im Auftrag des Verbandes der Pädagogiklehrer*innen Anregungen gegeben und die Verfasser*innen in ihren Bemühungen bestärkt,

Julia Gröning, eine 17jährige Schülerin aus Mönchengladbach, hat die Symbole für unser Schulbuch und auch die Skizzen für das Kapitel zum Thema Magersucht entworfen und gezeichnet,

Irene Klauth hat wichtige Tipps für die Gestaltung des schwierigen Themas „Magersucht" gegeben.

Der Verleger, Rainer Schneider, hat die Veröffentlichung dieses Buches im Schneider-Verlag möglich gemacht; er hat auch an der Gestaltung dieses Buches maßgeblich mitgewirkt.

Band I wie auch Band II weisen jeweils 10 Kapitel aus. Die einzelnen Kapitel sind in Orientierung auf den jeweiligen inhaltlichen Schwerpunkt und den auf den Lernenden bezogenen Kompetenzerwerb fachdidaktisch unterschiedlich konzipiert:

– primär fachlich systematisierend, z. B. Kapitel 3 „Strafe"
– stärker biographisch/selbstreflexiv, z. B. Kapitel 6 „Den eigenen Weg gehen"
– als „pädagogische Doppeldecker", wenn z. B. ein komplexes methodisches Vorgehen erprobt werden könnte, z. B. Kapitel 8
– bezugnehmend auf einen Autor von besonderer Bedeutung hinsichtlich erzieherischen Denken und Handeln, z. B. Kapitel 10 „Janusz Korczak"

Dieser Aufbau bietet die Möglichkeit, Kurse in unterschiedlicher Weise nach Interessen der Lernenden und der Fachlehrerin/des Lehrers zu gestalten.

Dass dieses Buch fast zwei Jahrzehnte nach seiner Erstveröffentlichung nochmals gedruckt wird, ist der prekären Lage auf dem Schulbuchmarkt geschuldet. Angesichts der geringen Zahl von Pädagogikbüchern für die Sekundarstufe I und der durchaus vorhandenen Nachfrage, möchte dieser Band eine Lücke füllen. Es ist selbstverständlich, dass im Unterricht auf das Alter der Texte geachtet werden muss. Unverzichtbar bleibt die Herausforderung einer fachlichen Aktualisierung, z. B. Kapitel 7 „Vorbilder und Idole" – „Fremd-, Selbstbestimmung durch digitale Medien".

Rheinbach im Februar 2020
Hans-Josef Löhnenbach

Liebe Schülerinnen, liebe Schüler,

ihr habt euch für ein neues Unterrichtsfach entschieden und verbindet vermutlich höchst unterschiedliche Erwartungen mit dieser Wahl, vielleicht auch ganz persönliche Hoffnungen.
Wir, die Autoren, haben auch bestimmte Erwartungen an Schülerinnen und Schüler sowie Lehrerinnen und Lehrer.
So wünschen wir uns

- Lehrerinnen und Lehrer, die nicht einfach Wissen weitergeben wollen, sondern gemeinsam mit den Schülerinnen und Schülern echte Fragen stellen und Antworten suchen, die überzeugen können,
- Schülerinnen und Schüler, die sehen und akzeptieren, dass sie zwar noch „Edukanden" – Zu-Erziehende –, aber zugleich auch immer schon „Edukatoren" – Erziehende – sind und deshalb für sie wichtig ist, dass sie Wissen und Kompetenzen (Fähigkeiten) im Hinblick auf Erziehung erwerben,
- die Bereitschaft aller Beteiligten, sich pädagogischen Fragen und Aufgaben engagiert, ausdauernd und manchmal mühsam zu stellen,
- den Mut, neue Überlegungen und neue Lernformen innerhalb und außerhalb des Unterrichts zu wagen.

Wir haben deshalb das Buch so konzipiert, dass jede Kursgruppe „ihren Kurs" bestimmen kann. Der Aufbau der einzelnen Kapitel wird dabei sicher eine wichtige Entscheidungshilfe bieten können.

Vorwort

Zum Aufbau des Buches

Thematische Schwerpunkte

Jeder neue thematische Schwerpunkt beginnt jeweils mit einer besonderen Seite und Überschrift.

Arbeitsanregungen

Die Arbeitsanregungen fordern euch auf, Materialien auf bestimmte Aspekte hin zu untersuchen, Themen zu erschließen und zu problematisieren oder auch eigene Fragen zu formulieren. Die Nummerierung stellt eine Empfehlung dar, die als Hilfe verstanden werden soll.

Symbole

 Symbole tauchen immmer dann auf, wenn besondere Arbeitsformen vorgeschlagen werden.

 Einzelarbeit

 Rollenspiel

 Partnerarbeit

 Protokoll

 Gruppenarbeit

 Referat

 fächerübergreifendes Arbeiten

 Aktion/Projekt

 Buchtipp

 Filmtipp

Projekte
An unterschiedlichen Stellen empfehlen wir Vertiefungen, Aufgaben oder Projekte, die einen besonderen Aufwand erfordern.

Methoden

> In (eingerahmten) Kästen werden „pädagogische Werkzeuge" (Methoden) vorgestellt und erläutert.

Brainstorming	S. 87
Clustering	S. 130
Expertenbefragung	S. 29
Interview	S. 53
Klangbild	S. 33
Mindmapping	S. 131
Phantasiereise	S. 126
Präsentation von Arbeitsergebnissen	S. 141
Projektunterricht	S. 129
Referat / mündlicher Vortrag	S. 163
Rollenspiel	S. 44
Schreibgespräch	S. 81
Spielbiographie	S. 68
Standbild	S. 107
Utopie	S. 171

Wir wünschen euch gutes Gelingen!

Inhaltsverzeichnis

1. **Kapitel: Erziehung**
   Autorität 1

2. **Kapitel: Wodurch bin ich geworden**
   Die Bedeutung von Förderung in früher Kindheit 18

3. **Kapitel: Strafe**
   „Strafe muss sein!" ... Muss Strafe wirklich sein?? 30

4. **Kapitel: Mannsbilder und Weibsbilder**
   Typisch Mädchen, typisch Junge? 48
   Wie man Mädchen wird. Wie man ein „richtiger" Junge wird. 55
   Heldenträume und Barbiefaszination 67

5. **Kapitel: Schule gehen Tag für Tag**
   Wozu ist die Schule da? 79

6. **Kapitel: Den eigenen Weg gehen**
   Auf eigenen Füßen stehen 100

7. **Kapitel: Magersucht**
   Die unheimliche Sucht 117

8. **Kapitel: Einrichtungen und Angebote für Jugendliche**
   Das Projekt einer Schülergruppe aus Remscheid 128

9. **Kapitel: Das andere Lernen**
   Ich bin auch ein Fremder 146

10. **Kapitel: Janusz Korczak**
    Arzt, Pädagoge, Freund der Kinder und der Menschen 161

Abbildungsverzeichnis 179
Textquellenverzeichnis 181

1. Kapitel: Erziehung
Autorität

Warum wählen auch noch andere Schüler und Schülerinnen ›Pädagogik‹?

Die Gründe, Pädagogik zu wählen, sind sicher sehr unterschiedlich. Man kann jedoch vermuten, daß viele Schülerinnen und Schüler sich fragen, ob Pädagogik ein Fach wie jedes andere ist oder ob Pädagogik doch noch mehr bieten kann.

Dazu kommt noch ein Weiteres: Im Wahlpflichtbereich werden Kurse aus unterschiedlichen Klassen zusammengesetzt. So wäre es sehr verständlich, wenn die Schülerinnen und Schüler sich nur wenig untereinander kennen würden.

Der folgende Einstieg soll dazu beitragen, Erwartungen, Hoffnungen oder auch Ängste aufzuspüren. Er ermöglicht zudem ein besseres Kennenlernen, und Schülerinnen und Schüler und Lehrerinnen und Lehrer können gemeinsame Unterrichtsinteressen finden.

Kennenlerninterview

Material: Vorbereitete Zettel mit je zwei Textgestaltungsmöglichkeiten …

Jeder bekommt einen Zettel mit zwei Textvarianten, zwischen denen er später wählen kann. Es werden Paare gebildet. Man befragt sich gegenseitig (ca. 15–20 Min.). Dann soll jeder mindestens 4 Informationen über seinen Gesprächspartner in einen gestalteten Text einbauen. Für die Gestaltungsformen kann jeder zwischen zwei Möglichkeiten wählen. Dann werden die Texte vorgetragen.

Textgestaltungsmöglichkeiten: Nachrichtensprecher – Lied – Dichterlesung – Quiz– Bänkellied – Telegramm – Küchengerät-Gebrauchsanweisung – Brief einer älteren Dame an ihre Jugendlichen – Fernsehpfarrer – Festtagsrede – Heiratsannonce – Leserbrief – Kurzmärchen – Rätsel der Woche – Horoskop.

nach: U. Baer, 666 Spiele, Seelze, 1994, S. 208, leicht gekürzt.

❶ Bildet Paare; entscheidet bitte vorher, ob ihr Partner auswählt, die ihr bereits kennt oder eine/n bisher unbekannten Mitschüler/in!
❷ Befragt den Partner und wählt anschließend (vier) wesentliche Informationen des Interviewten aus!
❸ Baut diese in eine ausgewählte Gestaltungsform ein!

Erziehung – ein Buch mit sieben Siegeln

Über Erziehung reden und diskutieren viele. Jeder erinnert sich an seine Erziehung mit sehr unterschiedlichen Gefühlen. Manche Jugendliche betreuen ihre Geschwister oder andere Kinder, leiten Jugendgruppen oder sind in Vereinen tätig. Aber ist ihnen bewußt, dass sie „erziehen"?

Erziehung
... ein Balanceakt, der viel Übung erfordert?

... eine spannende Sache über die auch Jugendliche Bescheid wissen sollten?

❶ Was fällt euch zu den Bildern ein? Notiert alles, was euch zu den Bildern „durch den Kopf geht"!
❷ Vergleicht die Einfälle, Gedanken und haltet das Wichtigste fest!
❸ Was bedeutet Erziehung für mich? Sucht für eine Collage Bilder, Fotos, Texte, Lieder usw.!

 ❹ Erstellt eine Collage in Partner- oder (bei großen Kursen) in Gruppenarbeit!

Erziehung – ein schwieriger Begriff?

Unterschiedliche Merkmale von Erziehung habt ihr jetzt bereits herausgearbeitet. Erziehungswissenschaftler verstehen und verwenden den Begriff Erziehung häufig sehr unterschiedlich. Die folgenden Merkmale werden jedoch überwiegend als nicht austauschbare Kennzeichen von Erziehung aufgeführt.

Erziehung

1. Jeder Mensch bedarf von Geburt an der Erziehung, um Persönlichkeit entwickeln zu können.
2. Erziehung erfolgt bewusst und unbewusst und ist an Normen orientiert. Die jeweiligen Normen und Ziele sind jedoch deutlich zeitgebunden und hängen eng mit den jeweiligen politischen und gesellschaftlichen Verhältnissen zusammen.
3. Zur Erreichung von Erziehungszielen werden Erziehungsmittel eingesetzt. Dabei sollten gewaltsame Übergriffe auf die Persönlichkeit vermieden werden.
4. Erziehungsmittel stellen direkte Einwirkungen (z. B. Lob, Unterstützung ...) oder auch indirekte „Arrangements" (z. B. Auswahl von Kinderspielzeug, Wahl der Schule, Modellverhalten von Erziehern ...) dar.
5. Erziehung erfolgt einerseits im Rahmen von Institutionen (z. B. Familie, Kindergarten, Schule ...) und durch Medien, andererseits erziehen sich Menschen auch selbst.

❶ Zeigt auf, welche Collage/n sich besonders dazu eignet/n, wesentliche Merkmale von Erziehung zu verdeutlichen!

❷ Fragt, ob bestimmte Gesichtspunkte in der Begriffsbestimmung vernachlässigt werden!

● Erläutert ausgehend von den Collagen und dem Bild Unterschiede zwischen Erziehung und Dressur!

Erzieher sind sehr verschieden

Das lateinische *educare* wird mit „erziehen, großziehen oder auch emporziehen" übersetzt. Eltern, Lehrer und andere Erzieher erfüllen ihre Erzieherfunktion mit sehr viel Engagement und in der Überzeugung, „richtig zu erziehen". Die folgenden Beispiele verdeutlichen jedoch überraschende Unterschiede.

Beispiel 1:

Herr und Frau M. kommen mit Christian in die Beratungsstelle, wo Christian sich völlig zügellos und ungehemmt von elterlicher Einwirkung verhält. Er räumt Tische und Schubladen leer, wirft mit Klötzchen um sich, unterbricht ständig das Gespräch und beginnt die Eltern zu boxen, als diese ihn nicht beachten. Herr und Frau M. blicken zunächst wohlgefällig und stolz auf ihren Sohn, sie freuen sich über seinen Spieltrieb, seine Ungezwungenheit und seine Neugierde in der fremden Umgebung. Nur langsam wird deutlich, daß Christian von ihnen adoptiert worden ist und daß sie sich mit der Adoption ihren sehnlichen Kinderwunsch erfüllt haben. Herrn und Frau M.s Erziehungseinstellungen sind einander sehr ähnlich, sich allein von den Bedürfnissen des Kindes leiten zu lassen. Sie trauen sich jedoch nicht, ihre berechtigten elterlichen Wünsche und Bedürfnisse auszusprechen und durchzusetzen und lassen sich dagegen von ihrem Kind tyrannisieren.

Beispiel 2:

Matthias S. besucht die 2. Klasse der Grundschule. Er ist in seiner Klasse sehr unbeliebt, da er häufig wild um sich tritt, seine Klassenkameraden beleidigt und sich von der Lehrerin nichts sagen läßt. Herr und Frau S. sind beide berufstätig. Sie erwarten von Matthias, daß er sich nach der Schule sein Mittagessen allein aufwärmt und daß er die Schulaufgaben gemacht hat, wenn sie nach Hause kommen. Sie begründen dies mit ihrer Erziehungsvorstellung von Selbständigkeit und Unabhängigkeit. Sie reagieren sehr ärgerlich, wenn sie merken, daß Matthias oft weder gegessen noch seine Schulaufgaben gemacht, sondern statt dessen ferngesehen hat. Dann gibt es 'Po voll', wie sie sagen. Es fällt ihnen schwer einzusehen, daß sie Matthias überfordern und daß ihre Erwartungen bezüglich Eigenständigkeit einfach zu hoch sind.

aus: H. Bründel, K. Hurrelmann, Hilflosigkeit, Züchtigung, Mißbrauch in: Erhard Friedrich Verlag SCHÜLER 95: Gewaltlösungen, Seelze 1995, S. 58f.

❶ Beschreibt das Verhalten der Kinder!
❷ Vergleicht das Erzieherverhalten und erläutert, welche Fähigkeiten diese Eltern jeweils nicht besitzen!
❸ Loriots Karikatur (s. folgende Seite) möchte Hinweise auf wünschenswertes Erzieherverhalten geben. – Welche erzieherische Haltung wird auf diese Weise vorgeführt?

Durch frühzeitige körperliche Blüte neigt das Kind zu betont bequemer Haltung (A). Feinfühlige Eltern werden sich, besonders in der Öffentlichkeit, dem Auftreten ihres Kindes anpassen, um ihm mit dem Gefühl familiärer Zusammengehörigkeit seelisch den Rücken zu stärken (B).

Erziehung

Was zeichnet „gute" Erzieher aus?

Viele Kinderbuchautoren nehmen Erzieherverhalten aufs Korn (s. z.B. H. Hoffmann, Der Struwwelpeter). Eine Fülle von Kursen in Volkshochschulen und anderen Einrichtungen fragen nach den Eigenschaften, die „gute Erzieher"/„gute Erzieherinnen" aufweisen sollen. Dabei wird die Erziehung des Kleinkindes oft als prägend für das ganze Leben eingeschätzt.

Die folgenden Fotos bieten Identifikationsmöglichkeiten:

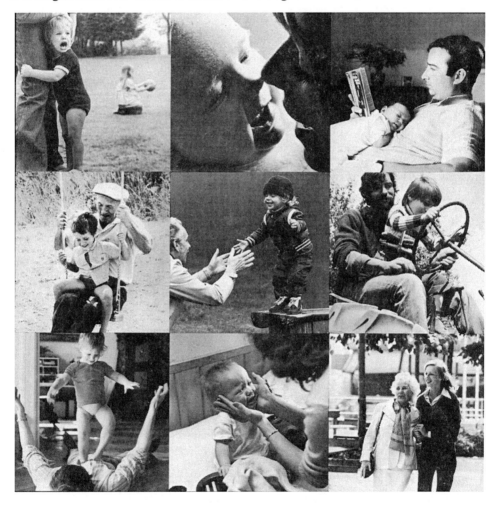

❶ Formuliert einen Titel für die zwei Fotos, die – eurer Meinung nach – die wichtigsten erzieherischen Fähigkeiten zum Ausdruck bringen!
❷ Begründet die Wahl und versucht davon ausgehend Empfehlungen für Eltern abzuleiten!
❸ Darf Lottas Mutter (s. den folgenden Text) als Beispiel für eine „gute" Erzieherin gelten?

Astrid Lindgren: Alle sind häßlich zu Lotta

Aber nehmen wir Lotta zum Beispiel. Sie könnte mit ihrer Familie nebenan wohnen. Da wacht sie eines Morgens heulend auf, weil ihr geträumt hat, die beiden Geschwister hätten ihren geliebten, wenn auch etwas schmuddeligen Teddy verhauen. Der Teddy ist unglücklich, also ist es auch Lotta; und sie ist böse dazu, aber nicht nur das ...:
Als sie sich dann anziehen sollte, brachte Mama den weißen Pullover, den Oma für Lotta gestrickt hatte.

Das Biest

»Den nicht«, sagte Lotta. »Der kratzt und piekt.«
»Der kratzt bestimmt nicht«, sagte Mama. »Fühl mal, wie weich und mollig er ist.«
»Nein, der kratzt und piekt«, sagte Lotta, ohne zu fühlen. »Ich will mein Samtkleid anziehen.« (...)
»Sonntag darfst du das Samtkleid anziehen«, sagte Mama. »Heute wird dieser Pullover angezogen.«
»Dann laufe ich lieber nackt herum«, sagte Lotta.
»Dann tu das«, sagte Mama und ging in die Küche hinunter.
Lotta blieb oben im Kinderzimmer sitzen, böse und nackt, ja, natürlich nicht ganz nackt. Sie hatte ein Hemdchen an und Höschen und Strümpfe. »Aber sonst ganz und gar nackt«, sagte Lotta zu ihrem Teddy – er war der einzige, den sie zum Reden hatte.
»Lotta, du kommst wohl gleich herunter und trinkst deinen Kakao«, rief Mama unten an der Treppe.
»Denkst du«, murmelte Lotta auf ihrer Bettkante.
»Antworte doch, Lotta!« rief Mama. »Willst du Kakao trinken oder nicht?«
Jetzt war Lotta ganz zufrieden. Mama mochte ruhig fragen und fragen, ob Lotta Kakao trinken wollte. Lotta dachte nicht daran, zu antworten, und sie fand es schön, daß sie nicht antwortete, wenn Mama rief.
Aber sie hatte Hunger und hätte nur zu gern Kakao getrunken, und nachdem sie eine kleine Weile gewartet hatte, nahm sie ihren Teddy und ging die Treppe hinunter. Sehr langsam ging sie, und sie blieb auf jeder Stufe einen Augenblick stehen. Mama sollte nicht zu sicher sein – vielleicht trank sie Kakao und vielleicht auch nicht.
»Ich werde mal sehen, was ich tue«, sagte Lotta zum Teddy.
Und dann ging sie in die Küche.
»Sieh mal an, da ist ja Lotta!« sagte Mama.
Lotta blieb an der Tür stehen und maulte immer weiter, damit Mama nicht dachte, sie sei etwa nicht mehr böse.
Schließlich sagte Lotta: »Ich kann ja ein bißchen Kakao trinken, wenn es durchaus sein muß.«
»Nein, es muß nicht durchaus sein«, sagte Mama. »Und vor allem zieh dich erst an!«
Nun war Lotta ohnehin schon ziemlich böse gewesen, aber jetzt geriet sie richtig in Wut. Oh, wie war Mama dumm! Kein Kleid bekam man anzuziehen, bloß einen ekligen Pullover, der kratzte und piekte, und nun bekam man auch nichts zu essen! Oh, wie war Mama dumm!
»Du Dumme«, schrie Lotta und stampfte mit dem Fuß auf.
»So, Lotta«, sagte Mama, »nun ist es aber genug. Geh hinauf ins Kinderzimmer und bleib da, bis du wieder artig bist.«
Da begann Lotta zu brüllen, daß man es sogar bei Tante Berg im Nebenhaus hören konnte. Und sie rannte durch die Küchentür hinaus und die Treppe hinauf ins Kinderzimmer und brüllte unausgesetzt, so daß Tante Berg drüben den Kopf schüttelte und sagte: »Nun hat Lottachen aber sicher Bauchweh!«
Aber Lotta hatte überhaupt kein Bauchweh, sie war nur wütend. Und als sie am wütend-

sten war, fiel ihr Blick auf den weißen Pullover. Der lag auf einem Stuhl und sah aus, als kratzte er schlimmer als je zuvor.

Lotta stieß ein Geheul aus und schmiß den Pullover auf den Fußboden. Aber dann verstummte sie. Auf dem Fußboden gleich neben dem Pullover lag eine Schere, die Lotta immer gebrauchte, wenn sie Anziehpuppen ausschnitt.

Langsam hob Lotta die Schere auf und schnitt ein großes Loch in den Pullover.

»Das geschieht dir ganz recht«, sagte Lotta, »denn du kratzt und piekst.«

Lotta fuhr mit der Hand durch das Loch. Oh, das war aber groß! Und es sah unheimlich aus, wie da eine ganze Hand herausstak, wo keine Hand herausstecken durfte. Lotta bekam Angst.

»Ich sage, ein Hund hat ihn kaputtgebissen«, sagte sie zum Teddy.

Sie hielt den Pullover hoch und betrachtete ihn lange. Dann nahm sie die Schere und schnitt einen Ärmel ab.

»Ich sage, er hat ihn ganz schrecklich kaputtgebissen«, sagte Lotta. Wieder hielt sie den Pullover hoch und betrachtete ihn lange. Dann nahm sie die Schere und schnitt auch den zweiten Ärmel ab.

»So'n Hund ist mir aber noch nie vorgekommen«, sagte Lotta. Doch dann bekam sie ernstlich Angst. Sie knüllte den Pullover zu einem Ball zusammen und stopfte ihn in den Papierkorb.

Jetzt wollte sie ihn nicht mehr sehen. Im selben Augenblick rief Mama unten von der Treppe: »Lotta, bist du wieder artig?«

Da weinte Lotta leise vor sich hin und sagte: »Nein, kein bißchen.«

Sie nahm den Teddy in den Arm und drückte ihn an sich.

»Es geschieht ihnen aber auch ganz recht«, sagte Lotta, »wo sie alle so häßlich zu mir sind.«

aus: Astrid Lindgren: »Lotta zieht um«, Oetinger Verlag, Stuttgart 1962.

Müssen Eltern immer „NEIN" sagen?

Lottas Mutter sagt NEIN oder gibt ganz klare Hinweise, was sie von Lotta erwartet. Gerade darüber stöhnen viele Kinder und auch Jugendliche. „JA" – sagen fällt Erziehern offensichtlich sehr schwer, manchen jedoch überhaupt nicht. Die folgende Szene schreit nach Antworten.

Mein Kind darf alles!

Diese Geschichte ist fast zu süß, um wahr zu sein, aber sie ist wirklich passiert. An der Kasse des Supermarktes nahm die Schlange wieder einmal kein Ende. Ziemlich vorn stand eine schwangere Frau mit ihrem Einkaufswagen, dahinter eine junge Mutter mit Kind. Und das schob der Schwangeren mehrfach den Einkaufswagen in den Rücken. Ob mit Absicht, aus Gedankenlosigkeit oder aus Versehen, spielt für das weitere Geschehen keine Rolle. Die schwangere Kundin drehte sich jedenfalls nach dem zweiten oder dritten Rempler um und fragte die Mutter höflich, ob ihr Kind das nicht unterlassen könnte.

Die Antwort der Mutter, geäußert im Brustton der Überzeugung: „Tut mir leid, mein Kind ist frei erzogen. Es kann machen, was es will." Der erste, der sich von der Unverschämtheit erholt hatte, war ein junger Mann hinter Mutter und Kind.

Ohne Hast griff er in seinen Warenwagen, nahm ein Glas Honig heraus und schraubte, ohne daß jemand groß darauf geachtet hätte, den Deckel auf. Dann zog er die Mutter des frei erzogenen Kindes von hinten am Mantelkragen und schüttete in den Spalt zwischen Schulter und Hals in aller Seelenruhe den Inhalt des Honigglases. Ruhig, wie er gehandelt hatte, ließ er die Frau mit dem Ausdruck des Bedauerns wissen: „Tut mir leid, ich bin 26 und frei erzogen."

Doch die Geschichte ist noch nicht zu Ende. Eine ältere Frau in der Reihe der Wartenden fragte den resoluten Kunden mit dem Honig freundlich und mit sichtlicher Genugtuung über sein Handeln: „Junger Mann, was hat der Honig denn gekostet?" Auf die Antwort „Zweifünfzig", meinte sie: „Hier haben Sie fünf Mark. Kaufen Sie sich zwei neue."

FAZ vom 9.11.1987

❶ Spielt die Szene nach!
❷ Beurteilt das Verhalten der Mutter unter Rückgriff auf die erarbeiteten Erzieherfähigkeiten!
❸ Begründet mögliche Schwierigkeiten bei der Realisierung dieser Forderungen im vorliegenden Beispiel!

Blind für die Welt der Kinder?

● „Haben Erzieher auch ein Recht darauf, blind für die Welt der Kinder zu sein?"

Auch Eltern fällt es schwer, Grenzen zu setzen

Für Eltern ist der Umgang mit dem NEIN gar nicht so einfach. Sie sind unsicher und probieren aus, wo sie Grenzen setzen müssen.

Die Schwierigkeit, richtig nein zu sagen

Für Kleinkinder ist das Wörtchen Nein ein Hauptwort. Sie hören es x-mal am Tag: „Nein, nicht an den Herd fassen!" – „Nein, nicht die Hände im Klo waschen!" – „Nein,
5 nicht den Kakao auf den Teppich gießen!" Nein heißt stop! Grenze! Weiter geht's nicht! Oder vielleicht doch? Alle Kinder prüfen neugierig, ob Nein auch wirklich Nein bedeutet.
10 Wenn ein Einjähriges seine Mutter verschmitzt von der Seite anlauert und blitzschnell – an den Knopf von der Waschmaschine faßt, dann spüren beide den Nervenkitzel: Spannend, was jetzt geschieht.
15 Läßt die Mutter ihrem Kind auch nur dies eine Mal seinen Willen, weil sie gerade keine Lust hat, ihr Verbot noch einmal zu wiederholen, dann verliert das Nein seine Wirkung. Es bedeutet auf einmal: Ja, du kannst ruhig an
20 der Waschmaschine spielen. Wiederholt die Mutter jedoch stur und nachdrücklich das Verbot, dann lernt das Kind: Nein heißt wirklich Nein. Ich darf nicht an der Waschmaschine spielen.
25 Für Eltern – vor allem für Eltern, die erst ein Kind haben, also noch „Anfänger" sind beim Erziehen – ist der Umgang mit dem Nein gar nicht so einfach. Sie sind unsicher, probieren noch aus, wo sie Grenzen ziehen müssen.
30 Drei Tage lang erscheint es ihnen richtig, dem Anderthalbjährigen zu verbieten, an den Radiotasten zu spielen. Am vierten Tag denken sie plötzlich: Warum eigentlich nicht? Was kann schon passieren? Sie geben das Radio
35 frei. Ist dieser Richtungswechsel schlimm? – Keineswegs – wenn sie ihrem Kind von diesem Moment an immer erlauben, an dem Radio zu spielen und es nicht einem Wechselbad

aus heute Ja und morgen Nein aussetzen. Nur
40 auf einem klar abgesteckten Weg kann sich
ein Kind orientierten.
Die zweite Schwierigkeit ist, das Nein richtig
zu dosieren. Selbstverständlich müssen Eltern ein Kleinkind zurückpfeifen, das – noch
45 unsicher auf den Füßen – an der steilen Kellertreppe herumturnt oder mit der Schere in
der Hand antrabt. Ganz klar: In brenzligen
Momenten muß ein Kind gestoppt werden.

Jedes Kind probiert immer wieder aus, ob Nein auch
50 wirklich Nein heißt

Nur wann wird's brenzlig? Da scheiden sich
die Geister. Wer selber ängstlich ist, hält alle
naselang die Luft an und „rettet" sein Kind
aus Situationen, die anderen kein bißchen
55 aufregend erscheinen. Aber Kleinkinder
brauchen nun mal Spielraum, müssen forschen, erkunden dürfen. Stoßen sie dauernd
an eine Mauer aus Nein, dann erlahmt ihre

Aktivität, sie resignieren: Es hat ja doch keinen Zweck. Ich darf nicht ausprobieren, ob 60
ich das große Buch schon tragen oder das
Wasser von einem Becher in den anderen gießen kann ...
Eine gute Möglichkeit für uns Eltern, uns
selbst beim Neinsagen zu kontrollieren: Wir 65
zwingen uns von Anfang an, jedes Verbot zu
begründen. Wir sprechen das Weil und Warum
auch schon aus, wenn das Baby diese wichtigen Nebensätze noch gar nicht versteht.
„Nein, nicht an den Schirmständer gehen!" 70
sagt sich noch leicht und rutscht jedem so
raus. Aber: „Nein, nicht an den Schirmständer gehen, weil ..." Ja warum denn nun
nicht? Weil das kein Spielzeug ist? Das klingt
ziemlich blödsinnig. Wenn wir aber beim Be- 75
gründen unserer Verbote ins Stottern geraten,
merken wir sehr schnell, daß wir uns in einer
Sackgasse verrennen. Und kommen bald auf
die Idee, überflüssige Verbote auszusortieren.
80

Wenn ein Kind etwas möchte, ist das allein noch kein
triftiger Grund, es ihm abzuschlagen

aus: Deutsches Institut für Fernstudien, Achtung:
Kinder, Textsammlung, Tübingen, 1979, S. 175

❶ Erläutert die Tips für „richtiges" Nein-Sagen der Eltern!
❷ Warum fällt es Eltern häufig schwer, den Wünschen der Kinder zu entsprechen?

Erziehung fängt schon in den Windeln an

Bis zum Ende des 19. Jahrhunderts galt die Kindheit noch als ein Altersabschnitt, der im Hinblick auf die Persönlichkeitsentwicklung von völlig untergeordneter Bedeutung war. In dem folgenden Text setzt sich die Autorin mit dieser Meinung auseinander.

A. Miller: Am Anfang war Erziehung

Jedes Kind kommt auf die Welt, um zu wachsen, sich zu entfalten, zu leben, zu lieben und seine Bedürfnisse und Gefühle zu seinem Schutz zu artikulieren.

Um sich entfalten zu können, braucht das Kind die Achtung und den Schutz der Erwachsenen, die es ernst nehmen, lieben und ihm ehrlich helfen, sich zu orientieren.

Werden diese lebenswichtigen Bedürfnisse des Kindes frustriert[1], wird das Kind statt dessen für die Bedürfnisse Erwachsener ausgebeutet, geschlagen, gestraft, mißbraucht, manipuliert, vernachlässigt, betrogen, ohne daß je ein Zeuge eingreift, so wird die Integrität[2] des Kindes nachhaltig verletzt.

Die normale Reaktion auf die Verletzung wäre Zorn und Schmerz. Da der Zorn aber in einer verletzenden Umgebung dem Kind verboten bleibt und da das Erlebnis der Schmerzen in der Einsamkeit unerträglich wäre, muß es diese Gefühle unterdrücken, die Erinnerung an das Trauma[3] verdrängen und seine Angreifer idealisieren[4]. Es weiß später nicht, was ihm angetan wurde.

Erst seit einigen Jahren läßt es sich dank der Anwendung von neuen therapeutischen Methoden beweisen, daß verdrängte traumatische Erlebnisse der Kindheit im Körper gespeichert sind und daß sie sich, unbewußt geblieben, auf das spätere Leben des erwachsenen Menschen auswirken. Ferner haben elektronische Messungen an noch ungeborenen Kindern eine Tatsache enthüllt, die von den meisten Erwachsenen bisher noch nicht wahrgenommen wurde, nämlich daß das Kind sowohl Zärtlichkeit als auch Grausamkeit von Anfang an fühlt und lernt.

Dank dieser Erkenntnisse offenbart jedes absurde[5] Verhalten seine bisher verborgene Logik[6], sobald die in der Kindheit gemachten traumatischen Erfahrungen nicht mehr im dunkeln bleiben müssen.

Unsere Sensibilisierung[7] für die bisher allgemein geleugneten Grausamkeiten in der Kindheit und deren Folgen wird von selbst dazu führen, daß das Weitergeben der Gewalt von Generation zu Generation ein Ende findet.

Menschen, deren Integrität in der Kindheit nicht verletzt wurde, die bei ihren Eltern Schutz, Respekt und Ehrlichkeit erfahren durften, werden in ihrer Jugend und auch später intelligent, sensibel, einfühlsam und hoch empfindungsfähig sein. Sie werden Freude am Leben haben und kein Bedürfnis verspüren, jemanden oder sich selber zu schädigen oder gar umzubringen. Sie werden ihre Macht gebrauchen, um sich zu verteidigen, aber nicht, um andere anzugreifen. Sie werden gar nicht anders können, als Schwächere, also auch ihre Kinder, zu achten und zu beschützen, weil sie dies einst selber erfahren haben und weil dieses Wissen (und nicht die Grausamkeit) in ihnen von Anfang an gespeichert wurde. Diese Menschen werden nie imstande sein zu verstehen, weshalb ihre Ahnen einst eine gigantische Kriegsindustrie haben aufbauen müssen, um sich in dieser Welt wohl und sicher zu fühlen. Da die Abwehr[8] von frühesten Bedrohungen nicht ihre unbewußte Lebensaufgabe sein wird, werden sie mit realen Bedrohungen rationaler und kreativer umgehen können.

aus: Alice Miller, Am Anfang war Erziehung, Suhrkamp Taschenbuch, Frankfurt 1983.

---

[1] nicht erfüllt; [2] hier: psychische Stabilität; [3] Erlebnis, das nicht „verarbeitet", sondern verdrängt wird und zu psychischen Störungen führt; [4] verherrlichen; [5] widersinnig; [6] Folgerichtigkeit, Sinn; [7] empfindsame Wahrnehmung; [8] unbewusster Schutz vor

---

❶ Womit begründet A. Miller, dass Eltern bereits bei Säuglingen und Kleinkindern deren Bedürfnisse und Gefühle sehr ernst nehmen sollen?

❷ Überlegt, was Erzieher und Erzieherinnen nach A. Miller tun sollen, oder was sie nicht tun sollen!

❸ Glaubt ihr, dass Kinder, die nach A. Miller erzogen werden, „kein Bedürfnis verspüren … oder gar umzubringen"?

Erziehung

„Gehorchen oder nicht?"

Kinder und Heranwachsende träumen davon, dass alles nach ihren Wünschen geht. Und sie sind unausstehlich, wenn ihnen die Eltern diese Träume nicht erfüllen. Greift bei der Bearbeitung zurück auf die Situationsschilderung „Mein Kind darf alles", S. 9.

Rollenspiel: Konflikt im Supermarkt

Szene 1: Spieler: Mutter, Kind, junger Mann, ältere Frau, Geschäftsführer, …
später
Szene 2:
Rechtfertigung und Reaktionen auf Szene 1: Mutter, Freundin, Ehemann, …

Wir nehmen jetzt an, daß die Mutter sich in anderen Szenen ähnlich verhalten hat, weil sie ihr erzieherisches Tun für angemessen hält.
Verfasst unter dieser Voraussetzung einen Brief ihres nun 10- bzw. 20-jährigen Kindes, in dem das Kind und der junge Erwachsene zu dem damaligen Erziehungsverhalten der Mutter jeweils Stellung nimmt.

Eltern und ihre heranwachsenden Kinder sehen sich oft Entscheidungen gegenüber, die schwierig sind. Dürfen Eltern ihren Kindern die Lösungen überlassen? Brauchen Jugendliche noch den Widerstand von Erziehern?

Liebe …
ich bin 13 Jahre alt und habe seit einem halben Jahr einen Freund, den ich sehr gerne habe. Wir gehen oft zusammen in die Disco oder treffen uns nach der Schule in einem Cafe, wo auch Freunde von uns sind. Bisher waren wir noch nie allein gewesen. Nun fahren aber bald die Eltern meines Freundes für zwei Wochen in Urlaub und er hat schon gesagt, daß wir uns dann öfters bei ihm treffen können. Er meint das sehr ernst und hat schon angedroht, wenn ich nicht auf ihn eingehe, würde er sich eine andere Freundin suchen. Meine Mutter, mit der ich mich sehr gut verstehe, hat mir geraten, keine Freundschaften mit Jungens zu schließen, die gleich alles wollen. Sie meint, ich sei noch zu jung dazu und soll mir alles gut überlegen. Nun weiß ich nicht, was ich machen soll. Einerseits habe ich meinen Freund sehr lieb und möchte weiterhin mit ihm befreundet sein. Andererseits habe ich Angst, daß wir soweit gehen, daß etwas passieren kann und ich meine Mutter enttäusche. Kannst du mir einen Rat geben, ich bin schon ganz verzweifelt.

      Liebe Grüße   Cornelia

aus: St. Aufenanger/D. Garz/M. Zutavern, Erziehung zur Gerechtigkeit, München 1981, S. 84 und 122.

❶ Entwerft Dialoge zwischen:
 a) Tochter und Mutter
 b) Tochter und Freund
 c) …… !
❷ Diskutiert die Dilemmasituationen!

Autorität: Von Fachleuten lernen

Erich Fromm: Autorität ausüben

Fast jeder übt in irgendeiner Phase seines Lebens Autorität aus.

Wer Kinder erzieht, muß, ob er will oder nicht, Autorität ausüben, um das Kind vor
5 Gefahren zu bewahren und ihm zumindest ein Minimum an Verhaltensratschlägen für bestimmte Situationen zu geben. In einer patriarchalischen Gesellschaft sind für die meisten Männer auch Frauen Objekte der Autoritäts-
10 ausübung. In einer bürokratischen, hierarchisch organisierten Gesellschaft wie der unseren üben die meisten Mitglieder Autorität aus, mit Ausnahme der untersten Gesellschaftsschicht, die nur Objekt der Autorität
15 ist.

Um zu verstehen, was Autorität bedeutet, müssen wir uns vor Augen halten, daß dieser Begriff sehr weit ist und zwei völlig verschiedene Bedeutungen hat: »rationale« und »irra-
20 tionale« Autorität. Rationale Autorität fördert das Wachstum des Menschen, der sich ihr anvertraut, und beruht auf Kompetenz[1]. Irrationale Autorität stützt sich auf Macht und dient zur Ausbeutung der ihr Unterworfenen.

25 In den primitivsten Gesellschaften, bei den Jägern und Sammlern, übt derjenige Autorität aus, dessen Kompetenz für die jeweilige Aufgabe allgemein anerkannt ist. Auf welchen Qualitäten diese Kompetenz beruht,
30 hängt weitgehend von den Umständen ab: Im allgemeinen zählen in erster Linie Erfahrung, Weisheit, Großzügigkeit, Geschicklichkeit, Persönlichkeit und Mut. In vielen dieser Stämme gibt es keine permanente Autorität,
35 sondern nur eine für den Bedarfsfall, oder es gibt verschiedene Autoritäten für verschiedene Anlässe wie Krieg, religiöse Riten, Streitschlichtung. Mit dem Verschwinden oder der Abnahme der Eigenschaften, auf welchen die Autorität beruht, endet diese. Eine sehr ähn-40 liche Form von Autorität ist bei vielen Primaten zu beobachten, bei denen nicht unbedingt physische Kraft, sondern oft Eigenschaften wie Erfahrung und »Weisheit« Kompetenz verleihen. (J. M. R. Delgado [1967] hat in ei-45 nem ausgeklügelten Experiment mit Affen nachgewiesen, daß die Autorität des dominierenden Tieres endet, sobald es, wenn auch nur vorübergehend, die Qualitäten einbüßt, die seine Kompetenz ausmachen.) 50

Autorität basiert nicht auf der Fähigkeit, bestimmte gesellschaftliche Funktionen zu erfüllen, sondern gleichermaßen auf der Persönlichkeit eines Menschen, der ein hohes Maß an Selbstverwirklichung und Integration 55 erreicht hat. Ein solcher Mensch strahlt Autorität aus, ohne drohen, bestechen oder Befehle erteilen zu müssen; es handelt sich einfach um ein hochentwickeltes Individuum, das durch das, was es ist – und nicht nur, was es tut 60 oder sagt –, demonstriert, was der Mensch sein kann. Die großen Meister des Lebens waren solche Autoritäten, und in geringerer Vollkommenheit sind sie unter Menschen aller Bildungsgrade und der verschiedensten 65 Kulturen zu finden. Das Problem der Erziehung dreht sich um diese Frage. Wären die Eltern selbst entwickelter und ruhten sie in ihrer eigenen Mitte, gäbe es kaum den Streit um autoritäre oder Laissez-faire-[2]Erziehung. 70 Das Kind reagiert sehr willig auf diese Seinsautorität, da es sie braucht.

aus: Erich Fromm, Haben oder Sein, Stuttgart 1976, S. 45 ff (Auszüge).

---

[1] Fähigkeit, Wissen, Können; [2] Verzichten auf jedwede Bestrafung von Kindern

❶ Wie begründet E. Fromm, dass fast jeder Autorität ausübt?
❷ Welche Fähigkeiten stellen unverzichtbare Voraussetzungen für Autorität dar?
❸ Überlegt, woran Fromm denkt, wenn er schreibt: „Wären die Eltern selbst entwickelter ... gäbe es kaum Streit um autoritäre oder Laissez-faire-Erziehung."!

Erziehung

Kinder – Eigentum der Eltern?

Eltern beschreiben ihre Kinder häufig als ihr „Ein und Alles" oder als den zentralen Lebensinhalt. Sie möchten das Beste für ihr Kind tun. In den Augen vieler Jugendlicher schießen sie dabei über das Ziel hinaus, weil sie auch noch ihre heranwachsenden Kinder festhalten. Gibt es eine Orientierung für Eltern und/oder Jugendliche?

DEINE KINDER

Deine Kinder sind nicht deine Kinder,
Sie sind die Söhne und Töchter der
Sehnsucht des Lebens nach sich selbst.
Sie kommen durch dich aber nicht von dir;
Und obwohl sie bei dir sind, gehören sie dir nicht
Du kannst ihnen deine Liebe geben aber nicht
Deine Gedanken, denn sie haben ihre eigenen Gedanken.
Du kannst ihrem Körper ein Heim geben, aber nicht ihrer
Seele.
Denn ihre Seele wohnt im Haus von Morgen,
Das du nicht besuchen kannst, nicht einmal in deinen Träumen
Du kannst versuchen, ihnen gleich zu sein,
Aber versuche nicht, sie dir gleich zu machen.
Denn das Leben geht nicht rückwärts und verweilt nicht
beim Gestern.
Du bist der Bogen, von dem deine Kinder
Als lebende Pfeile ausgeschickt werden.
Laß deine Bogenrundungen in der Hand des Schützen
Freude bedeuten.
                    Kahlil Gibran

● Welche „Forderungen"/„Wünsche" werden an Kinder und deren Eltern herangetragen?

 Informiert euch über Kindheit in anderen Ländern/anderen Zeiten und stellt zusammen, von welchen Bedingungen es abhängt, ob bzw. inwieweit diese Forderungen einlösbar sind.

Die Eltern – Zielscheibe der Kinder?

Eine Kinder- und Jugendinitiative wirbt mit dem Slogan „Kinder stark machen". Die folgenden Materialien sollen Jugendliche hinsichtlich ihrer Mitverantwortung für das Gelingen von Eltern – Kind – Interaktionen „zum Grübeln" bringen.

Wenn ...

Wenn deine Eltern
die Geduld verlieren –
das kann jedem passieren
Und kommt dein Vater
mal nicht nach Haus –
mach dir nichts draus
Ist deine Mutter
mal streng zu dir –
sei nett zu ihr
Haben deine Eltern
vielleicht mal Streit –
laß ihnen Zeit
Sagt mal dein Vater
ein lautes Wort –
lauf nicht gleich fort
Wenn deine Mutter
mal weinen muß –
gib ihr einen Kuß

Jürgen Spohn

Die Gewalt fängt an
wenn Eltern
ihre folgsamen Kinder beherrschen
und wenn Päpste und Lehrer und Eltern
Selbstbeherrschung verlangen.

Erich Fried

---

❶ Ersetzt in den beiden Texten jeweils Eltern durch Kind bzw. umgekehrt!
❷ Überlegt, ob die Wünsche von J. Spohn Kinder nicht überfordern!
❸ Versucht einen entsprechenden Text für Jugendliche zu verfassen!

Was ist keine Erziehung mehr?

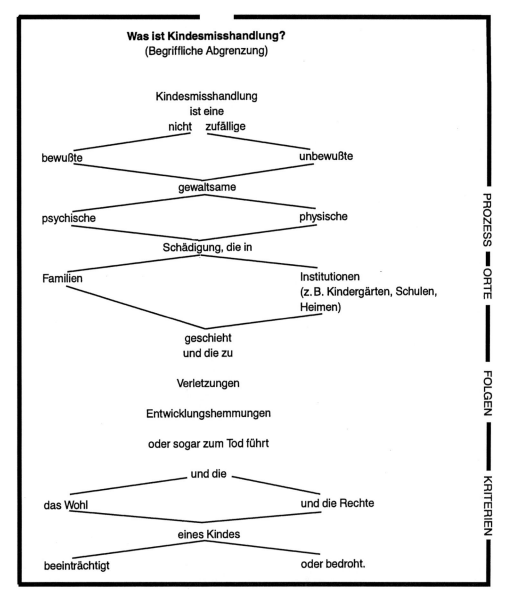

aus: Bundesminister f. Jugend, Familie und Gesundheit, Bonn 1979, S. 15.

❶ Ersetzt in dem Diagramm Kindesmisshandlung durch Erziehung und verändert die Darstellung entsprechend! Bitte begründet die vorgenommenen Veränderungen; greift dabei auf bisherige Erkenntnisse zurück!

❷ Begründet, in welchen der bisher kennengelernten Beispiele eine „Schädigung ..." vorliegt!

❸ Darf man den Begriff Kindesmisshandlung als Gegenbegriff zum Begriff Erziehung verwenden?

2. Kapitel: Wodurch bin ich geworden?

Die Bedeutung von Förderung
in früher Kindheit

Entwicklung: Möglichkeiten und Grenzen

Die folgende Übung soll in Überlegungen zur Förderung in Entwicklung und Sozialisation einführen. Als Material benötigt Ihr Papier (mind. DIN A4) und Schreibzeug.

Unser ›Revier‹ als Kinder

Durchführung:
Die Teilnehmer/innen malen in die Mitte eines Blattes Papier (mind. DIN A4) einen Kreis von ca. 5–6 cm Durchmesser. Dieser Kreis symbolisiert den Lebensraum *bis etwa zum Schulbeginn.* Einzelne Wörter zur Charakterisierung dieses Raumes, in dem ich mich als Kind überwiegend bewegt habe, auch Gefühle dazu, werden hineingeschrieben (zum Beispiel Garten, eingezäunter Spielplatz, Fußweg mit Kastanienbäumen usw.).

Ein weiterer Ring wird nun um den Kreis gezeichnet, der die Erweiterung des Lebensraumes *bis etwa zum Ende der Grundschulzeit* symbolisiert: Welche Erfahrungsmöglichkeiten gab es hier? (Häuser, Straßen, Plätze, Torbögen, die Wiesen, der Wald, die Einkaufsstraße, der Supermarkt, der Schulweg, Menschen, die mir dort begegneten, einzelne weitere Ausflüge, Reisen etc.). Wie dick soll dieser Ring ausfallen?

Anschließend wird ein weiterer Ring gezeichnet, dessen Stärke wiederum selber bestimmt wird für die Erweiterung des Lebensraumes *bis etwa 14–15 Jahre.* (Welche Landschaften, welche Sitten, Bräuche, welche Traditionen, Einschränkungen, Gebote, aber auch welche Verkehrsmittel, Treffpunkte gab es, wie groß war mein Erfahrungsraum? Alles, was mir einfällt, kann notiert werden.)

Ein weiterer Ring symbolisiert *die Zeit bis zum Erwachsenwerden mit ca. 18–20 Jahren.* Auch hier wird eingetragen, wo ich welche Erfahrungen mit großer Wahrscheinlichkeit machen werde, welche kulturellen, regionalen, landschaftlichen Eindrücke ich vermutlich gewinnen werde und wodurch sich mein Erfahrungsraum vor allem vergrößern wird.

Auf den noch verbleibenden Platz außerhalb des letzten Ringes werden schließlich alle Eindrücke notiert, die für mich *bis heute* am wichtigsten waren. Was bestimmt heute meinen Lebens- und Erfahrungsraum?

(Zeit: 25 Min.)

Auswertung:
In Kleingruppen. Die Teilnehmer/innen stellen nacheinander ihre Blätter vor.
– Welches waren die am meisten prägenden räumlichen Bedingungen?
– Was fällt mir zum Stichwort »Heimat« ein?
– Wo gab es Brüche (zum Beispiel Umzug, Flucht)?
– Hat sich mein Lebensraum kontinuierlich erweitert?
– Gab es Schmerzen über Verlorenes?
– Wie ist mein Gefühl, wenn ich an die Lebensräume meiner Kindheit und Jugend denke?
– Was fehlt mir heute?
– Habe ich heute das Gefühl, »irgendwo hinzugehören«?
– Welche regionalen Prägungen (auch zum Beispiel sprachlich) bestimmen mich heute (noch)?
– Was habe ich weggelassen, woran könnte das liegen?
aus: H. Gudjons, Auf meinen Spuren, Hamburg 1992, S. 207f.

❶ Wählt aus den aufgelisteten Auswertungsfragen eine begrenzte Anzahl aus und wertet dann zunächst in Kleingruppen die Eintragungen aus!

❷ Überlegt, inwiefern es möglich ist, ein kursbezogenes „Revier" zu entwerfen!

Das Mädchen Genie

Anfang November 1970 erschien auf einem Sozialamt in Los Angeles eine nahezu blinde Frau, um eine Unterstützung zu beantragen. Bei sich hatte sie ihre Tochter. Es war ein blasses, ausgemergeltes, nervöses und ängstliches Kind mit schütterem Haar und dunkel verfärbten Zähnen, das nur unsicher stand, vornübergebeugt ging wie eine alte Frau, einen Fäulnisgeruch ausströmte und kein Wort sprach, sondern nur unverständliche Murmellaute von sich gab.

Genie – so nannten die Wissenschaftler das Mädchen, die in den folgenden Jahren mit ihm zu tun hatten. Genie sah aus wie eine Achtjährige, war aber dreizehneinhalb Jahre alt und hatte etwas hinter sich, für das schrecklich ein zu billiges Wort ist, eine Deprivation sondergleichen.

Die Mutter war eine nicht nur wegen ihrer schlechten Augen völlig hilflose Frau, der Vater ein tyrannischer und von Wahnideen heimgesuchter Mann. Er hatte etwas gegen Kinder, vor allem ihr Geschrei konnte er nicht ertragen. Als Genie 20 Monate alt war, nähte er mit eigener Hand eine Art Harnisch, mit dem er sie in einem kleinen und fast leeren Schlafzimmer nackt auf einem Toilettenstuhl fesselte. Und an diesem Ort, in dieser Lage verbrachte sie die folgenden zwölf Jahre. Wenn man sie nicht vergaß, steckte man sie abends in eine Zwangsjacke und legte sie in ein Kinderbett. Nie verließ sie dieses lachsrote Zimmer mit den verhängten Fenstern, durch das nur ein Stück Himmel zu sehen war und in das kaum je ein Laut drang.

Gefüttert wurde sie mit Milch und Kinderbrei. Sie sah nur die Mitglieder ihrer Familie. Sprechen durfte niemand mit ihr, und sie selber durfte keinerlei Geräusch machen. Wenn der Vater wütend auf sie war, schlug er sie mit einem Holzknüppel; oder er – und später auch Genies älterer Bruder – knurrten, fletschten und bellten sie an wie Hunde.

Zwölf Jahre lang gefesselt und eingeschlossen ohne menschlichen Umgang. Bei ihrer Befreiung konnte Genie kaum Arme und Beine strecken, ging zunächst nur steif und schwankend, selbst das Stehen fiel ihr schwer. Für ihr Alter war sie mit 1 Meter 37 viel zu klein, und sie wog nur 54 Pfund. Sie beherrschte ihren Stuhlgang nicht, urinierte bei jeder Erregung, speichelte unausgesetzt (daher ihr fauler Geruch), war unempfindlich gegen Hitze und Kälte. Speisen kaute sie nicht; sie stopfte sie in die Backentasche und wartete, bis der Speichel sie zerkleinert hatte; wenn sie die Geduld verlor, spuckte sie sie aus.

In den folgenden Monaten und Jahren, die sie in Krankenhäusern, Sonderschulen und bei einer Pflegefamilie verbrachte, lernte sie menschliches Sozialverhalten nur mit größter Mühe. Sie ging beim Essen umher, nahm anderen die Bissen vom Teller, die ihr verlockend erschienen, spuckte, schneuzte ihre Nase auf alles, stellte sich dicht vor Fremde und starrte sie an, griff nach allem, was ihr gefiel, gab jahrelang selber niemals etwas ab und masturbierte in aller Öffentlichkeit ständig und überall, an Tischkanten, Autogriffen, Türklinken.

Ihre Reife entsprach bei der Befreiung der eines einjährigen Kindes. Trotzdem beschrieb die Psycholinguistin Susan Curtiss, die jahrelang mit ihr arbeitete, mehrere Artikel und 1977 auch ein Buch über sie schrieb, sie als hübsch, gewinnend, aufmerksam und neugierig. Und sie lernte, machte Fortschritte, wurde langsam immer menschenähnlicher.

aus: D. E. Zimmer, Kinder der Wildnis (I), in: zeitmagazin 38/1985, S. 49 ff.

❶ Lest den Bericht über „Genie". – Wie würden die „Kreise" (vgl. «unser Revier») bei Genie aussehen? Versucht sie möglichst exakt auszufüllen!

❷ Leitet erste Schlußfolgerungen hinsichtlich der Frage ab: Warum ist eine Förderung der Entwicklung notwendig?

Wie entwickelt sich ein Kleinkind?

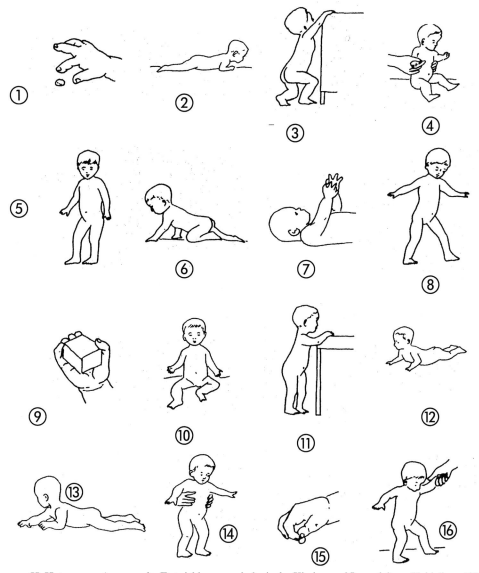

aus: H. Hetzer u. a., Angewandte Entwicklungspsychologie des Kindes- und Jugendalters, Heidelberg 1979, S. 48ff.

❶ Bringt die *unsortierten Bilder* zur Entwicklung der Grob- und Feinmotorik in eine altersgerechte Reihenfolge!

❷ Entwerft abschließend eine Elterninformation zum Thema: „Körperentwicklung und -beherrschung im 1. und 2. Lebensjahr"!

❸ Besorgt euch Informationsschriften, die ihr z. B. im Gesundheitsamt (Entwicklungskalender) oder durch Anforderung bei der Bundeszentrale für gesundheitliche Aufklärung (Das Baby, Unser Kind vom 2. bis zum 6. Lebensjahr) kostenlos erhaltet! Vergleicht diese mit euren Entwürfen und denkt darüber nach, welche Bedeutung diese Schriften für junge Eltern haben könnten!

Übersicht über die Vierteljahresschritte der körperlichen und psychomotorischen Entwicklung des gesunden Kindes im 1. und 2. Lebensjahr

Alter	Geschlecht	Körperlänge in cm	Körpergewicht in kg	Statisch-motorische Entwicklung	Entwicklung der Sinneswahrnehmungen und des Spielvermögens
Bei der Geburt	männl. weibl.	51 50	3,3 3,4	Keine Kopfkontrolle. Reflexartige Kopf- und Mundbewegungen. Beugehaltung. Automatische Schreitbewegungen, wenn auf Unterlage gestellt. Unwillkürliches Reflex-Greifen.	„Positive" Reaktion bei Reizung des Hautorganes (Stillen, Baden) und der Bewegungsrezeptoren (Wiegen). „Negative" Reaktion auf lauten Schall und grelles Licht.
3 Mon.	männl. weibl.	61 59	5,8 5,6	Mäßige Kopfkontrolle im gehaltenen Sitzen. Hebt Kopf in Bauchlage. Beginnt die Beine beim Hinstellen einzustützen. Geöffnete Hände. Übergang zum aktiven Greifen.	Blick folgt einem kreisförmig bewegten farbigen Gegenstand. Kind betrachtet seine Hände. Blick sucht nach dem Entstehungsort eines Geräusches.
6 Mon.	männl. weibl.	68 66	7,8 7,5	Gute Kopfkontrolle auch bei bewegtem Rumpf. Versucht, sich am hingehaltenen Finger selbst zum Sitzen hochzuziehen. Dreht sich allein vom Rücken auf den Bauch. Streckt beim Hinstellen Knie und Hüften.	Betastet Oberflächen mit der ganzen Handfläche. Lokalisiert – im Sitzen – ein Geräusch, z.B. Papierrascheln, mit Sicherheit durch Kopf- und Blickwendung.
9 Mon.	männl. weibl.	72 71	9,2 8,8	Setzt sich selbst auf. Sitzt längere Zeit mit gutem Gleichgewicht. „Robbt" vor-, rück- und seitwärts. Stellt sich von selbst auf, wenn die Hände gereicht werden. Berührt mit dem Zeigefinger Einzelheiten am Spielzeug.	Spielt mit zwei kleinen Gegenständen, z.B. Würfeln, gleichzeitig. Übt das Hinein- und Herausnehmen aus einem Behältnis.
12 Mon.	männl. weibl.	75 74	10,2 9,8	Sitzt stabil mit gestreckten Beinen („Langsitz"). Kann auf Händen und Füßen kriechen. Kann selbständig aufstehen. Kann an einer Hand geführt erste Schritte gehen. Beim Greifen ist die Handbewegung der Größe des Objekts angepaßt.	Hat Interesse an bewegten Gegenständen (Autos), kann 2 Würfel aufeinanderstellen.
15 Mon.	männl. weibl.	78 77	10,9 10,5	Hebt freistehend (ohne Brücken) etwas auf. Geht frei, klettert treppauf mit beidhändigem seitlichen Festhalten am Geländer. Schiebt kleines Auto, kann 4 Würfel gleichzeitig in beiden Händen halten.	Findet Spielzeug durch Auswickeln. Vermag Größenunterschiede bei gleichartigen Formen zu differenzieren (Lochbrett).
18 Mon.	männl. weibl.	81 80	11,5 11,1	Bückt sich, um etwas aufzuheben. Spielt im Stehen mit einem Ball. Klettert auf niedrigen Stuhl, um sich daraufzusetzen. Kann ein Steckbrett mit Holzstäben bedienen.	Beginnendes „Werkzeug-Verständnis": zieht an einer Decke, um Spielzeug zu erreichen. Baut Türme aus 3–4 Würfeln. Spielt mit Lochperlen-Stab.
21 Mon.	männl. weibl.	84 83	12,1 11,7	Setzt sich an einen Tisch. Springt von einer Stufe herunter. Geht treppauf im Kinderschritt, sich mit einer Hand am Geländer festhaltend. Kritzelt große gerade und kreisförmige Striche, die nicht voneinander abgesetzt sind.	Betrachtet mit Interesse die Straße durch ein Fenster. Differenziert mehrere Formen in einem Lochbrett.
24 Mon.	männl. weibl.	87 86	12,7 12,3	Stößt Ball mit dem Fuß fort. Kann auf Treppe praktisch alleingelassen werden; geht allein treppauf und treppab. Malt horizontale abgesetzte Striche, wirft Ball in einen 2 m entfernten Korb.	Zeigt 3–4 Körperteile. Spielt mit Auto und Eisenbahn. Setzt Schraubspielzeug zusammen.

nach: Fischer/Bubolz, Entwicklung und Sozialisation, Frankfurt 1984, S. 56f. (gekürzt).

Wodurch bin ich geworden? 23

❶ Stellt die Veränderungen von Körperlänge und -gewicht während der ersten beiden Lebensjahre auf Millimeterpapier dar!

❷ Welche Ratschläge oder Empfehlungen für Eltern, ältere Geschwister oder Babysitter ergeben sich, wenn man von diesen Entwicklungsverläufen weiß? Unterscheidet bei euren Hinweisen zwischen den Bereichen: Grob- und Feinmotorik, Sinneswahrnehmung und Spiel!

Kinder verändern sich in Aussehen und Haltung; die Gründe sollen an dieser Stelle nicht untersucht werden. Vielmehr sollen im folgenden Teil unterschiedliche Darstellungen von „normalen" Entwicklungsverläufen verglichen werden.

Somatogramm: Körpergewicht   **Gehirnwachstum**

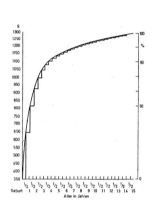

Quelle: Untersuchungsheft für Kinder

❶ Vergleicht eure Kurven mit
  a) den Eintragungen des Kinderarztes in ein Kinder-Untersuchungsheft,
  b) der Abbildung über die Gehirnentwicklung in den ersten Lebensjahren
  c) und fragt, warum es geschehen kann, dass diese formalen (bildlichen) Darstellungen missverstanden werden können.

❷ In Kindergärten und Grundschule fallen immer mehr Kinder durch defizitäre motorische Verhaltensweisen auf. Überlegt, inwiefern sich Rückschlüsse auf eine fehlende Förderung ableiten lassen!

 Es bietet sich an dieser Stelle an, mit der/dem BiologielehrerIn zusammenzuarbeiten. So könnt ihr euch noch umfassender und vertiefend z. B. über die frühkindliche Gehirn- und Nervenentwicklung informieren.

Intelligent – schon in den Windeln?

Bis etwa 1900 herrschte bei der Mehrzahl von Pädagogen die Meinung vor, daß die Kindheit eigentlich nur eine lästige Zeit sei, in der der Heranwachsende noch gar nicht richtig Mensch ist, weil das Denken fehle. Auch heute noch reden Erwachsene von dem „dummen" ersten Lebensjahr. Andere sind der Ansicht, „was Hänschen nicht lernt, lernt er nimmermehr", und versuchen ihre Kinder möglichst schon in den Windeln gezielt zu fördern.

Jean Piaget hat vor allem zur geistigen Entwicklung des Kindes umfassende Studien durchgeführt. In zahlreichen Arbeiten hat er die kindliche Art zu denken untersucht um herauszufinden, worin die Unterschiede im Denken des Erwachsenen bestehen und wodurch die Veränderungen zustande kommen. Er hat damit sowohl für die Entwicklungspsychologie als auch für die Pädagogik wichtige Grundlagenforschung betrieben.

Piaget wurde 1896 in der französischen Schweiz geboren. Er beschäftigte sich zunächst mit biologischen und philosophischen Studien, konzentrierte sich jedoch immer mehr auf die psychologische Untersuchung der Entwicklung menschlichen Denkens. Im Alter von knapp 84 Jahren starb er 1980 in Genf. Er gilt heute als der vielleicht bedeutendste Entwicklungspsychologe.

Piaget gliedert die geistige Entwicklung in Stufen. Die erste Stufe wird hier genauer vorgestellt, weil sich davon ausgehend auch wichtige Schlußfolgerungen für die Förderung in der Erziehung ableiten lassen.

Erste Stufe: Stufe der sensumotorischen Intelligenz

Diese Stufe erstreckt sich in etwa auf die ersten beiden Lebensjahre. Piaget geht davon aus, dass der Mensch in dieser Zeit noch keine Denkleistungen im Sinne von „innerem Handeln" vollziehen kann, sondern dass es sich hier um Denkleistungen im Sinne von Leistungen der Wahrnehmung, der Sinne, gekoppelt mit motorischen Leistungen handelt.

Unter sensumotorischer Intelligenz versteht Jean Piaget die Koordinierung von Wahrnehmungseindrücken mit motorischen Leistungen.

Diese Stufe der sensumotorischen Entwicklung unterteilt Piaget wiederum in sechs Stadien:

1. Stadium: **Betätigung der Reflexe**

    Ausgangspunkt der sensumotorischen Intelligenz bilden die angeborenen Reflexe wie Greif-, Saug- oder Schluckreflex, die durch Übung in ihren Ausführungen gezielter, kräftiger und sicherer werden.

2. Stadium: **Einfache Gewohnheiten**

    Der Säugling beginnt, einfache, zunächst rein reflektorische Handlungen zu wiederholen.

> So führt er zum Beispiel Saugbewegungen aus, auch wenn er satt ist und ruhig in seinem Bettchen liegt, oder er öffnet und schließt immer wieder seine Hände.

Der Säugling verbindet jedoch mit diesen einfachen Bewegungen noch keinerlei Absichten, sie laufen vielmehr gewohnheitsmäßig ab, gleichsam um ihrer selbst willen.

3. Stadium: **Aktive Wiederholungen**

Der Säugling wiederholt zunehmend solche Tätigkeiten, die zufällig zu einem für ihn interessanten Effekt führen und damit lustbetont sind.

> So greift er beispielsweise nach einer Rassel, die – ohne dass er darauf gefasst ist – ein Geräusch verursacht. Überrascht von diesem Effekt seiner Greifhandlung wird dieser unerwartete Effekt lustvoll wiederholt.

4. Stadium: **Verknüpfung von Mittel und Zweck**

Der Säugling verbindet verschiedene Verhaltensmuster miteinander, um ein bestimmtes Ziel zu erreichen; es kommt zu ersten Verknüpfungen von Mittel und Zweck.

> So wirft das Kind das Kissen aus dem Bett, um dahinter nach einem verborgenen Spielobjekt zu suchen, oder es lässt wiederholt einen Gegenstand fallen, um ihn dabei zu beobachten.

5. Stadium: **Aktives Experimentieren**

Gegen Ende des ersten Lebensjahres wird das „Neue" interessant. Das Kind beginnt mit einem aktiven Experimentieren in dem Sinne, dass es zur Erreichung eines bestimmten Zieles im Gegensatz zu früher völlig neue Verhaltensweisen ausprobiert.

> Bringt man außerhalb der Reichweite des Kindes eine Glocke an und befestigt diese an einer Schnur, die vom Kind erreicht werden kann, so stellt es verschiedene Versuche an, um die Glocke zu erreichen. Schon bald erfasst es die Beziehung zwischen sich selbst, der Glocke und der Schnur.

6. Stadium: **Verinnerlichtes Handeln**

Ab Mitte des zweiten Lebensjahres werden neue Verhaltensweisen nicht mehr nur durch das aktive Probieren mit einem Gegenstand erworben, sondern das Kind kann sich diese von nun an geistig vorstellen. Hier beginnt das Denken im Sinne von „innerem Probehandeln".

Während dieser ersten Stufe des Denkens beginnt bereits das sogenannte **Werkzeugdenken** des Kindes: Es kann einen Zusammenhang zwischen verschiedenen Elementen einer Situation herstellen.

> Ein ca. zehn Monate altes Kind zieht an der Tischdecke, um das Glas zu erreichen, das auf der Tischdecke steht.
>
> Später kommt es auf die Idee, einen Stuhl an das Regal zu schieben, um die Tafel Schokolade zu erreichen, die auf dem oberen Brett des Regals liegt. Hierzu ist bereits die Fähigkeit des inneren Probehandelns, der inneren Vorstellung, Voraussetzung.

aus: H. Hobmair (Hrsg.), Psychologie, Köln 1997, S. 252f.

---

❶ Erläutert jeweils sehr genau, worin der jeweilige Fortschritt von Stadium zu Stadium besteht!

❷ Wählt für jedes einzelne Stadium „sinnvolles" Spielzeug aus; begründet eure Wahl!

Grips muß greifen – Kinder lernen mit dem ganzen Körper

Was Erwachsene nur ausnahmsweise brauchen, um ein seltenes Stück Welt zu erfassen, ist für Kinder oft die einzige Möglichkeit, sich die Welt zu eröffnen. Ein Kleinkind kann die Eigenschaft eines Balles, rund zu sein und zu rollen, nicht aus Vorkenntnissen ableiten. Es verfolgt das runde Ding mit den Augen, krabbelt ihm nach unter's Sofa, „begrüßt" die runde Form mit dem Mund oder mit den Händen und erwirbt so und nur so den Begriff „Ball", den es später beim bloßen Anblick oder beim Geräusch des Aufspringens gegenwärtig hat.

Einheit von Herz und Verstand

So sind beim Kleinkind körperliche Aktivität und das Bedürfnis sich selbst und die Umwelt zu erfahren, kaum voneinander zu unterscheiden. Die Entwicklung der Intelligenz und die Erfahrung des menschlichen Miteinander hängen somit von der körperlichen Auseinandersetzung mit der Welt ab. Dies gilt natürlich auch für die Entwicklung der motorischen Leistungsfähigkeit und der Gesundheit. Der Körper mit seinen Wahrnehmungen, Empfindungen und Bewegungen spielt bei der Eroberung der Welt noch eine große Rolle, Augen und Ohren, Hände und Füße, Herz und Verstand bilden noch eine Einheit.

Bewegung ist nicht nur in den ersten Lebensjahren, sondern in der ganzen Kindheit das Erfahrungsmedium schlechthin. Das Rollen des Balles vermittelt das Runde, das Wippen auf dem Balken verkörperlicht die Hebelwirkung, das Schaukeln an Seilen das Impulsgesetz. So bewegt sich der heranwachsende Mensch über die Erfahrungen am eigenen Leib in die Erkenntnis der materialen Welt hinein, kommt im gegenständlichen Handeln zum begrifflichen Erkennen. Im Maße dessen, wie dieser Prozeß voranschreitet, beherrschen Kinder ihre Umwelt, und sie forcieren diesen Prozeß, weil sie ihre Umwelt immer vollständiger und besser beherrschen wollen: innere und äußere, geistige und körperliche Lernaktivität fordern einander heraus. Antriebskraft dieses Zusammenspiels von Wahrnehmung und Bewegung ist nicht zuletzt eine Suche nach neuen aufregenden Erfahrungen und Empfindungen. Im Klettern und Springen, Balancieren und Tasten, Raufen und Toben, Verstecken und Suchen entfaltet sich aus Spannung und Angst, Anstrengung und Erschöpfung, Lust und Freude zugleich eine abwechslungsreiche Gefühlswelt. Auch sie muß ein Kind im Einsatz seines Körpers ebenso entwickeln wie den eigenen Körper in Konfrontation mit der Umwelt selbst und schließlich die Körperbeherrschung.

Vorurteile des Verstandesmenschen

Ist denn die Wertschätzung des „reinen" Verstandes, die unkritische Verherrlichung des Geistigen, überhaupt angebracht? In der Entwicklung vom Kind zum Erwachsenen entfalten sich Geist und Seele aus den Erfahrungen der Körperlichkeit. Wird der körperliche Bewegungsdrang unnatürlich reglementiert oder gar unterbunden, kann es auch in der Entwicklung des Verstandes wie auch der Gefühle zu Defekten kommen. Die Dominanz des „Geistigen" schafft leicht einseitige oder vorschnelle Urteile.

aus: Karlheinz Scherler, Grips muß greifen, in: Deutsches Institut für Fernstudien, Zeitungskolleg Achtung: Kinder, Basisartikel, Tübingen, 1979, S. 8f.

● Benötigen Kinder eine spezielle Förderung (z. B. Kurse, Trainingsprogramme ...) für ihre Entwicklung? Leitet in Anlehnung an Piaget und Scherler begründet mögliche Schlußfolgerungen ab!

Schreibt eine Geschichte, wo Eltern durch eine „Erziehung und Förderung in bester Absicht" die Entwicklung von Kindern sogar stark behindern!

Die geistige Entwicklung des Kindes vollzieht sich nach Piaget bis in das frühe Erwachsenenalter in einer für alle Kinder und Heranwachsenden geltenden Weise. Die Denkleistungen lösen bei Erwachsenen mitunter ein großes Erstaunen manchmal auch ein verständnisloses Kopfschütteln aus.

Wer ist Papis Frau? (Martin Hirzel)

Die Eltern sitzen mit ihren Töchtern (Lotte, 8 Jahre und Paula, 4 Jahre alt) um den Tisch im Arbeitszimmer des Vaters. In dem vorausgegangenen, hier nicht referierten Abschnitt der Szene geht es um das Problem gerechten Verteilens von Keksen und Fruchtsaft. Da für vier Personen nur drei Tüten Saft vorhanden sind, stellt sich die Frage, wer der Mutter, die keine Tüte hat, etwas abzugeben hätte: die Kinder, weil sie deren Mutter ist, oder Vater, weil sie dessen Frau ist.

Paula: „Jetzt laß meiner Mami auch einen Schluck!"
Lotte: „Ach Papi, gib der Mami doch auch etwas."
Vater: „Gebt ihr doch der Mami, sie ist doch schließlich *eure* Mutter."
Lotte: „Aber *deine* Frau!"
Vater: „Nee! Paula behauptet immer, die Mami sei die Frau von Paula."
Mutter lacht erheitert auf.
Paula: (mit dem Brustton der Überzeugung) „Ja!"
Vater: „Paula, wer ist dann meine Frau?"
Paula legt nachdenklich den Kopf von einer Seite auf die andere; noch keine Antwort.
Vater: „Ist die Mami meine Frau?"
Paula schüttelt verneinend den Kopf.
Lotte: (die entstandene Lücke nutzend) „Dann bin ich dem Papi seine Frau!"
Paula: (mit energischem Kopfschütteln) „Mm!"
(Nein!) „Die Anne!"
Anne ist die nicht anwesende älteste, 11jährige Tochter.
Vater: (rückfragend) „Die Anne ist meine Frau?"
Kopfnicken bei Paula.
Vater: „Warum ist die Anne meine Frau?"
Paula: „Weil sie so groß ist."
Doch dieses Argument sticht bei Lotte nicht.
Lotte: „Die Mami ist aber noch größer als die Anne, gell?"
Vater: „Wie ist das jetzt, Paula?"
Es entsteht eine längere Pause mit Essen und Trinken; Mami hilft Paula beim Safttrinken. Dann, ganz unvermittelt und vehement,
Paula: (zu Vater) „Wenn du meine Frau liebst, aber dann hau' ich dir eine runter!"
Dabei droht sie mit dem Zeigefinger der einen Hand und stützt die andere energisch in die Hüfte.
Vater: „Wenn ich deine Frau lieb', dann haust du mir eine runter?!"
Paula: (bestätigend) „Mhm!"
Lotte: (vorwurfsvoll zu Paula) „Du bist doch kein Mann!"
Mutter: (entsprechend zu Paula) „Ich bin doch aber nicht deine Frau, ich bin doch deine Mutter!"
Pause. Man ißt Kekse.
Vater: „Lotte, was meinst du, warum die Paula immer sagt, die Mami sei ihre Frau?"
Lotte: (vertraulich, zu Vater gewandt): „Weil sie sie so lieb hat, und deswegen denkt sie ... so meine ich."
Vater: Du hast doch die Mami auch lieb und meinst trotzdem nicht, daß die Mami deine Frau ist."
Lotte: „Nnein, nnein ... ich bin ja kein Mann!"
Vater: „Paula, bis du ein Mann?"
Paula schüttelt verneinend den Kopf; man denkt, sie habe es nun begriffen.
...
Vater: „Paula, wirst du mal ein Mann?"
Paula nickt.

85 Lotte: (korrigiert entrüstet) „Nein!" (Zu Paula) „Du bist als Mädchen aus dem Bauch der Mami rausgekommen. Also, also bleibst du auch ein Mädchen."
90 „Guck mal, die Anne ist schon so groß, aber sie ist immer noch ein Mädchen."
Paula murmelt unverständliche Worte vor sich hin.
95 Mutter: (zu Paula) „Was ist?"
Paula murmelt weiter, lacht verschmitzt, 'albert' herum.
Mutter: „Also wirst du doch kein Mann."
Paula: „Doch!" ...
100 Mutter: „Ach du! ... Jedenfalls bin ich dem Papi seine Frau und deine Mutter."

Paula: „Mami, wenn ich verzaubert werd' als Vater, dann brauch ich dich!"
Mutter: „Was?"
Vater: „Wenn du verzaubert wirst als Vater 105 ..."
Paula: „... dann brauch ich die Mami!"
Während des nun folgenden Gesprächs zwischen Vater und Lotte steigt Paula auf ihren Stuhl und hebt langsam die Arme über den 110 Kopf wie um sich 'groß' zu machen, sich zu 'verzaubern', sich zum Mann, zum Vater zu machen.

aus: Deutsches Institut für Fernstudien, Zeitungskolleg, Achtung: Kinder. Textsammlung, Tübingen 1979, S. 118.

❶ Findet heraus, welche Gesichtspunkte für Paulas Lösung entscheidend sind und überlegt, ob sie mit dieser Lösung zufrieden ist!

❷ Denkt darüber nach, ob die anderen Familienmitglieder nicht durch ein geschickteres Vorgehen Paula zu der „richtigen" Lösung hätten bringen können!

❸ Sind Kinder wie Paula einfach zu dumm, um richtige Lösungen zu verstehen? Führt darüber ein Streitgespräch!

Entwicklungspsychologen gelangen zu einem einheitlichen Befund über die Kindheit:

Im Säuglingsalter und in der frühen Kindheit lernen Kinder so viel und so nachhaltig wie in keinem anderen Abschnitt ihres Lebens.

Am Ende dieses Kapitels über „Erziehung und Förderung in der Entwicklung" könntet ihr im Kurs überlegen, ob ihr bestimmte Aspekte nicht noch genauer erforschen wollt. Dazu bieten sich sehr unterschiedliche Richtungen und Möglichkeiten an: Wie wäre es, wenn ihr selbst als „junge Forscher" arbeitet. Ihr könntet z. B.

a) *Experten (Kinderärzte, Sozialpädagogen, Erziehungsberater, ...) zu Förderungsmöglichkeiten und -grenzen befragen,*

b) *Kindergärten besuchen und die ErzieherInnen z. B. zum „Lernen mit allen Sinnen" befragen,*

c) *auf Kinderspielplätzen die Kinder beim Klettern, Bauen ... (Grob-, Feinmotorik), im Spiel ... beobachten und die unterschiedliche Gestaltung von Kinderspielplätzen untersuchen.*

Stellt die Ergebnisse möglichst attraktiv und informativ euren MitschülerInnen vor! Überlegt, welche Form sich anbietet: doppelseitiges Faltblatt, Leporello, Kurzvortrag, Bild-, Fotoserie, Video oder ...!

Expertenbefragung

Expertenbefragungen bieten sich zu sehr unterschiedlichen Themen oder Fragestellungen an. Dabei kann eine Expertenbefragung dazu beitragen, bereits vorhandenes Wissen zu vertiefen und zu problematisieren, neue Fragehaltungen herauszufordern oder Unterrichtsergebnisse noch einmal kritisch in den Blick zu nehmen.

In erster Linie bieten sich für die Befragung Fachleute an, die dem gesamten Kurs kompetent Auskunft geben können: z. B. Erzieher im Kindergarten, Jugendrichter, Sozialpädagogen, Kinderärzte, Leiter von pädagogischen Einrichtungen. Aber auch „Laien": Betreuer in Sportvereinen, freiwillige Helfer in pädagogischen, kirchlichen und/oder politischen Organisationen ...

Der Erfolg einer Expertenbefragung hängt wesentlich von der sorgfältigen **Vorbereitung** ab. Folgende Gesichtspunkte sind dabei zu klären:

1) Ort: Soll die Expertenbefragung im Unterricht stattfinden oder am Arbeitsplatz des Experten?

2) Zeit: Reicht die zur Verfügung stehende Unterrichtszeit aus? In der Regel sind zusätzliche Absprachen in der Schule notwendig. Ein verantwortlicher Schüler sollte als Kontaktperson frühzeitig einen Termin und einen möglichen Ersatztermin mit dem Experten vereinbaren.

3) Form: Je nach Zielsetzung und Thema kommen unterschiedliche Arten der Expertenbefragung in die Auswahl.

   a) Interview vor Ort
   b) Kurzvortrag des Experten mit anschließender Diskussion im Kurs
   c) Gelenkte Beobachtung durch die Schüler (z. B. Kinderspiel im Kindergarten) und anschließender Analyse mit Fachleuten

4) Arbeitsorganisation innerhalb des Kurses:

   a) technische Gesichtspunkte:
   Wer ist verantwortlich für
   – die Terminabsprache und Vorinformation über Thema des Kurses,
   – Räume, Raumgestaltung bei Besuch des Experten in der Schule, Video, Cassettenrecorder ... .
   – den Ablauf der Expertenbefragung, die Gesprächsführung, ..

   b) inhaltliche Gesichtspunkte:
   – Soll nur eine Teilgruppe die Expertenbefragung verantwortlich durchführen oder der gesamte Kurs nach einem Rotationsprinzip?
   – Welche Fragen sollen, in welcher Abfolge gestellt werden?
   – Wie sollen die Ergebnisse festgehalten werden?
   – Soll eine abschließende Dokumentation (Präsentation für die Schulöffentlichkeit) erstellt werden?
   – Soll eine „Beobachtergruppe" eingesetzt werden?

Bei der konkreten **Durchführung** der Expertenbefragung hängt der Erfolg wesentlich davon ab, inwieweit die Beteiligten getroffene Absprachen einhalten. Aufgrund der Offenheit der Gesprächssituation übernimmt der Gesprächsleiter an dieser Stelle eine bestimmende Steuerungsfunktion. Dies sollte im Kurs gezielt vorbereitet werden. Insbesondere wird es darauf ankommen,

– die Präzision der Beiträge sicherzustellen,
– die zeitliche Länge der Beiträge zu koordinieren,
– die Konzentration auf das Thema einzufordern (Abschweifen unterbinden).

Die **Auswertung** der Expertenbefragung zu einem späteren Zeitpunkt ohne den Experten sollte darauf ausgerichtet sein herauszufinden,

– inwiefern das angestrebte Ziel (Informationsgewinn) erreicht wurde,
– in welchen Punkten Vorbereitung und Durchführung sich bewährt haben bzw. verbessert werden sollten.

3. Kapitel: Strafe

„Strafe muss sein!" … Muss Strafe wirklich sein??

Prügeln oder nicht? Soll die Prügelstrafe überall gesetzlich verboten werden?

In verschiedenen europäischen Staaten wird darüber debattiert, ob man Eltern gesetzlich verbieten müsse, ihre Kinder schlagen zu dürfen.

In der Bundesrepublik Deutschland fand sich für den Versuch, ein solches Gesetz einzuführen, im Jahre 1997 im Bundestag keine Mehrheit.

Zwei Artikel können belegen, dass um die Frage der Strafe gegenwärtig in Europa heftig gestritten wird.

Der erste Text stellt einen Auszug aus einem Brief dar, den die 1. Vorsitzende des Kinderschutzbundes der Stadt Mönchengladbach an Bundestagsabgeordnete ihrer Region im Jahre 1994 versandte.

Der zweite Text stammt aus der Wochenzeitung „DIE ZEIT" und berichtet über Einstellungen von Engländern zur Prügelstrafe in der Familie.

Der Deutsche Kinderschutzbund: Die Prügelstrafe läßt sich nicht rechtfertigen!

– Kinder, die geschlagen werden, akzeptieren dennoch ihre Eltern. Sie fühlen sich selber schlecht und entwickeln Haß auf sich selbst, da sie meinen, sie hätten etwas ganz Schlimmes getan und seien schlecht, weil sie ja geschlagen werden müssen. Dieser Haß auf sich selbst verkehrt sich in Haß auf andere. Wer eine Gesellschaft ohne Haß will, sollte dies bedenken.

– Das Schlagen von Kindern ist Dressur mit den Mitteln der Angst. Wer eine Gesellschaft will, in der Selbständigkeit, Selbstbewußtsein, Kreativität und Kooperationsfähigkeit der Individuen vorherrscht, muß mit dem Dressieren von Kindern aufhören. Gerade die genannten Fähigkeiten sind es, die unsere Gesellschaft braucht, um die Probleme der Zukunft zu lösen.

– Es ist hinlänglich erwiesen, daß körperliche Strafen in der Familie ein wichtiger Grund sind für das Entstehen von Jugenddelinquenz. Untersuchungen in deutschen Gefängnissen haben dies deutlich ergeben.

– Grundsätzlich muß gesagt werden, wer nicht bereit ist, die körperlich Züchtigung von Kindern abzuschaffen, unterminiert die Recht der Kinder. Die Bundesrepublik hat sich mit der Ratifizierung[1] des UN-Übereinkommens über die Rechte des Kindes dazu verpflichtet, alle geeigneten Gesetzgebungs-, Verwaltungs-, Sozial- und Bildungsmaßnahmen zu treffen, um Kinder *vor jeder Form* körperlicher oder geistiger Gewaltanwendung zu schützen.

– 55% aller Bundesbürgerinnen und -bürger unter 35 Jahren, das sind die, die selber Kinder erziehen oder erziehen könnten, sind für ein gesetzliches Verbot der Prügelstrafe.

Brief der 1. Vorsitzenden des Ortsverbandes Mönchengladbach des Kinderschutzbundes Mönchengladbach, Ursula Kurwig, vom 24.01.1994 an Bundestagsabgeordnete aus der Region Mönchengladbach

---

[1] einen völkerrechtlichen Vertrag endgültig rechtlich anerkennen

Marie Marcks, Krümm dich beizeiten! Reinbek 1981, S. 55.

Ist die Prügelstrafe in der Erziehung wirklich immer falsch?

Ein paar Monate erst ist es her, daß ein Aufatmen durchs Land ging. Tony Blair, Führer der Labour-Partei (...) gestand in einem Interview mit einer Elternzeitschrift, daß ihm im trauten Kreis seiner drei Kinder in nicht so trauten Momenten hin und wieder auch mal die Hand ausrutscht.

5 Endlich brauchte man sich der Augenblicke nicht mehr schämen, in denen der elterliche Geduldsfaden riß und man den lieben Kleinen eine langte! Vorübergehend wurde es in trendbewußten Kreisen geradezu Mode, sich zum gelegentlichen Klapsen zu bekennen. „Hat uns ja auch nicht geschadet", (...)

Und nun dieses Fiasko. Vergangene Woche gab die europäische Menschenrechtskommission einer im Namen eines geprügelten Buben geführten Beschwerde statt und erklärte eine Klage gegen Großbri-
10 tannien am Europäischen Gerichtshof für zulässig, derzufolge die Regierung ihrer vertraglichen Verpflichtung, die Unverletzlichkeit des Kindes zu schützen, nicht nachkomme. Ein von Europa verfügtes Totalverbot des Klapsens droht.

Der Junge, der die Aufregung auslöste, ging, damals neun Jahre alt, mit einem Küchenmesser auf seinen Bruder los. Sein Stiefvater griff zum Rohrstock und malträtierte ihn mit Billigung der Mutter der-
15 art, daß der leibliche Vater den Buben später ins Krankenhaus bringen mußte. Die Ärzte diagnostizierten Striemen auf Beinen und Hintern, die ihrem Gutachten nach aus mehreren Züchtigungen im Zeitraum einer Woche resultierten. Der leibliche Vater zeigte den neuen Mann seiner ehemaligen Frau wegen Körperverletzung an. Bei der Gerichtsverhandlung kamen die Geschworenen zu dem Schluß, der Stiefvater habe den Buben „mit angemessenen Züchtigungsmitteln" diszipliniert, sich al-
20 so nicht strafbar gemacht. Der leibliche Vater fand sich damit nicht ab und appellierte in Straßburg. (...)

Scottie McClue, der Moderator einer populären Diskussionssendung (...):

„Ein Kind zu schlagen ist falsch, grausam, entsetzlich. Aber wenn ein Junge mit zwölf Jahren immer noch nicht gelernt hat, daß man einer Omi nicht ihre Geldbörse klaut, verdient er eine öffentliche
25 Züchtigung mit der Weidenrute."

In unserer schottischen Dorfschule diskutierten die Zehnjährigen den Straßburger Fall und kamen zu dem Schluß: „Wenn einer mit dem Messer auf seinen Bruder losgeht, verdient er eine gute Tracht Prügel." Auch wenn er erst neun Jahre alt ist.

Reiner Luyken, Prügeln oder nicht? Ein Neunjähriger verklagt seinen Stiefvater, nun streiten die Briten, in: DIE ZEIT, Nr. 39, 20.09.1996.

❶ Lest beide Texte zunächst leise und individuell für euch allein und markiert jeweils besonders die Aussagen, denen ihr zustimmen könnt bzw. die ihr ablehnen würdet!
❷ Erstellt ein „Klangbild" der Texte!

> **Klangbild**
> Ein „Klangbild" entsteht, wenn viele Schülerinnen und Schüler einen Text gemeinsam lesen. Stimmen die einzelnen Schülerinnen und Schüler mit der jeweiligen Aussage, die sie gerade lesen, überein, so lesen sie laut, stimmen sie weniger oder nicht überein, so lesen sie leiser oder sogar tonlos.
> Auf diese Weise kann ein Kurs schnell feststellen, wie die Teilnehmer des Kurses zu bestimmten Aussagen oder Thesen stehen.

● Erarbeitet die Thesen bzw. Forderungen der Texte! Wie werden diese Forderungen begründet? Könnt ihr den Begründungen zustimmen? Warum bzw. warum nicht?

These / Forderung   **Begründung**
...   ...
...   ...

Ihr könntet auch eine Parlamentsdebatte zum Thema Strafe nachspielen – z. B. zu Themen wie:
– Soll Strafen in der Schule erlaubt sein? Oder: Welche Strafen sollen in der Schule erlaubt sein?
– Soll die Prügelstrafe in Deutschland überall gesetzlich verboten sein?
Verschiedene Redner müssten zu Wort kommen und ihre Meinung darlegen. Wichtig wäre, dass ihr Vertreter findet bzw. spielen lasst, die für Strafe in der Schule, und andere Vertreter, die gegen Strafe in der Schule eintreten.
Ihr könntet anschließend überlegen: Wer wirkte am ehesten überzeugend? Warum? Wer konnte nicht überzeugen? Warum nicht?

Es könnte sinnvoll sein, dass jemand aus dem Kurs das Rollenspiel bzw. die Argumente, die innerhalb des Rollenspiels vorgetragen wurden, in einem Protokoll zusammenfasst: so könntet ihr später noch einmal die verschiedenen Argumente kritisch in den Blick nehmen.

Was ist „Strafe"?

❶ Überlegt spontan, was euch zum Stichwort „Strafe" einfällt! Schreibt alle Äußerungen zunächst unkommentiert an die Tafel!
❷ Denkt in einem zweiten Schritt kritisch miteinander über die verschiedenen Äußerungen zum Thema Strafe nach!
❸ Versucht, auf der Basis der Stichworte an der Tafel verschiedene Formen von Strafen zu unterscheiden! Ihr könnt diese Unterscheidung z. B. nach dem jeweiligen Grad der Strenge dieser Strafe vornehmen.
❹ Diskutiert miteinander, welche der genannten Formen des Strafens ihr für vertretbar und welche für nicht mehr vertretbar halten würdet!

Schlagt in verschiedenen Lexika das Stichwort „Strafe" nach! Versucht auch, ältere Lexika heranzuziehen!

Vergleicht die verschiedenen Ausführungen zum Begriff „Strafe" und fragt kritisch, wie Strafe jeweils eingeschätzt wurde bzw. wird!

Führt eine Umfrage – unter Verwandten, Bekannten in eurem Wohnumfeld oder auch in der Schule – durch: Was fällt Ihnen, was fällt euch zum Stichwort „Strafe" ein?

Versucht eine Skizze zu erarbeiten, wie die Menschen zum Thema „Strafe" stehen!

Der Erziehungswissenschaftler E. E. Geißler hat in einer Skizze veranschaulicht, welchen Zweck Strafe verfolgt. Er hat zugleich mit dieser Skizze erläutert, daß unterschiedliche Formen von Strafe unterschieden werden können:

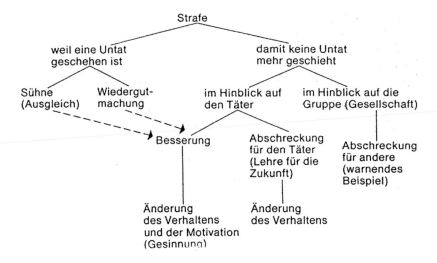

E. E. Geißler hat zugleich darauf hingewiesen, dass das Mittel der Strafe in der Erziehung nicht sofort bei Fehlverhalten eingesetzt werden solle. Strafen sei erst dann pädagogisch verantwortbar, wenn ein junger Mensch mit **„Erinnerung, Ermahnung, Tadel"** nicht mehr wirksam angesprochen werden könne.

Das **„Erinnern"** ist die einfache Form etwas ins Gedächtnis zurückzurufen".

Ermahnung „macht Vergessen bereits zum Vorwurf".

Der **Tadel** beinhaltet die „Feststellung, daß etwas fehlt, was nicht fehlen dürfte".

aus: E. E. Geißler, Erziehungsmittel, 4., völlig neu bearbeitete Auflage, Bad Heilbrunn/Obb. 1973, S. 152 und S. 132.

❶ Erklärt an konkreten Beispielen Geißlers Bestimmung der Begriffe Erinnern, Ermahnen, Tadeln sowie die von ihm genannten unterschiedlichen Formen des Strafens!

❷ Geißler glaubt, dass in der Erziehung auf Strafe nicht verzichtet werden könne. Könnt ihr ihm zustimmen?

Kann man Strafen pädagogisch rechtfertigen? – Argumente aus der Geschichte der Pädagogik

Besonders im 18. und 19. Jahrhundert haben verschiedene Pädagogen grundsätzlich darüber nachgedacht, ob bzw. warum Strafen in der Erziehung sinnvoll seien. Fast alle Pädagogen dieser Zeit waren der Überzeugung, daß man auf Strafen bei bzw. nach Fehlverhalten nicht verzichten dürfe.

So hat der bekannte Pädagoge J. H. Pestalozzi gegen Ende des 18. Jahrhundert geschrieben:

Wir haben Unrecht, ja wir haben gewiß Unrecht, gegen den Reiz sinnlicher Begierden von der Kraft leerer Worte alles zu erwarten und zu glauben, den Willen des Kindes unter allen Umständen ohne Züchtigung, durch bloße wörtliche Vorstellung nach unserm Willen lenken zu können. Wir wähnen, unsere Humanität habe sich zu einer Zartheit erhoben, die uns in keinem Falle mehr erlaube, an das ekle, rohe Mittel des Schlagens nur zu denken. Aber es ist nicht die Zartheit unserer Humanität; es ist ihre Schwäche, die uns also leitet. (...)

Wenn du Mut hast, so gehe hin und schaue dir die stärksten dieser Folgen in Zucht- und Irrenhäusern an. Ich habe sie gesehen und habe die Jammerstimmen unter Tränen und Wut aussprechen hören: Hätte mich mein Vater und meine Mutter bei der ersten Bosheit gezüchtigt, so wäre ich jetzt kein Scheusal vor Gott und den Menschen.

Wenn sich Härte und Roheit bei den Kindern zeigte, so war ich streng und gebrauchte körperliche Züchtigungen. Lieber Freund, der pädagogische Grundsatz, mit bloßen Worten sich des Geistes und Herzens einer Schar Kinder zu bemächtigen und so den Eindruck körperlicher Strafen nicht zu bedürfen, ist freilich ausführbar bei glücklichen Kindern und in glücklichen Lagen, aber im Gemisch meiner ungleichen Bettelkinder, bei ihrem Alter, bei ihren eingewurzelten Gewohnheiten und bei dem Bedürfnis, durch einfache Mittel sicher und schnell auf alle zu wirken, bei allen zu einem Ziel zu kommen, war der Eindruck körperlicher Strafen wesentlich, und die Sorge, dadurch das Vertrauen der Kinder zu verlieren, ist ganz unrichtig.

Keine meiner Strafen erregte Starrsinn; ach, sie freuten sich, wenn ich ihnen einen Augenblick darauf die Hand bot und sie wieder küßte. Wonnevoll zeigten sie mir, daß sie zufrieden und über meine Ohrfeigen froh waren. Das stärkste, das ich hierüber erfahren, war dieses: Eines meiner liebsten Kinder mißbrauchte die Sicherheit meiner Liebe und drohte einem andern mit Unrecht; das empörte mich; ich gab ihm mit harter Hand meinen Unwillen zu fühlen. Das Kind schien vor Wehmut zu vergehen und weinte eine Viertelstunde ununterbrochen, und sobald ich zur Tür hinaus war, stand es wieder auf, ging zu dem Kind, das es verklagt hatte, bat es um Verzeihung und dankte ihm, daß es sein wüstes Betragen gegen es angezeigt. Freund, es war keine Komödie, das Kind hat vorher nichts Ähnliches gesehen.

Vater- und Mutterstrafen machen daher selten einen schlimmen Eindruck. Ganz anders ist es mit den Strafen der Schul- und anderer Lehrer, die nicht Tag und Nacht in ganz reinen Verhältnissen mit den Kindern leben und eine Haushaltung mit ihnen ausmachen. Diesen mangelt das Fundament von tausend das Herz der Kinder anziehenden und festhaltenden Umständen, deren Mangel sie den Kindern fremd und für sie zu ganz andern Menschen macht, als ihnen diejenigen sind, die durch den ganz reinen Umfang dieses Verhältnisses mit ihnen verknüpft sind. (...)

Lieber Freund, meine Ohrfeigen konnten darum keinen bösen Eindruck auf meine Kinder machen, weil ich den ganzen Tag mit meiner ganzen Zuneigung unter ihnen stand und mich ihnen aufopferte. Sie mißdeuteten meine Handlungen nicht, weil sie mein Herz nicht mißkennen konnten.

Johann Heinrich Pestalozzi, in: Die Strafe in der Erziehung, bearbeitet von Hans Netzer, Weinheim – Berlin – Basel 1959, S. 32–35.

> ❶ Lest den Text sorgfältig und beantwortet folgende Fragen:
> a) Warum hält Pestalozzi Strafen für unverzichtbar?
> b) Wer hat ein Recht Kinder zu strafen? Warum?
> c) Wer hat kein Recht Kinder zu strafen? Warum?
>
> ❷ Ist Pestalozzis Meinung zur Strafe heute noch zeitgemäß? Diskutiert diese Frage miteinander im Kurs!

Schon im 18. Jahrhundert wurden Bedenken und Einwände insbesondere gegen brutale Formen des Strafens formuliert. So wurde auch versucht, wenn schon nicht auf Strafe grundsätzlich verzichtet werden könnte, nur solche Formen der Strafe in der Erziehung zuzulassen, die nicht als willkürliche Gewalt des Strafenden erscheinen mußten.

Der bekannteste und bis heute vielerorts diskutierte Versuch in diesem Sinne ist die Idee Jean-Jaques Rousseaus, eine **„natürliche Strafe"** in der Erziehung durchzusetzen.

Rousseau selbst hat seine Idee in einem Erziehungsroman – mit dem Titel „Emile" (1762) – veranschaulicht:

Euer etwas schwieriges Kind zerstört alles, was es anrührt – werdet nicht ärgerlich. Nehmt alles, was es zerstören kann, aus seiner Reichweite. Zerbricht es alle Sachen, mit denen es umgeht – gebt ihm nicht gleich andere dafür. Laßt es den Schmerz des Verlustes fühlen. Zerbricht es die Fensterscheiben in seinem Zimmer – laßt ihm Tag und Nacht den Wind um die Nase wehn und
5 kümmert euch nicht um seine Erkältung, denn es ist besser, es hat einen Schnupfen, als daß es den Verstand verliert. Beklagt euch nie über die Ungelegenheiten, die es euch bereitet, sondern laßt sie es zuerst am eigenen Leibe fühlen. Schließlich laßt ihr neue Fensterscheiben einsetzen, ohne ein Wort zu verlieren. Zerbricht es sie wieder, wendet eine andere Methode an. Sagt ihm in knappen Worten, aber ohne Zorn: Die Fenster gehören mir, ich habe dafür gesorgt, daß sie
10 da sind, und will, daß sie ganz bleiben. Dann schließt ihr es in einen dunklen, fensterlosen Raum ein. Bei dieser ihm so ungewohnten Maßnahme fängt es sofort an zu schreien und zu toben – keiner kümmert sich darum. Bald wird es müde und ändert seinen Ton, es klagt und wimmert. Ein Bedienter kommt, und der Trotzkopf bittet, ihn herauszulassen. Ohne weitere Erklärung seiner Ablehnung sagt der Bediente: Ich habe auch Fensterscheiben, die ganz bleiben sol-
15 len, und geht. Endlich, nachdem das Kind mehrere Stunden so verbracht und Zeit genug gehabt hat, sich zu langweilen und es nie wieder zu vergessen, schlägt ihm jemand vor, einen Vergleich mit euch abzuschließen: Ihr werdet ihm seine Freiheit wiedergeben, wenn es nie mehr Fensterscheiben zerbrechen wird. Nichts wird ihm willkommener sein; es wird euch bitten lassen, zu ihm zu kommen, und ihr kommt. Es wird euch seinen Entschluß mitteilen, und ihr werdet ihn
20 sofort annehmen, wobei ihr ihm sagt: Das ist vernünftig, wir werden alle beide Vorteile davon haben.

aus: Jean Jaques Rousseau, in: Die Strafe in der Erziehung, bearbeitet von Hans Netzer, Weinheim – Berlin – Basel 1959, S. 21 f.

> ❶ Erklärt, was Rousseau unter „natürlicher Strafe" versteht!
> ❷ Findet weitere Beispiele für „natürliche Strafen"!

„Strafe muss sein!" … Muss Strafe wirklich sein??

Kennst ihr noch die Geschichten aus dem „Struwwelpeter"? Im Folgenden erinnern wir noch einmal an die „Geschichte vom Suppenkaspar"

Die Geschichte vom Suppen-Kaspar

Der *Kaspar*, der war kerngesund,
Ein dicker Bub und kugelrund,
Er hatte Backen rot und frisch;
Die Suppe aß er hübsch bei Tisch.
Doch einmal fing er an zu schrei'n:
„Ich esse keine Suppe! Nein!
Ich esse meine Suppe nicht!
Nein, meine Suppe ess' ich nicht!"

Am *nächsten* Tag, — ja sieh nur her!
Da war er schon viel magerer.
Da fing er wieder an zu schrei'n:
„Ich esse keine Suppe! Nein!
Ich esse meine Suppe nicht!
Nein, meine Suppe ess' ich nicht!"

Am *dritten* Tag, o weh und ach!
Wie ist der Kaspar dünn und schwach!
Doch als die Suppe kam herein,
Gleich fing er wieder an zu schrei'n:
„Ich esse keine Suppe! Nein!
Ich esse meine Suppe nicht!
Nein, meine Suppe ess' ich nicht!"

Am *vierten* Tage endlich gar
Der Kaspar wie ein Fädchen war.
Er wog vielleicht ein halbes Lot —
Und war am *fünften* Tage tot.

Heinrich Hoffmann, Der Struwwelpeter, Rastatt o. J.

❶ Stellt diese Geschichte ein gutes Beispiel für „natürliche Strafe" dar? Erläutere genau!
❷ Haltet ihr es für richtig, Kindern – z. B. im Kindergartenalter – solche Geschichten vorzulesen und zu zeigen?

Sicherlich kann jemand von euch eine Ausgabe des „Struwwelpeters" mit in die Schule bringen. Ihr könnt so auch die anderen Geschichten in diesem Buch lesen.

Das „Struwwelpeter"-Buch existiert nun schon über hundert Jahre lang und ist immer wieder Kindern gezeigt und vorgelesen worden.

Findet ihr bedeutsame Unterschiede zwischen den einzelnen Geschichten? Welche der Geschichten würdet ihr am ehesten Kindern vorlesen wollen und welche der Geschichten würdet ihr lieber nicht Kindern vorlesen wollen?

In Frankfurt findet sich ein H. Hoffmann-Museum (Schubertstraße 20, 60325 Frankfurt/M.), wo man mehr über den Autor der Struwwelpetergeschichten erfahren kann.

Könntet ihr selber eine solche Geschichte – für die heutige Zeit angemessen – entwerfen? Vielleicht kann euer Kurs ja selbst ein solches Kinderbuch entwickeln. Denkbar wäre eine Kooperation mit den Fächern Kunst oder Deutsch.

Beispiele einer „Schwarzen Pädagogik"

Im Folgenden findet Ihr zwei Beispiele, die belegen, welche weitreichenden Strafmaßnahmen vor noch nicht allzu langer Zeit fast überall noch akzeptiert wurden. Auf dem ersten Bild – ein Kupferstich aus dem Jahre 1800 – wird eine Szene aus dem Alltag einer Dorfschule abgebildet; als zweites Bild seht ihr einen Holzschnitt aus dem 17./18. Jahrhundert, der in verschiedenen Büchern abgedruckt war.

❶ Beschreibt diese „erzieherischen" Maßnahmen und diskutiert die Folgen einer solchen „Pädagogik"!

„Strafe muss sein!" ... Muss Strafe wirklich sein??

❷ Wie, meint ihr, haben diejenigen, die solchermaßen brutal erzieherisch waren, ihr Handeln begründet?
❸ Von manchen Erziehungswissenschaftlern werden solche „pädagogische Maßnahmen" unter dem Begriff „Schwarze Pädagogik" zusammengefaßt. Erläutert diesen Begriff!

Fragt eure Eltern und Großeltern oder andere Bekannte und Verwandte, ob und wo sie noch „Opfer" von Maßnahmen einer „Schwarzen Pädagogik" waren! Fragt sie, ob sie sich noch an Geschichten oder Bilder, die ihnen als Kindern Angst machten, erinnern können. Schreibt die Geschichten eurer Eltern und Großeltern in diesem Sinne auf!
Vielleicht existieren ja noch entsprechende Bücher oder Bilder, die ihr ausleihen und im Kurs zeigen könnt!

Die folgende Geschichte über den 16jährigen Andreas ist eine Geschichte über die Folgen drakonischen Strafverhaltens:

Der sechzehnjährige Schüler Andreas wird von den ratlosen Eltern angemeldet. Er habe im letzten Jahr 13 Eintragungen ins Klassenbuch erhalten, und jetzt sei ihm laut Konferenzbeschluß der Ausschluß vom Besuch der Schule angedroht worden. „Wie merkwürdig", sagen die Eltern, „dabei kommen wir zu Hause ganz gut mit ihm zurecht – er gehorcht aufs Wort. Es muß doch daran liegen, daß die Lehrer ihn ungeschickt anfassen." 5

Die Leistungen des Jungen waren sehr mäßig – aber nicht, wie eine testpsychologische Untersuchung ergab, wegen geringer Intelligenz des Knaben, im Gegenteil, sie erwies sich als überdurchschnittlich, sondern weil er durch seine mehr oder weniger offenen Aggressionen so sehr in Anspruch genommen war, daß er dem Unterricht nicht aufmerksam genug folgte. Die Klassenaufsätze waren dürftig, weder im Kunstunterricht noch sonst irgendwo zeigte er phantasiereiche eigen- 10
schöpferische Einfälle.

Andreas war mir als Kleinkind schon bekannt gewesen. Ich hatte Schwierigkeiten dieser Art bereits vor zehn Jahren vorausgesehen und einen entsprechenden Eintrag in meiner Kartei gemacht. Im Gegensatz zu heute war er damals außerordentlich einfallsreich. Er war ein glänzender Erzähler von Phantasiegeschichten, malte viel und konnte schon als vierjähriges Kind anhaltend kon- 15
struktiv bauen und modellieren. Sein Drang zum Gestalten war so groß, daß er darüber häufig in Konflikt mit den elterlichen Wünschen geriet. Diese hatten wenig Verständnis für Andreas' „Geschmier", wie die Mutter sagte. Sie versuchte, das Kind zu kleinen Dienstleistungen heranzuziehen und forderte, er möge sein Spiel sofort unterbrechen, wenn sie riefe. Andreas sagte dann häufig einfach „nein" und tat das Gegenteil von dem, was die Eltern forderten. Gehorchte Andreas 20
nicht sofort, bekam er unter heftigem Schelten der Eltern Ohrfeigen. Dennoch reichten diese bald nicht mehr aus. Andreas wurde zunehmend harthöriger, so daß die Eltern sich bemüßigt fühlten, zu immer drastischeren Erziehungsmaßnahmen zu greifen. Andreas bekam kein Essen, wenn er nicht parierte, und wurde bis zum Abend im Dunkeln ins Bett gesteckt, um Gehorsam zu lernen. Stolz zeigte mir der Vater den Stock, der immer griffbereit neben seinem Stuhl im Wohnzimmer 25
hinter der Heizung klemmte. Das wäre ja gelacht, meinte er, wenn sich das Bürschchen nicht erziehen ließe. Und Andreas ließ sich erziehen! Er lernte es, aufs Wort zu parieren, und die Eltern waren stolz auf das Ergebnis. Und dennoch war dieser Erziehungserfolg nur ein scheinbarer. Da ich Gelegenheit hatte, den Erziehungsalltag von Andreas zu beobachten, versuchte ich, die Eltern zu warnen. „Der nicht geschundene Mensch wird nicht erzogen", erwiderte mir der Vater. 30

aus: Christa Meves, Mut zum Erziehen, Hamburg 1970; zit. nach: E. Groß, Tiefenpsychologische Aspekte der Erziehung I, Düsseldorf 1975, S. 45f.

❶ Gebt den Eltern eine mögliche Erklärung für die Verhaltensprobleme ihres Sohnes in der Schule!
❷ Entwickelt Ideen, was sie anders hätten machen können oder sogar müssen!
❸ Was würdet ihr den Eltern raten, wie sie sich jetzt in dieser schwierigen Situation gegenüber Andreas verhalten sollten!

aus: Pädagogik, 1994, Hf. 7/8, S. 6.

 Erläutere die drei Bilder, indem du fragst, in welchem Sinne diese drei Bilder zu einem Nachdenken zum Thema Strafe beitragen können! Formuliere deine Überlegungen schriftlich!

Alternativen zur Strafe?

Loben ist besser als Tadeln – Interview mit A. Tausch

Brigitte: Frau Dr. Tausch, bei Untersuchungen in Kindergärten und Schulen haben Sie festgestellt, daß zuviel geschimpft und zuviel kommandiert wird. Glauben Sie auch, daß das auch auf das Familienleben zutrifft?

Dr. Tausch: Ja, man braucht nur mit der Straßenbahn zu fahren oder Familien in der Öffentlichkeit zu beobachten, um zu wissen: Es wird auch in der Familie zuviel genörgelt, kritisiert und befohlen. Wir nehmen an, daß ein Kind zu Hause täglich zwischen 200 und – hochgegriffen – 400 Befehle zu hören bekommt. (...)

Brigitte: Wie reagieren Kinder denn auf ständiges Schimpfen und Kommandieren?

Dr. Tausch: Kinder ahmen das Verhalten nach, das sie bei ihren Eltern beobachten. Woher lernt denn ein Kind? Zunächst doch hauptsächlich von der Mutter. Zahlreiche psychologische Untersuchungen haben gezeigt, daß zum Beispiel Strafen und Schimpfen Kinder aggressiv machen, daß strenge Disziplinmaßnahmen der Eltern bei kleinen Kindern die Trotzreaktionen verstärken. (...)

Brigitte: Halten Sie es für falsch, ein Kind zu tadeln?

Dr. Tausch: Grundsätzlich sind Lob, Bestätigung und Anerkennung in der Erziehung viel wirkungsvoller als Tadel. Wenn sich aber Kritik nicht vermeiden läßt, dann – und das ist sehr wichtig – sollte sie immer mit Verständnis für das Kind verbunden sein, so daß die Würde des Kindes oder Jugendlichen nicht verletzt wird. Ein Kind (wie ja auch ein Erwachsener) kann Kritik besser annehmen, wenn nicht seine Person, sondern sein Verhalten kritisiert wird.

Brigitte: Warum ist Lob besser als Tadel?

Dr. Tausch: Untersuchungen haben gezeigt, daß Kinder das Verhalten häufig zeigen, was ihnen Aufmerksamkeit – wir sagen Zuwendung – eingebracht hat. Das heißt, man kann Kinder sowohl im richtigen wie im falschen Verhalten bestärken, indem man darauf eingeht. Man kann also ein Kind dadurch günstig beeinflussen, daß man sich ihm immer dann anerkennend zuwendet, wenn es etwas – und auch nur zum Teil – richtig gemacht hat, und es ermutigt, wenn es etwas noch nicht ganz schafft; im gleichen Maße wie man angemessenes Verhalten in kleinen Schritten durch Anerkennung fördert, wird falsches Benehmen dadurch abgebaut, daß man es einfach ignoriert. Aber was tun wir Erzieher? Wir achten überwiegend darauf, zu tadeln oder gar zu strafen, wenn die Kinder etwas falsch gemacht haben. So verliert ein Kind allmählich sein Selbstvertrauen oder kann in extremen Fälle gar keins entwickeln.

aus: „Brigitte", Hf. 11, 1971; zit. nach: J. Langenfeld, Das Normenproblem in der Erziehung, Düsseldorf 1977, S. 45f.

❶ Welche Einwände hat A. Tausch gegen das Strafen?
❷ Wie sollen nach A. Tausch Erzieher bei Fehlverhalten eines Kindes reagieren?

Zählt einmal einen Tag/eine Woche lang, wie oft ihr in der Schule gelobt und wie oft ihr getadelt oder kritisiert werdet!

Ihr könntet eine solche Aktion auch in einem größeren Rahmen durchführen. Ihr beobachtet in allen Klassen 9 an eurer Schule, wie oft gelobt und getadelt wurde. Nach einer Woche teilt ihr das Resultat eurer Beobachtungen auf einem Plakat, das ihr öffentlich aushängt, allen Schülern und Lehrern in der Schule mit. (Ihr müßt allerdings eine solche Aktion mit euren Lehrern und ggf. mit eurem Schulleiter absprechen!) Vielleicht könnt ihr so konstruktiv zu einem Nachdenken über Umgangsformen an eurer Schule beitragen.

Eine Autorengruppe schlägt im Anschluß an viel beachtete Ideen von Th. Gordon vor, alle erzieherischen Konflikte mit einer Methode, bei der es keine Verlierer geben müsse, zu lösen.

Sie stellt ihre Methode vor, indem sie von einem alltäglichen Konflikt in einer Familie ausgeht:

Familie A
Bei Familie A. gibt es einen Streit zwischen Tanja (10) und ihrer Mutter. Es geht mal wieder um die liebe Ordnung:
Mutter: »Hör mal Tanja, wie oft hab' ich dir
5 schon gesagt, du sollst nicht immer deine Sachen 'rumliegen lassen! Hier guck' dir das an! Deine Jacke in der Küche, im Wohnzimmer deine Bücher, im Bad liegen deine Sachen auch mal wieder 'rum. Kannst du dir nicht endlich
10 mal ein bißchen mehr Ordnung angewöhnen?!«
Tanja: —
Mutter: »Es ist wirklich ewig dasselbe mit dir. Ich kann nur immer hinterher räumen. Ewig
15 sieht die ganze Wohnung unaufgeräumt aus. Nur weil du nicht für fünf Pfennig ordentlich bist.«
Tanja: »So schlimm ist das doch gar nicht.«
Mutter: »Also das ist nun wirklich der Gipfel.
20 Ich räum' die ganze Zeit 'rum, und das Fräulein Tochter meint, so schlimm ist das gar nicht. So was von Schlampigkeit – einmalig! Weißt du was, damit du dir das mal endlich merkst, daß du hinter dir Ordnung zu machen hast – heute
25 abend kein Fernsehen.«
Tanja: »Du bist gemein. Ich wollte den Film so gern sehen.«
Mutter: »Kommt nicht in Frage. Das wollen wir doch mal sehen, ob dir nicht Ordnung beizu-
30 bringen ist.«
Tanja zieht sich wütend in ihr Zimmer zurück, ihre Mutter sitzt – immer noch schimpfend – in der Küche.

Familie B
Auch Familie B. geht es um das Problem Ordnung. Claudia (10) und ihre Eltern sitzen beim Abendessen:
Mutter: »Hör mal, Claudia, ich hab' mich heute wieder unheimlich geärgert über die Unordnung in der Wohnung.«
Claudia: —
Mutter: »Überall liegen Sachen von dir herum. Im Bad, im Wohnzimmer, in der Küche.«
Claudia: »So schlimm ist das doch gar nicht.«
Mutter: »Mich macht das immer ganz kribbelig, wenn ewig irgendwo was 'rumliegt, wo es nicht hingehört: Ich hätte heute wirklich an die Decke gehen können.»
Claudia: »Na gut, ich paß morgen mal auf.«
Mutter: »Weißt du, wir haben da schon so oft drüber gesprochen, aber irgendwie haut das einfach nicht hin mit dem Ordnunghalten.«
Claudia: »Ach ja, ich denk' da einfach nicht immer gleich dran. Ich vergeß das einfach.«
Mutter: »Aber irgendwie müssen wir das ändern. Mir liegt da wirklich was dran. – Aber wie?«
Claudia: »Also, ich könnt' ja zweimal am Tag alles einsammeln. Einmal nach dem Mittagessen, einmal vor dem Abendessen. Einen Rundgang machen.«
Mutter: »Na gut, probier's mal. Vielleicht klappt's ja.«
Claudia: »Bestimmt.«
Mutter: »Soll ich dich dran erinnern?«
Claudia: »Ist vielleicht besser.«

aus: Manfred u. Monica Borchert, Karin Derichs-Kunstmann u. Wilfried Kunstmann, Erziehen ist nicht kinderleicht, Frankf./M. 1977, S. 19f.

❶ Beschreibt die Unterschiede im jeweiligen Verhalten der Mütter so genau wie möglich!

❷ Warum findet Mutter B. nach eurer Meinung am Ende des Konflikts Claudias Zustimmung?

Die Autorengruppe hat die Regeln, denen Mutter B. folgt, auch im allgemeinen Sinne erläutert und begründet.

In Anlehnung an einen Abschnitt aus Gordons Buch ›Familienkonferenz‹ wollen wir im folgenden versuchen, diese Methode zu beschreiben.

Sie besteht im Grunde aus sechs einzelnen Schritten:

1. Den Konflikt erkennen und beim Namen nennen
2. Gemeinsam Konfliktlösungen entwickeln
3. Die Lösungsvorschläge kritisch prüfen
4. Sich für die beste Lösung entscheiden
5. Möglichkeiten zur Ausführung der Lösung ausarbeiten
6. Nach Anwendung der Lösung später überprüfen, ob und wie sie funktioniert

Die Eltern müssen sich selber klarzumachen versuchen, worin der Kern des Konflikts besteht, um welches Problem es eigentlich geht. Dem Kind dann klar und eindeutig sagen, daß es diesen Konflikt gibt und daß man ihn lösen möchte. Entscheidend für den Gesprächsverlauf ist dabei, daß die Eltern von sich sprechen, von ihren Empfindungen und Gefühlen. Wie in unserem Beispiel, in dem es um die Ordnung in der Wohnung ging. Claudias Mutter sagt *nicht*: »Du regst mich auf mit deiner ewigen Unordnung!« Sondern sie spricht von sich selbst und sagt: »Mich macht es immer ganz kribbelig, wenn überall Sachen herumliegen, wo sie nicht hingehören.« Sie vermeidet also jedes Urteil über ihre Tochter und macht es so erst möglich, daß Claudia keine Abwehrhaltung einnimmt, sondern ihr erst einmal zuhört.

Als selbstverständliche Voraussetzung für ein solches Gespräch gilt übrigens: Es wird nur geführt, wenn Kinder und Eltern es gleichermaßen wollen. Keine Seite hat das Recht, ein solches Gespräch aufzuzwingen. Auch dann nicht, wenn ein Problem wirklich unter den Nägeln brennt.

Und dann kommt es darauf an, möglichst Lösungen von den Kindern selbst vorgeschlagen zu bekommen. Wenn zunächst einmal keine kommen, lieber noch einmal dazu ermuntern, welche vorzuschlagen, Und erst, wenn die Kinder selbst keine Vorschläge machen, dann eigene Lösungen formulieren. Und zwar möglichst nicht nur eine, sondern mehrere. Denn die Diskussion verschiedener Lösungsmöglichkeiten bewegt Kinder oft erst dazu, auch eigene Vorschläge zu bringen. Erst wenn wirklich keine Vorschläge mehr zu erwarten sind, zum nächsten Schritt übergehen.

Erst jetzt werden die verschiedenen Lösungsmöglichkeiten kritisch beurteilt. Und zwar von allen Beteiligten. Dabei ist wichtig, daß niemand mit seinem Urteil hinter dem Berg hält und wirklich ehrlich sagt, was er von welcher Lösung hält.

Zunächst einmal kommt es darauf an, noch einmal ganz klarzumachen, welche der verschiedenen Lösungen für jeden annehmbar ist. Dabei können sich die Eltern der Zustimmung zu der gewählten Lösung versichern, wenn sie z.B. nachfragen: »Seid ihr mit der Lösung wirklich einverstanden?« oder: »Glaubt ihr, daß wir mit der Lösung das Problem bewältigen können?« Es geht wirklich nur um Lösungen, die alle akzeptieren können. Es kann übrigens ganz nützlich sein, die gewählte Lösung aufzuschreiben, vor allem, wenn sie etwas komplizierter und nicht so leicht zu behalten ist.

Hat man eine Lösung vereinbart, dann sind manchmal noch Einzelheiten zu klären wie z.B.: Ab wann soll die Regelung gelten oder wann gibt es vielleicht Ausnahmen oder bis wann gilt diese Regelung?

aus: M. u. M. Borchert, K. Derichs-Kunstmann u. M. Kunstmann, S. 28f.

- Fasst zusammen, was Erzieher neben der strengen Beachtung der sechs Schritte noch beachten müssten, wenn sie sich nach den Vorschlägen dieser Autorengruppe verhalten wollten! Formuliert eure Beobachtungen in Form von Geboten!

Erfindet eine Konfliktsituation – in der Schule, in der Familie, im Verein – und lasst Betroffene im Rollenspiel versuchen, den Konflikt nach den Regeln dieser Methode (Th. Gordons) zu lösen.
Fragt anschließend, ob die Versuche erfolgreich waren!
Wenn ihr am Ende nicht zu einer für alle Betroffenen gleichermaßen zufriedenstellenden Lösung gekommen seid, fragt nach den Ursachen:
a) *Hat jemand sich nicht im Sinne der Regeln Th. Gordons verhalten?*
b) *Ist diese Methode tatsächlich immer ein erfolgreicher Weg, Konflikte zu bewältigen?*

Rollenspiel

Im Rollenspiel geht es darum, durch die Übernahme bestimmter „Rollen" bestimmte Situationen oder Konflikte möglichst wirklichkeitsnah zu erfassen bzw. zu erleben. Wie erleben Betroffene eine Situation? Wie verhalten sie sich in einer bestimmten Situation?

Ihr könnt so z. B. auch die Perspektiven anderer erfahren und anschließend diese bedenken.

So jedenfalls spricht man nicht immer nur *über* eine Situation, sondern befindet sich – wenn auch nur im „Spiel" – auch einmal *in* einer Situation.

Allerdings gelingen solche Rollenspiele nur, wenn sie *gut vorbereitet und nachbereitet werden*. Wer eine bestimmte Rolle übernimmt, muss sich vorher genau überlegen, wie er sich in seiner Rolle verhalten muss, er sollte sich schon vorher überlegen, was er sagen und wie er ggf. auf Beiträge oder Verhalten anderer reagieren will (bzw. in seiner „Rolle" reagieren muss).

Rollenspiele gelingen nicht sofort perfekt. Man muss auch das „Spielen" von „Rollen" lernen. Insofern wäre es vielleicht sinnvoll, zu Beginn möglichst genau zu planen, was ein „Spieler" einer „Rolle" sagen bzw. wie er sich verhalten soll.

- Betrachtet noch einmal das Fallbeispiel: Haltet ihr die von Mutter B. praktizierte Konfliktlösung für den familiären Alltag für realistisch? Was spricht gegen diese Methode? Sammelt mögliche Einwände und diskutiert sie im Kurs!

Ein Pionier im Bemühen, in der Erziehung auch ohne Strafmaßnahmen auszukommen, war der amerikanische Pater Flanagan. Father Flanagan hat dafür gekämpft, straffällig gewordene Kinder und Jugendliche nicht einfach zu bestrafen, sondern ihnen eine „Heimat" zu bieten, wo sie sich wohl fühlen konnten und wo sie dann auf sinnvolle Weise ein soziales Miteinander lernen konnten. Er selbst hat in diesem Sinne Häuser für solche Jugendliche eingerichtet und geführt.

Die folgende Episode erzählt, wie Flanagan Warty begegnet, der immer wieder seinen Kameraden Murmeln stiehlt:

Warty befand sich zu jener Zeit seit etwa einem halben Jahr in der Jungenstadt. Er hatte nie besondere Schwierigkeiten gemacht. Aber eines Tages wurde Pater Flanagan mitgeteilt, er stehe im Verdacht, andern Jungen aus ihren Schubfächern Murmeln gestohlen zu haben. Murmelspiel war damals der Lieblingssport. Jeder trieb ihn, und vier Jungen waren die anerkannten Meisterspieler, welche geschickt und beständig gewannen. Pater Flanagan war sich wohl bewußt, von welcher Wichtigkeit Murmeln sein können.

„Warum stiehlst du Murmeln, mein Lieber?"
Es dauerte eine lange halbe Stunde, bis er die richtige Antwort herausbrachte. „Weil die andern Kinder meine wegnehmen. Ich verliere immer, wenn wir spielen."
Es war Angst, dachte Pater Flanagan; Angst, die andern könnten auf ihn herabsehen, keine Achtung mehr vor ihm haben, wenn er keine Murmeln mehr besaß; darum hatte er sie gestohlen. Murmeln stellten für sein kindliches Empfinden den Reichtum dar, den er besitzen mußte, um den Kopf hochtragen zu können. Pater Flanagan entließ Warty und schickte nach den Meistermurmelspielern.

„Da ist ein Junge, der beim Murmelspiel verliert; ja, das Kind verliert alle Murmeln, die es hat", begann er langsam.
„Wir verlieren alle bisweilen", meint der eine.
„Aber dieser Junge stibitzt auch noch Murmeln."
„Ja, wir wissen, wer es ist, Pater."
Der Priester dachte eine Weile nach. „Ich höre, daß ihr Unmengen von Murmeln habt", sagte er endlich.
„Tausende, Pater. Vielleicht Millionen."
„Millionen, wirklich?" Er lachte. „Und wo bewahrt ihr sie auf?"
„Die Schwestern verwahren sie für uns. Wir tun sie in Schachteln und Körbe und Beutel. Die Schwestern stellen sie weg für uns."
„Wäret ihr bereit, mir diese Murmeln zu geben? Alle ohne Ausnahme?" Er brauche sie, erklärte er, um die Schwierigkeit jenes Jungen zu lösen, der ins Stehlen geraten war. Noch am selben Nachmittag wurden ihm die Murmeln gebracht.
Am folgenden Morgen ließ er Warty wieder zu sich kommen und zeigte ihm all die offenen Behälter, hoch gefüllt mit Murmeln.
„Sie sind alle dein, mein Lieber", sagte der Priester langsam. „Du sagtest, du brauchtest Murmeln."
„Alle mein?" stieß Warty mühsam hervor.
„Ja, alle miteinander. Nun nimm sie weg. Du mußt sie noch heute alle fortholen."
Den ganzen Tag mühte sich der Junge mit der Aufgabe. Der Pater hatte nicht gedacht, daß er die Arbeit fertig bringen würde, aber er führte sie durch. Bis zum Dunkelwerden hatte er sämtliche

Behälter mit Murmeln hinausgeschleppt und Platz gefunden, wo er sie verstauen konnte. Es war schon fast Zeit zum Nachtessen, als er die letzte Schachtel fortnahm. Dann kam er zurück und stand vor dem Schreibtisch.

„Pater", sagte er, „ich möchte Sie noch etwas fragen."
„Glauben Sie, ich könnte je gut genug spielen lernen, um selbst ein paar Murmeln zu gewinnen?"

Auf diesen Augenblick hatte der Pater gewartet. In schlichter Rede von Mensch zu Mensch – hier vom Manne zum Jungen – erklärte er ihm den Unterschied zwischen einem Sportspiel und einem Preis. Nicht, ob man gewinne oder verliere, sondern w i e man spiele, darauf komme es an. Mißerfolg sei keine Schande, vielmehr ein Teil des Weges zum Erfolg. Wenn ein kleines Kind das Gehenlernen aufgeben würde, nachdem es ein paar Male gefallen sei, so würde es nie richtig laufen lernen, nicht wahr? Die Murmeln bedeuteten nichts. Der Spaß und die zunehmende Geschicklichkeit, das sei die wahre Belohnung.

Mit dieser ganzen Lawine von Murmeln war Warty leer ausgegangen, während eine einzige Murmel, die er von einem Kameraden gewann oder an ihn verlor, ihn reich gemacht hätte.

aus: Fulton u. Will Oursler, Pater Flanagan von Boys Town, Baden-Baden 1951, zit. nach: Die Strafe in der Erziehung, bearbeitet von Hans Netzer, Weinheim – Berlin – Basel 1959, S. 91–93.

❶ Welche Lösung findet P. Flanagan für Wartys Problem? Was lernt Warty auf diese Weise?

❷ Indirekt enthält dieser Text auch eine Erklärung, warum Menschen sich unsozial oder rücksichtslos verhalten. Überlegt gemeinsam: Was wollen oder können solche Menschen nicht einsehen?
Diskutiert, ob und wie solche Menschen zur Einsicht gebracht werden können!

Zwei Filme mit Spencer Tracey in der Rolle des Paters erzählen die Geschichte und die pädagogische Arbeit Pater Flanagans. Obwohl die Filme unterdessen über 50 Jahre alt sind, können sie noch immer dazu beitragen, für eine Erziehung ohne drakonisches Strafen zu werben.
Die Filme sind unter folgenden Titeln zu besorgen: „Teufelskerle". (Boystown); Regie: Norman Taurog; „Das sind Kerle", Regie: Norman Taurog, 1941.

Erfindet eine Geschichte oder schreibt eine euch bekannte tatsächliche Begebenheit auf, wo Menschen auf originelle Weise andere Erziehungsmethoden als zu strafen praktizieren bzw. praktiziert haben. Vielleicht lassen sich solche Geschichten auch veröffentlichen – in Schüler- oder Schulzeitungen oder auch in der lokalen Presse, in Kirchenzeitungen, Gewerkschafts- oder Jugendverbandszeitungen.

Was geschieht in der Bundesrepublik mit Kindern und Jugendlichen, wenn sie straffällig werden? Ab welchem Alter müssen Kinder und Jugendliche mit gesetzlicher Strafverfolgung rechnen?
Ladet städtische Sozialarbeiter oder Richter in euren Kurs ein und lasst euch die Bestimmungen in Deutschland vorstellen und erklären. Ihr könnt auch in Kleingruppen – nach einer entsprechenden Vereinbarung – selbst Richter oder Sozialarbeiter aufsuchen und über eure Gespräche berichten.
Sicherlich ließe sich auch einmal organisieren, dass ihr an einer Verhandlung der Jugendstrafkammer teilnehmt. Vielleicht könnten sich Prozessbeteiligte bereit finden, nach dem Prozess mit euch über das Urteil, die Urteilsbegründung bzw. Urteilsfindung zu sprechen.
Wie könnte man von Seiten des Staates aus auf Fehlverhalten von Kindern und Jugendlichen sinnvoll reagieren?
Erarbeitet Vorschläge; vielleicht sogar Ideen für Verbesserungen im gegenwärtigen Jugendstrafrecht!
Ggf. könnt ihr mit Schülerinnen und Schülern sozialwissenschaftlicher Kurse zusammenarbeiten! Falls an eurer Schule eine Rechtskunde-AG besteht, könnte auch in dieser AG das Jugendstrafrecht besondere Beachtung finden.

Eine kurze Geschichte zum Abschluß:

Ein Beispiel von sabotierter Moral: Ein fünfjähriger Junge läßt im Supermarkt eine Schokolade mitgehen. Die Mutter erfährt davon erst, als sie mit ihren drei Kindern wieder im Auto sitzt. Sie wendet, sucht sich erneut einen Parkplatz, läßt ihre drei ein zweites Mal aussteigen und spürt sogar die Kassiererin auf. Der kleine Ladendieb hat sein Unrecht eingesehen und berichtet nun unter Qualen der Scham dieser Frau seine Missetat. Und was bekommt er zu hören? Die Kassiererin sagt nur: »Ach, das macht doch nichts. Dieses kleine Schokolädchen. Das tun doch alle. Behalte es ruhig und iß es auf!«
aus: Astrid von Friesen, Liebe spielt eine Rolle. Erziehung im Geben und Nehmen, Reinbek 1995, S. 114f.

❶ Ist Astrid von Friesens Empörung über die Verkäuferin berechtigt?
❷ Wie soll man auf ein solches „Vergehen" eines Kindes reagieren? Macht Vorschläge!

4. Kapitel: Mannsbilder und Weibsbilder

Typisch Mädchen, typisch Junge?

Typisch Junge, typisch Mädchen?

Weibsbilder und Mannsbilder

Vorstellungen und Meinungen über Mädchen und Jungen, Männer und Frauen haben wir alle. Manchmal sind diese Auffassungen begründet, manchmal sind es bloße Vorurteile. Bilder, die Frauen über Männer und Männer über Frauen im Kopf haben, beeinflussen aber deren tatsächliches Verhalten ebenso wie unterschiedliche biologische Gegebenheiten.

Schubladendenken

● Heulsuse ●	●	●		● Streber ●	●	●
● Emanze ●	●	●		● Macho ●	●	●
●	●	●		●	●	●
●	●	●		●	●	●

❶ Ergänzt die Etiketten auf den Schubladen durch weitere solche Bilder für Mädchen und Jungen und Männer und Frauen!

❷ Schneidet aus Zeitungen und Illustrierten Witze über Männer und Frauen heraus! Klebt die Ausschnitte nach Geschlechtern getrennt in eure Hefte und wertet sie aus, indem ihr Tabellen anlegt. Ordnet die Merkmale in die entsprechende Rubrik ein!

Beispiel Blondinenwitz:
Frage: Woran erkennt man, dass eine Blondine am Computer gearbeitet hat?
Antwort: An den Tipp-Ex Spuren am Monitor.

	Klischeebild/Typ	Tätigkeit	Eigenschaft	(Un)Fähigkeit	Absicht der Anzeige (nur bei Werbung)
♀	blonde Frau	Arbeit am Computer	dumm	sie begreift die Arbeitsweise des Computers nicht	
♂					

Alternative: Statt Witzen könnt ihr auch Bilder aus der Werbung nehmen.

Unbeschreiblich weiblich

Lucy Lectric: Mädchen

Was is'n das für'n wundervoller voller Hintern,
der da nebenan am Tresen steht?
5 Und der Typ, der am Hintern nochmal dran ist
hat sich gerade zu mir umgedreht.
Und ich lache ihm zu, o prima!
Den nehm ich nach Hause mit.
Und da lehn ich mich zurück
10 und laß dem Mann den ersten Schritt.
Mir geht's so gut,
weil ich 'n Mädchen bin,
weil ich 'n Mädchen bin.

Komm doch mal rüber Mann,
15 und setz Dich zu mir hin,
weil ich 'n Mädchen bin,
weil ich 'n Mädchen bin.
Keine Widerrede mann,
weil ich ja sowieso gewinn,
20 weil ich 'n Mädchen bin.

Und der Hintern kauft mir wunderschöne Sachen
und dann lädt er mich zum Essen ein.
Klar laß' ich mich auch ganz ohne Kohle küssen,
doch wenn er meint, das muß so sein, sag ich nicht nein,
25 Ich bin so froh,
daß ich 'n Mädchen bin,
daß ich 'n Mädchen bin.

Refrain

Und nach dem Essen gehn wir Kaffee bei ihm trinken,
30 und der Schweiß, der steht ihm im Gesicht.
Ob der Größte, der's am längsten kann von allen,
heute Nacht auch wirklich hält, was er verspricht?
Ich bin so froh,
daß ich 'n Mädchen bin,
35 daß ich 'n Mädchen bin.

Refrain

Good girls go to heaven bad girls go everywhere

© Lucy van Org, Goldkind 1994 by Sun of Sing Sing

❶ Erstellt eine Liste über „ihre" und „seine" Handlungen und Aktivitäten!
❷ Warum ist „sie" froh, daß „sie" ein Mädchen ist?
Und ihr? Seid ihr froh, daß ihr Mädchen bzw. Jungen seid? Warum (nicht)?

Wann ist der Mann ein Mann?

Herbert Grönemeyer: MÄNNER

Männer nehmen in den Arm
Männer geben Geborgenheit
5 Männer weinen heimlich
Männer brauchen viel Zärtlichkeit
Männer sind so verletzlich
Männer sind auf dieser Welt unersetzlich
10 Männer kaufen Frauen
Männer stehen ständig unter Strom
Männer rackern wie blöde
Männer lügen gern am Telefon
Männer sind allzeit bereit
15 Männer bestechen durch ihr Geld
und ihre Lässigkeit

Refrain:
Männer haben's schwer, nehmen's leicht
20 Außen hart und innen ganz weich
Sind als Kind schon auf Mann geeicht –
(dreimal:)
Wann ist ein Mann ein Mann …

Männer haben Muskeln
25 Männer sind furchtbar stark
Männer können alles
Männer kriegen gern 'nen Herzinfarkt
Oh, Männer sind einsame Streiter
Müssen durch jede Wand, müssen
30 immer weiter
Refrain

Männer führen Kriege
Männer sind schon als Baby blau

Männer rauchen Pfeife
Männer sind furchtbar schlau 35
Männer bauen Raketen
Männer machen alles, ja, ganz genau
(mehrmals:)
Wann ist ein Mann ein Mann
Männer kriegen keine Kinder 40
Männer kriegen dünnes Haar
Männer sind auch Menschen
Männer sind etwas sonderbar
Männer sind so verletzlich
Männer sind auf dieser Welt 45
einfach unersetzlich
Refrain

© prod. von Herbert Grönemeyer, electrola GmbH 1984

❶ Ordnet die den Männern zugeschriebenen Verhaltensweisen und Eigenschaften nach vorher ausgewählten Gesichtspunkten wie „positive Handlungen", „negative Handlungen" usw.!

❷ Was meint Herbert Grönemeyer, wenn er sagt: „Männer haben's schwer, nehmen's leicht" (Z. 14)?

❸ Setzt euch mit der Ansicht „Sind als Kind schon auf Mann geeicht" (Z. 16) auseinander! Veranschaulicht eure Überlegungen mit Beispielen!

Der Büchermarkt:
Titel, Thesen und Talente

- ❶ Welche Themen und Fragen werden wichtig genommen?
- ❷ Verbergen sich hinter der hier behandelten Thematik bestimmte Frauen- und Männerbilder?
- ❸ Sucht in der Stadtbücherei oder in einer Buchhandlung nach diesen oder anderen Büchern zum Thema! Wenn euch ein Titel interessiert, erstellt einen kurzen Bericht über die behandelte Problematik und tragt ihn im Kurs vor!
- ❹ Diskutiert, ob die jeweiligen Aussagen oder Auffassungen über Männer und Frauen, Mädchen und Jungen berechtigt sind!

Interview

Die Durchführung

Fragt Leute aus eurer Umgebung nach ihrer Meinung über typische Verhaltensweisen und Eigenschaften von Mädchen und Jungen. Etwa: Ergänzen Sie die folgenden Aussagen: „Normalerweise sind Jungen eher .../ Mädchen dagegen sind eher...". Oder: „Nennen Sie typisch weibliche und typisch männliche Handlungsweisen." Oder: „Was fällt Ihnen als erstes bei dem Wort **Mann** bzw. **Frau** ein?"
Vergesst nicht, eine Notiz zum Alter und Geschlecht der Befragten zu machen.

Die Auswertung

Zeichnet auf eine große Wandzeitung den Umriss eines Mädchens und eines Jungen. Schreibt die ermittelten Eigenschaften unter das entsprechende Bild, oder notiert sie auf eine Karte und heftet diese an das Mädchen- oder das Jungenbild. Achtet darauf, dass genug Platz für weitere Ergänzungen bleibt. Ihr könnt statt der Wandzeitung auch eine Doppelseite eures Arbeitsheftes nehmen (DIN A 4-Format) und darauf die Profile zeichnen.

- Könnt ihr aufgrund der ermittelten Meinungsbilder sagen, dass bestimmte Auffassungen über Mädchen und Jungen vorwiegend bei einer bestimmten Altersgruppe oder einem bestimmten Geschlecht vorkommen?
- Welche möglichen Erklärungen gibt es dafür?

Fakten zur biologischen Ausstattung und zur körperlichen Konstitution

Das starke Geschlecht !?

Sterbefälle nach Alter und Geschlecht

Alter	Geschlechterverhältnis ♂ ♀	Alter	Geschlechterverhältnis
0– 1	1,3 : 1	45–50	2,0 : 1
1– 5	1,4 : 1	50–55	2,0 : 1
5–10	1,1 : 1	55–60	2,1 : 1
10–15	1,4 : 1	60–65	2,0 : 1
15–20	2,4 : 1	65–70	1,6 : 1
20–25	3,0 : 1	70–75	1,0 : 1
25–30	2,8 : 1	75–80	1 : 1,2
30–35	2,4 : 1	80–85	1 : 1,6
35–40	2,3 : 1	85–90	1 : 2,2
40–45	2,0 : 1	90 u. älter	1 : 3,1

Quelle: Statistisches Bundesamt, Fachserie 12, Reihe 4, S. 38f., 1995 und eigene Berechnungen.

Im allgemeinen werden Jungen Eigenschaften wie Durchsetzungsvermögen und Stärke zugeschrieben. Mädchen gelten als weniger belastbar.

Todesursachen von Kindern im Alter 0 bis 15 Jahren
Geschlechterverhältnis pro 100 000

Todesursache	Jungen : Mädchen
Infektiöse und parasitäre Krankheiten	1,2 : 1
Neubildungen (Krebserkrankungen)	1 : 1
Stoffwechselkrankheiten	1 : 1
Blutkrankheiten	1 : 1
Krankheiten des Nervensystems	1,6 : 1
Krankheiten der Atmungsorgane	1,2 : 1
Krankheiten der Verdauungsorgane	2 : 1
Verletzungen, Vergiftungen	1,8 : 1
Unfälle im Straßenverkehr	1,7 : 1
Unfälle durch Sturz	2 : 1
Ertrinken	2,3 : 1
Suizid	3,3 : 1

Quelle: Statistisches Bundesamt, 1993 und eigene Berechnungen, Fachserie 12, Reihe 4, S. 26f.

❶ Fasst die wesentlichen Aussagen der Tabellen zusammen, und fragt nach der Berechtigung der vorangegangenen Aussagen über Jungen und Mädchen!

❷ Informiert euch über das Geschlechterverhältnis bei Kinderkrankheiten, Sterbefällen (aktuelle Zahlen), psychische und psychosomatische Störungen! Ihr könnt dazu Material bei Krankenkassen anfordern, euch mit einer Kinderklinik in Verbindung setzen oder Gespräche mit Kinderärzten und Hebammen führen. Hier bietet sich die Arbeit in Kleingruppen an, sie ist effektiver und macht mehr Spaß.

❸ Überlegt, ob die beobachteten Unterschiede zwischen Mädchen und Jungen nicht auch auf eine geschlechtsspezifische Erziehung zurückzuführen sind!

Ladet einen Biologielehrer eurer Schule in den EW-Unterricht ein! Sagt ihm, dass ihr Informationen über primäre und sekundäre Geschlechtsmerkmale und über angeborene anatomische und hormonelle Unterschiede von Frauen und Männern benötigt!

Schreibt die wesentlichen Merkmale in euer Heft oder auf die Wandzeitung!

Diskutiert, ob eher Mediziner oder eher Pädagogen nach Konsequenzen aus den beobachteten Daten für die gesundheitliche Entwicklung von Mädchen und Jungen fragen müssten! Vielleicht ergibt sich die Möglichkeit einer Zusammenarbeit mit einem Biologiekurs an eurer Schule.

Wie man Mädchen wird.
Wie man(n) ein „richtiger" Junge wird.

Auf den folgenden Seiten geht es um das Verhalten und die Erwartungen der Erwachsenen gegenüber Jungen und Mädchen.

Mädchenerziehung

**Wir werden nicht als Mädchen geboren, wir werden dazu gemacht
(Simone de Beauvoir)**

Liebe Angelika,

Blüh wie das Veilchen im Moose, sittsam, bescheiden und rein,
aber nicht wie die stolze Rose, die stets bewundert will sein.

Zur steten Erinnerung
an Deine Freundin
Else Brückmann.

❶ Sammelt ähnliche Sprüche aus Poesiealben oder fragt eure Mütter und Großmütter danach!

❷ Welche Eigenschaften sollen die Mädchen erwerben? Welche Verhaltensregeln werden an sie herangetragen? Schreibt sie auf die Wandzeitung oder in euer Heft (zum Mädchen-, Jungenprofil)!

❸ Die meisten dieser Sprüche sind alt. Welche der an die Mädchen gerichteten Ansprüche sind noch aktuell?

Ein Mädchen ist fast so gut ein ein Junge

Bei einem der schlimmsten Schreie (der Mutter) machte der Arzt einen kleinen Scherz. „Das kleine Mädchen", meint er, „wird in einer halben Stunde da sein". Diese Worte brachten den Gatten fast noch mehr aus der Fassung als die Schmerzen seiner Frau. „Scherzen Sie nicht mir mir, Herr Doktor", bat er, „Sie wissen doch genau, daß es ein Junge werden soll." Und natürlich wurde es dann ein Junge...
(Gustave Droz, Monsieur, Madame et bébé)

aus: Regina Becker-Schmidt, Geschlechtertrennung – Geschlechterdifferenz, Bonn 1987, S. 107.

❶ Im 19. Jahrhundert bekam eine Hebamme für die Geburt eines Mädchens oft weniger Geld, als wenn sie einem Jungen ans Licht der Welt verhalf. Sind die Zeiten, in denen ein Vater über die Geburt einer Tochter traurig war, unterdessen vorbei? Fragt Frauen im Alter eurer Großmütter, ob ihre Eltern lieber einen Jungen wollten! Erkundigt euch bei positiver Antwort nach dem möglichen Grund!

❷ Fragt Jugendliche, die in eurem Alter sind oder älter, ob ihrer Meinung nach junge Eltern eher ein Mädchen oder einen Jungen wollen! Bittet um eine Begründung!

❸ Wertet das Ergebnis aus, indem ihr überprüft, ob und inwiefern sich die Einstellung gegenüber Frauen und Mädchen geändert hat!

❹ Die Medizin beschäftigt sich seit langem mit verschiedenen Möglichkeiten der Geschlechterbestimmung bei der Zeugung eines Kindes. Diskutiert über Sinn und Unsinn einer solchen wissenschaftlichen Entwicklung!

Geschlechtsspezifische Sauberkeitserziehung

Im fünften Monat tritt eine weitere Differenzierung in der Behandlung kleiner Mädchen und kleiner Jungen ein: Und zwar im Bereich der *Sauberkeitserziehung*. Auch hier verhält sich die Mutter unterschiedlich [...].

Das durchschnittliche Alter, in dem die Erziehung zur Sauberkeit beginnt, liegt für
5 Mädchen bei fünf Monaten (acht Monaten) und bei Jungen bei acht Monaten (12/15 Monaten). So treten denn auch die Schwierigkeiten (Weigerung, Spielereien) beim „Topfgehen" bei kleinen Mädchen zwischen 15–18 Monaten auf, bei kleinen Jungen zwischen 24 Monaten und vier Jahren. Bei kleinen Mädchen sind sie von kürzerer Dauer, während sie bei kleinen Jungen ausgiebiger und energischer auf-
10 treten [...].

Der gleiche Trend zeigt sich beim Sich-selbst-Ankleiden: Auch hier sind die kleinen Mädchen wesentlich früher selbständig. Die größten Fortschritte findet man zwischen 1 1/2 und 3 1/2 Jahren.

Diese frühen Fertigkeiten der kleinen Mädchen sind also generell auf eine Arbeits-
15 erleichterung für die Erziehungspersonen gerichtet und zugleich Vorläufer der später von Frauen erwarteten Fertigkeiten: Verantwortung für Mitmenschen, Sauberkeit etc.

aus: Ursula Scheu, Wir werden nicht als Mädchen geboren – wir werden dazu gemacht, Frankfurt am Main 1995, S. 63f.

❶ Fasst die Aussagen zur unterschiedlichen Sauberkeitserziehung von Jungen und Mädchen zusammen!

❷ Wie begründet U. Scheu in ihrem Text das Verhalten der Mütter?

❸ Fragt eure Mütter, in welchem Alter ihr (Jungen und Mädchen) „sauber" wart, wann ihr eure Schuhe selbständig anziehen konntet (Schleife binden)! Stimmen eure Ergebnisse mit den Beobachtungen der Autorin überein?

❹ Könnt ihr der Argumentation U. Scheus zustimmen?

Das Umfeld erzieht mit

Marianne Grabrucker, Juristin, Mutter einer Tochter, erzählt von ihrem Versuch, bei der Erziehung ihrer Tochter weiblichen Rollenklischees bewußt entgegenzuwirken.

Mann redet
Frau nackig

Daß Reklame ein Teil unserer Kultur ist, die Kindern Rollenverhalten vermittelt und sie zu Nachahmung auffordert, ohne daß die Kinder dies zu verbalisieren vermöchten, zeigte mir meine Tochter im Alter von einenhalb Jahren. Über einen Zeitraum von etwa drei Monaten hinweg waren immer wiederkehrend die beiden Feststellungen zu hören: „Mann redet" und „Frau nackig". „Mann redet" kommentierte sie während der Tagesschau, bei politischen Sendungen in TV und Radio, in der Kirche, bei Vereinsversammlungen, beim Busfahrer, wenn er die Haltestellen ansagte. „Frau nackig" dagegen war zu hören am Zeitungskiosk vor den ausgehängten Illustrierten, vor großen Filmplakaten, beim Durchblättern von Zeitschriften, beim Vorbeigehen an Schaufenstern mit aufreizenden Plakaten.

In dieser Zeit war ihr kindlicher Wahrnehmungshorizont vom Sein der beiden Geschlechter, neben Feststellungen wie „Müllmann Krach" oder „Apfel Baum" auf den einfachen Nenner zu bringen: Der Mann agiert und redet, die Frau dagegen stellt sich mit ihrem Körper passiv dar. Umgekehrtes, nämlich „Frau redet" war lediglich einmal und „Mann nackig" nie zu vernehmen. Ich frage mich, wie Erziehung hier gegensteuern kann? In diesem Alter ist eine verbale Auseinandersetzung nicht möglich. Und ein Leben in abgeschiedener Einsamkeit ist auch nicht so leicht durchführbar.

Meine Tochter wird im Alter von knapp zwei Jahren ständig mit Männern konfrontiert, die Institutionen verkörpern und ein für das Kind „sagenhaftes" Schimpfrecht haben. So der Wächter im Zoo, im Botanischen Garten, der Museums- und Ausstellungswärter, der Busfahrer und nicht zuletzt natürlich der Polizist, der Mami sogar aufschreiben darf und dem sie Geld zahlen muß. Es prägt sich die Erkenntnis ein, in kindlichen Worten ausgedrückt: „Mami, Mann schimpft" für alles, was sie für verboten hält. Das Überich baut sich in männlicher Gestalt auf. Was können Mütter hier entgegensetzen? Jedesmal ein missionarisches Gezänk?

Die beruflichen Zukunftsaussichten eines zweijährigen Mädchens unterscheiden sich auch heute noch grundsätzlich von denen eines Jungen. Tritt meine Tochter geschlechtsneutral gekleidet auf, also Hose, Stiefel, dunkelblauer Pulli, kurze Haare, so wird ihr im Urlaub, als sie beim Zerlegen eines Hirsches begeistert zusieht, von den Einheimischen eine Zukunft als großer Jäger ausgemalt. Kommt sie aufgeregt nach Hause und trifft auf die Freundin, die um ihr Geschlecht weiß, wird ihr eine Zukunft als Metzgersfrau zugesprochen. [...]

Vorbilder für Töchter?

Das oft beklagte fehlende Selbstbewußtsein, die fehlende Sicherheit und Großspurigkeit im Auftreten des kleinen Mädchens im Vergleich zu den Jungen hat seine Ursache in der Atmosphäre, die uns und unsere Kinder umgibt: Es fehlt in der Kinderwelt an Identifikationen für Mädchen. So fällt die Welt der Kindergeschichten und Bilderbücher weit hinter die bereits erreichte soziale Realität zurück. Mein Kind bekam in einem neu aufgelegten Bilderbuch über Berufe nur den Arzt, den Richter, den Architekten, den Piloten zu sehen. In allen diesen Berufen arbeiten auch Frauen, aber das Bilderbuch zeigt Frauen in der Position der Marktfrau und der Krankenschwester. [...]

Meine Tochter fragt mit zwei Jahren nach den Mädchen bei den Duplospielfiguren, und wir stellen fest, daß es überhaupt nur eines neben zahlreichen Männchen gibt. Und dieses eine Mädchen lief bei uns bisher auch unter Männchen, weil es kaum als solches zu erkennen war.

Es gab aber wohl den Baggerführer, den Tankwart, den Bauer ...
Sie fragt mit drei Jahren, ob Musik nur Männer machen. Ich bin erstaunt und bemerke etwas später an meinen Plattencovern, die ich häufig im Zimmer herumliegen habe, daß von 90 Abbildungen nur zwei eine Frau zeigen. All dies sind Teile der gesellschaftlichen Atmosphäre, die das Aufwachsen des männlichen Geschlechts begünstigt. Und so entstehen auch die gesellschaftlichen Ausgrenzungen von Berufsmöglichkeiten bei Kindern. Ich hielt verzweifelt in meinem Bemühen, meiner Tochter die ganze Berufewelt offen zu halten, Ausschau nach den Feuerwehrfrauen, den Sanitäterinnen und Polizistinnen am Steuer der entsprechenden Autos. Denn diese sind im Leben eines dreijährigen Kindes höchst aufregende und wichtige Personen. Wo sind die Vorbilder für unsere Töchter? [...]

Anpassungsleistungen

Auch das Anpassungsverhalten hat immer noch einen großen Stellenwert. Im Sandkasten, auf dem Spielplatz muß das Mädchen frühzeitig lernen, sich zu wehren und zu verteidigen, zurückzuhauen, ob sie nun in friedlicher Stimmung ist oder nicht. Gleiches gilt übrigens auch für die kleinen Jungen, die scheu und zurückhaltend sind, denen nachgesagt wird, sie seien fast wie Mädchen. Im Sandkasten herrscht bereits das Postulat des freien Spiels der Kräfte: Wehr dich, kämpfe, hau zurück! Gerät eine Tochter-Mutter in Versuchung, hier regulierend einzugreifen, dann lautet der Vorwurf der übrigen aufgeklärten Mütter so: „Du wirst doch nicht wollen, daß dein Mädchen so ein hilfloses, beschütztes Mama-Kind wird. Sie wird sich auch in Kindergarten und Schule mit den Buben auseinandersetzen müssen. Da ist es gut, wenn sie es frühzeitig genug lernt. Schließlich muß sie ja später im Leben auch mit Männern zurecht kommen und sich wehren können." Selten ist allerdings die Ächtung des anderen Prinzips zu hören und nie der Appell an den kleinen Sohn: „Bitte laß das, Mädchen mögen das nicht. Schließlich mußt du in deinem Leben mit Frauen auskommen können, und die mögen nun mal Ellbogenkampf nicht so." [...]

aus: Marianne Grabrucker, Wie man Mädchen wird, in: Psychologie Heute, 1989, Heft 9, S. 46f.

❶ Stellt dar, wodurch nach Grabrucker das Rollenverhalten vermittelt wird!

❷ Stimmt ihr mit der Autorin überein? Begründet eure Meinung! Beachtet, dass der Text von 1989 ist! Hat sich seitdem etwas geändert?

❸ Besorgt Bilderbücher oder Kinderbücher aus verschiedenen Zeiten und untersucht sie! Ihr könnt dazu eine Tabelle anlegen. Etwa:

	Aussehen der Helden/ Heldinnen	Verhalten der Helden/ Heldinnen	Berufe der Helden/ Heldinnen und anderer Personen
♀			
♂			

❹ Bestätigt oder widerlegt das Ergebnis die Aussage der Autorin, dass es für Mädchen in den Kinderbüchern kaum angemessene Vorbilder gibt?

Jungenerziehung

Zwei Frustrationsquellen machen das Junge-Sein schwierig: Die nicht erfüllbaren „Härtenormen" und die „halbierte Identität"

Es gibt zwei Gründe für Leiderfahrungen. Zum einen leiden Jungen darunter, wenn sie die „Härte-Normen" der Männerrolle nicht erfüllen, zum anderen leiden sie gerade an der Vereinseitigung ihrer Verhaltens- möglichkeiten durch die Männlichkeitsschablone. Die Traurigkeit muß versteckt werden, zärtliche Gefühle dürfen nicht ausgedrückt werden, Ruhe und Passivität sind nur bei Krankheit und völliger Erschöpfung erlaubt. Schonung ohne vorhergehenden Verhaltensexzess gilt als zu bemitleidende oder verachtenswerte Verweichlichung.

aus: Uwe Sielert, nds 21, 1992, S. 5.

❶ Schlagt im Lexikon die Begriffe „Identität" und „Norm" nach!
❷ Erläutert mit Hilfe von Beispielen, was unter „Härtenorm" und „halbierter Identität" zu verstehen ist!

Hurra, es ist ein Junge!
„Doch wehe dem Sohn, der keine Lust hat, ein Held zu werden." (Dieter Schnack)
Vaterstolz

[...] Es ist so wie zu Ostern: Harald und seine beiden gleichaltrigen Cousinen dürfen im Garten von Tante Elli ihre Osternester suchen. Harald hat sofort sein Nest entdeckt – auffällig leuchtet es aus einer Astgabel des Apfelbaumes herunter. Aber er stellt sich dumm. Er weiß, daß sein Vater ihn gerne hinaufklettern sähe auf den Baum. Harald kann nicht klettern. Niemand hat ihm gezeigt, wie man das macht.

Harald sucht sein Nest noch, als die beiden Cousinen längst ihre Osternester im Jasmingebüsch gefunden haben. Der Vater ärgert sich über Harald. Alle wollen dem Jungen helfen. Tante Elli ruft: „Kalt, sehr kalt ... wärmer!" Und, als er wieder am Apfelbaum vorbeiläuft: „Heiß! Sehr heiß!" Harald schaut nicht in die Höhe und rennt „suchend" zu den Ribiselsträuchern hinüber.

Der Vater eilt ihm nach, packt ihn fest bei der Hand, zerrt ihn zum Apfelbaum zurück, hebt ihn mit beiden Händen hoch über seinen Kopf und stellt ihn in die Astgabel neben das Osternest.

15 Eine Schreckbewegung – das Nest kippt zu Boden. Harald hat Angst, daß auch er hinunterkippen wird. Der Vater hat ihn ausgelassen – Haralds Hände umklammern den wippenden Ast. Dem Jungen ist schwindlig. Der Vater, die Mutter, Tante Elli, die zwei Cousinen sind nur verschwommen zu erkennen dort unten in der Tiefe. Harald beißt die Zähne zusammen.

20 „Bravo!" ruft der Vater. „Klettern kann er zwar noch nicht, mein großer Sohn – aber Mut hat er, das muß man ihm lassen." Stolz hebt der Vater Harald aus der Astgabel heraus und setzt ihn mit Schwung in die Wiese. Erst jetzt bemerkt er, daß dem Buben Tränen über die Wangen rollen.

Der Vater dreht sich verärgert um und geht, ohne ein Wort zu sagen, ins Haus hinein. 25 [...]

aus: Ernst E. Ecker, Die Reitergeschichte, in: Mädchen dürfen stark sein..., Hamburg 1985, S. 52ff.

❶ Beschreibt, was sich an diesem Ostertag ereignet hat!
❷ Diskutiert am Beispiel des kleinen Harald, inwieweit die beiden Frustrationsquellen (Härtenormen und halbierte Identität) das Junge-Sein schwierig machen können!

Diese Geschichte könnte verdeutlichen, wie die Erziehung zu falsch verstandener Männlichkeit aussehen könnte: Die wirklichen Bedürfnisse und Wesenszüge eines Jungen werden nicht wahrgenommen. Dem Kind wird die Zwangsjacke des harten Kerls übergestülpt.

❸ Habt ihr ähnliche Frustrationen erlebt oder beobachtet? Berichtet von euren Erfahrungen!

Setzt euch eine Stunde lang neben die Sandkiste auf einen Spielplatz. Beobachtet das Verhalten der Eltern im Umgang mit den Jungen. Berichtet von euren Erfahrungen. Bestätigen sie die Aussagen des Textes?

Wer hilft den kleinen Helden in ihrer Not?

In seinem Buch „Kleine Helden in Not – Jungen auf der Suche nach Männlichkeit" fordert der Autor, Dieter Schnack: „Her mit den Männern, die vor der Not ihrer Geschlechtsgenossen nicht davonlaufen!"

❹ Vollendet die Sätze:
Um Jungen zu helfen, sollten Männer ...
Väter sollten ...
❺ Schreibt eure Vorschläge auf Karten! Heftet die Karten aller Schüler an eine Wandtafel! Diskutiert über die Forderungen!

Maria schickt Michael auf den Schulweg
von Julius Becke

Morgen
werd ich dir zeigen,
wie man den Wecker stellt.
Hier ist der Ranzen,
dein Brot, 5
dein Mantel.
Den Schlüssel
mußt du dir um den Hals hängen.
Beiße nicht
auf deine Nägel, 10
sondern argumentiere,
wenn du im Recht bist.
Überhöre Kommandos
und schlage dich nicht
mit den Verschlagenen. 15
Nun geh schon.
Du darfst weinen.
Dein Vater wollte das nicht lernen.

❶ Fügt dem Gedichttext weitere Verse hinzu!
❷ Hängt die unterschiedlich erweiterten Gedichttexte an die Wandtafel! Lest diese Texte still für euch! Wer will, kann den Mitschülern seine Verse erklären.

Erweitert das Bild von A. R. Penck eure bisherigen Erkenntnisse zum Thema „Jungenerziehung"?

Szenen einer Ehe:
Aus Kindern werden Leute

Zum Schluß des Kapitels ein Fallbeispiel: Es demonstriert, wie Erziehung von Jungen und Mädchen in Alltagssituationen aussehen kann. Beim Lesen des Textauszugs könnt ihr eure „pädagogische Beobachtungsgabe" schärfen. Hier habt ihr außerdem die Möglichkeit, bereits erworbene Kenntnisse über geschlechtsspezifisches Elternverhalten anzuwenden und zu überprüfen.

1. Szene
Maria im Wunderland?

Maria ist achtunddreißig Jahre alt und Lehrerin ohne Anstellung. Sie lebt mit Rolf zusammen, der auch der Vater ihrer beiden Kinder ist. Rolf, ebenfalls Lehrer, ist mittlerweile Beamter auf Lebenszeit. Seit knapp fünf Jahren wohnen sie in dem kleinen Haus am Rande einer Großstadt. Marias Kinder sind acht und fünfeinhalb Jahre alt.
Maria gehörte der Gründungsinitiative für das erste autonome Frauenhaus in ihrer Stadt an. [...]
In den Osterferien 1980 bemerkte sie, daß sie schwanger war.
Das Kind wurde im November 1980 im Kreißsaal der Städtischen Klinik geboren. [...]
Maria stillte Annalena sieben Monate lang, die letzten beiden allerdings nur in der Nacht. Annalena war ein „Schreikind". Maria trug das Kind herum, fuhr es spazieren, nahm es mit in ihr eigenes Bett und stillte. Monatelang fühlte sie sich durchgängig müde und überfordert. Nur langsam veränderte sich dieser Zustand in eine Stimmung von Geborgenheit und Sich-nützlich-Fühlen. [...]
Jonnie kam im Spätsommer 1983 zur Welt. [...]
Maria fühlte sich dem neuen Kind viel mehr gewachsen. Jonnie war ein rundliches, fast acht Pfund schweres Baby, als er zur Welt kam. Maria war hocherfreut, daß es diesmal ein Junge war, und empfand heimlichen Stolz darauf, daß sie ein Kind des anderen Geschlechts in ihrem Körper produziert hatte.
Leider entpuppte sich Jonnie schnell als sehr empfindsam und sensibel. Er litt unter einer leichten Neurodermitis und neigte zu Erkältungskrankheiten. Er vertrug keine Einmalwindeln und war ein „Spuckkind", obwohl er ausschließlich Muttermilch und später Demeter-Breikost erhielt. Er erschien Maria weniger belastbar als Annalena, obwohl er fast nie schrie. Maria stillte ihn fast zwei Jahre lang und hätte es länger getan, aber Jonnie mochte nicht mehr.
Rolf erwies sich als zuverlässiger Vater für seine Kinder, machte aber labile Phasen durch. [...]
Rolf hatte fast sechs Monate lang ein heimliches Verhältnis mit einer Kollegin, das er aber beendete, als Maria zusammenbrach. [...]
Maria ist heute der Meinung, daß es biologische Voraussetzungen geben muß, die das unterschiedliche Verhalten von Mädchen und Jungen mit verursachen. Schließlich sind ihre beiden Kinder bei denselben Eltern aufgewachsen, und Maria und Rolf haben sich bemüht, keines vorzuziehen. Trotzdem spielt Annalena sanfter, Jonnie aggressiver; trotzdem spielt Annalena mit Puppen, und Jonnie spielt draußen. [...]
Maria und Rolf haben vor zwei Jahren geheiratet. Jonnie hat sich vergangene Woche zum zweiten Mal den rechten Arm gebrochen. Genau wie sein Vater! Rolf kam aus dem letzten Skiurlaub auch mit einem Gipsbein zurück – die Piste war zu schnell für ihn. Maria hat viel zu tun mit ihren kranken Männern.

2. Szene
Rolfs Lehr- und Wanderjahre

Rolf ist fünfundvierzig Jahre alt und Lehrer an der Gesamtschule in der Stadt. Ein anstrengender Job! [...]

Rolf hat zwei Kinder, einen Sohn und eine Tochter. Maria, die er während des Studiums kennengelernt hat, war mit ihrem Pädagogikstudium etwas später fertig als er, leider mitten in der „Lehrerschwemme". Als die Kinder dann da waren, wollte sie auch lieber zu Hause bleiben. Insbesondere der Kleine war ein anfälliges Kind, das viel Arbeit machte. Rolf ist sehr aktiv in der Gewerkschaft. Vertrauensmann, Seminare, Besprechungen, Bezirksversammlungen. Rolf vertritt eine fortschrittliche und linke Politik und kann sich damit hervorragend durchsetzen. Nicaragua, Amnestie für RAF-Aussteiger, Historikerstreit, Hausbesetzungen – Rolf faßt auch die heißen Eisen an. Und hat trotzdem Freunde bis in den DGB-Vorstand, von seinem besten Freund M. ganz zu schweigen, der heute für die Grünen im Bundestag sitzt. [...]

Das Kind war eine ziemliche Umstellung für Rolf. Die Kleine war anstrengend, weil sie dauernd schrie und Maria zuerst nicht richtig damit zurechtkam. Rolf konnte kaum seine Unterrichtsvorbereitungen machen. Sie einigten sich dann darauf, daß er vorübergehend bei einem Freund arbeiten würde und auch manchmal dort schlafen, wegen der ungestörten Nachtruhe. Maria konnte das gut verstehen.

Überhaupt: Maria ist genau richtig. Man kann sich mit ihr unterhalten, sie hat Ahnung von vielen Sachen, auch politisch, und mittlerweile schafft sie auch Haus und Garten und kann gut mit den Kindern umgehen. Als Studentin war sie noch etwas unreif und während ihrer Frauengruppenzeit ausgesprochen nervig. Wie man pinkelt, ist doch wohl nun wirklich kein Thema, um eine Beziehungskrise heraufzubeschwören.

Maria hat sich sehr zu ihrem Vorteil verändert, seit sie Mutter ist. Für Rolf waren es wichtige Erfahrungen: Er mußte sich erst an die Situation gewöhnen und reagierte mit unbewußten Fluchtversuchen. Fast ein Jahr lang hatte Rolf ein Verhältnis mit Kerstin, einer sehr selbstbewußten und charmanten Kollegin, die Rolf in der GEW kennengelernt hatte. Als es Maria dann später so schlecht ging damit, wollte Kerstin aber nicht mehr – Frauensolidarität, na ja. Rolf hat diese Beziehung dann um der Familie und der Kinder willen aufgegeben.

Er hat ein gutes Verhältnis zu seinen Kindern, vor allem seit sie aus den Windeln heraus sind. Es gibt einfach einige Dinge, die Rolf besser kann als Maria: Toben, Handwerkern, Ausflüge in den Wald oder auch mal zum Pferderennen. Maria ist viel zu ängstlich in vielen Sachen. Jonnie konnte mit fünf Jahren schon den Wagen lenken – wie ein Großer!

Von blinder Autorität hält Rolf nichts. Er ist der Meinung, daß die Kinder ihn nicht als autoritär erleben sollten, und das gelingt ihm auch. Er ist eben in vieler Hinsicht konsequenter als Maria. Eines seiner schönsten Erlebnisse mit den Kindern hatte er vor zwei Jahren im Urlaub in Südfrankreich. Er hatte sich mit Jonnie und Annalena während eines Ausflugs verirrt, und sie mußten in der Hitze und ohne Trinken fast zehn Kilometer laufen. Da war der Kleine erst vier Jahre alt. Und sie haben durchgehalten trotz Heulen und Zähneklappern – Jonnie hatte fast einen Hitzschlag –, und hinterher waren sie ganz stolz darauf. Tapfer ist er gewesen, der kleine Jonnie. Rolf weiß noch genau, wie er mit Jonnie zusammen in den Kanal gepinkelt hat und er bemerkte, daß der Kleine seinen Schwanz genauso hält wie er selbst. Da ist ihm beinahe das Herz übergelaufen vor Liebe zu den Kindern. Maria hat hinterher ein furchtbares Theater gemacht, aber dieser Ausflug war ganz wichtig für Rolf und die Kinder. Das hat sie nicht verstanden.

Jonnie wird bestimmt den Wehrdienst verweigern. Wenn er älter ist, wird Rolf ihm erzählen, wie man das macht. Hat er ja damals auch geschafft, und heute ist es viel leichter. Über Franz, den Mediziner, wird man wohl auch eine annehmbare Zivildienststelle organisieren können. Vielleicht könnte Jonnie sowieso Medizin studieren. Rolf ist nun schon der vierte Pädagoge in der Familie. Da muß mal was anderes her. Annalena will Lehrerin werden, und sie hat auch das Zeug dafür. Sicher geerbt. Natürlich soll Annalena auch studieren.

Mädchen dürfen keine Steine in den Weg gelegt werden, sagt Rolf, und seiner eigenen Tochter schon gar nicht. Annalena ist ein sehr talentiertes Mädchen. Wie die mit Menschen umgehen kann. Man glaubt es kaum. Und flirten kann sie auch ganz schön. Manchmal merkt Rolf erst hinterher, wie sie ihn um den Finger gewickelt hat. Ihn, den erfahrenen Pädagogen!

3. Szene
Annalena soll keine Angst haben

Annalena wird in zwei Monaten neun Jahre alt und geht bereits in die dritte Klasse, weil sie mit fünf in die Schule gekommen ist. Sie war immer sehr weit für ihr Alter, konnte früh sprechen und laufen und mit drei ihren Namen schreiben.

Die ersten Jahre galt sie eher als wildes Kind. Kein Zaun und kein Baum waren vor ihr sicher, und sie prügelte sich mit den kleinen Jungs. Eine richtige Powerfrau! In der Kindergruppe gab es ihretwegen harte Auseinandersetzungen: Mädchen sind genauso frech wie Jungen – schön und gut. Aber bei Annalena wirkte das doch sehr extrem. Und dann gleichzeitig die Krise zwischen Maria und Rolf und ein kleiner Bruder ...

Annalena hat keinerlei Probleme in der Schule. Ihre Lehrerin ist eher „vom alten Schlag", teilt Sternchen aus für Schönschrift und Hausaufgaben. Man hat den Eindruck, daß gerade die kleinen Mädchen, die relativ frei erzogen wurden wie Annalena, die Lehrerin sehr lieben und es angenehm finden, daß sie einmal richtig „Mädchen" sein dürfen und sollen. Seit etwa einem Jahr trägt Annalena am liebsten Kleider und Röcke und läßt sich auch das Haar lang wachsen. Richtig süß sieht sie aus, und keiner hält sie jetzt mehr für einen Jungen. Maria und Rolf erlauben das auch: Annalena soll alles ausprobieren dürfen.

Als Jonnie geboren wurde, gab es ziemlich große Schwierigkeiten mit Annalena. Sie war extrem eifersüchtig und fühlte sich benachteiligt. Dabei haben sich Rolf und Maria sehr viel Mühe gegeben, die Kinder gleich zu behandeln. Annalena hat ein Fahrrad bekommen wie ihr Bruder und durfte auch zum Judo-Unterricht, obwohl sie dort anfangs das einzige Mädchen war. Und sie hat zu all ihren Puppen auch die Legosteine und den Bastelkeller zur Verfügung. Die Puppenstube hat Maria vor zwei Jahren zu Annalenas Geburtstag selbst gebaut, eingerichtet und die dazugehörigen Püppchen genäht und ihnen Kleidung gestrickt. Das weiß Annalena gar nicht richtig zu würdigen, was für Arbeit darin steckt.

Annalena läßt ihre schlechte Laune oft an ihrem Bruder aus; das war schon immer so. Dabei ist er der Kleinere. Sicher hat sie recht in manchen Sachen, aber etwas Rücksicht gegen Kleinere – das muß schon sein! Sie ist nun einmal zwei Jahre älter als ihr Bruder – da ist es doch klar, daß sie schon eher zur Hand gehen kann als er. Jonnie hat sowieso kein Talent zur Hausarbeit – da schlägt der Vater durch. (Rolf schafft es wirklich, Glasbruch zu arrangieren, wenn er nur die Geschirrspülmaschine einräumt.) Maria und Rolf glauben, daß Annalenas momentane Schüchternheit nur eine vorübergehende Phase ist. Sie weigert sich neuerdings zum Beispiel, allein in den Keller zu gehen, wenn es dunkel ist. So was hat sie früher nie gemacht. Im Gegensatz zu früher wehrt sie sich auch in Situationen nicht, in denen es nun wirklich angebracht wäre. In der Schule gibt es zum Beispiel so ein paar blöde Dorfbengels, die in der Pause versuchen, den Mädchen die Röcke hochzuheben. Da sollte sie mal ihre Judokünste anwenden und nicht immer nur bei ihrem kleineren Bruder. Aber nein, sie heult lieber – wie ein Mädchen!

Andererseits wird sie immer vernünftiger. Das ist schon sehr angenehm, wenn die Kinder größer werden! Man braucht nicht lange zu bitten und zu betteln, wenn sie mal schnell zum Kaufmann radeln soll. Annalena führt den Hund der kranken Nachbarin jeden Tag aus, ganz zuverlässig. Manchmal paßt sie sogar auf ihren Bruder auf, wenn Rolf und Maria – was selten vorkommt – mal einige Stunden beide nicht zu Hause sind. Man kann sich hundertprozentig auf Annalena verlassen.

Und manchmal ist sie schon wie eine richtige Frau! Sie genießt es offensichtlich, bewundernde Blicke zu ernten, wenn sie hübsch angezogen ist. [...]
Seit einiger Zeit erzählt Annalena, daß sie vielleicht Lehrerin werden wolle. Maria ist davon ganz gerührt. Als Annalena drei, vier Jahre alt war, wollte sie noch Förster werden oder Klempner – das war während der Hausrenovierung. Lehrerin ist wohl eine realistische Möglichkeit. Obwohl: niemand würde ihr Steine in den Weg legen, wenn sie tatsächlich Forstwirtschaft studieren oder, wenn es sein muß, auch eine Klempnerlehre machen sollte. Mädchen können ja heute auch in Männerberufen tätig sein. Aber Annalena wird sich das sicherlich noch überlegen mit der Dreckarbeit.
Neulich, als Marias Freundinnen zum Kaffee da waren, sagte Annalena zum Ergötzen der Frauen, daß sie bestimmt keine Kinder haben wolle, wenn sie groß ist. Das sei ihr zu anstrengend. Babys seien zwar süß – und mit dem kleinen Benjamin aus der Nachbarschaft zuckelt sie ja auch los und kann ihn auch schon ganz fachmännisch wickeln –, aber auf solche Kinder wie ihren Bruder würde sie dankend verzichten! Altklug. Maria sollte mal aufpassen, daß sie da nicht ihren eigenen Frust auf Annalena überträgt. Kinder zu haben ist ja eigentlich eine wahnsinnig wichtige Erfahrung für eine Frau und was ganz Normales. Annalena soll keine Angst davor haben.

4. Szene
Jonnie erobert die Welt

Jonnie war, als er geboren wurde, ein zartes Kind, obwohl er gar nicht so aussah. Er war gesundheitlich anfällig und brauchte sehr viel Liebe und Aufmerksamkeit. Dauernd wurde er krank, vertrug die Nahrung nicht und schien beinahe ein Sorgenkind. Mittlerweile ist aus ihm aber ein kräftiger kleiner Kerl geworden, der sich überall durchboxt. Er ist jetzt fünfeinhalb Jahre als – seine Schwester kam um diese Zeit schon in die Schule. Bei Jonnie wird es wohl noch dauern. Irgendwie ist es ja auch in Ordnung, wenn man die Kindheit richtig ausleben kann. Maria und Rolf sind gelassener geworden. Sie sind nicht mehr so begierig darauf, daß alles schnell gehen soll, denn Jonnie ist ja der Jüngste und wird es wohl auch bleiben (obwohl Maria neulich ernsthaft überlegt hat, ob sie nicht noch ein Kind haben will). Jonnie wird wahrscheinlich auch eine andere Schule besuchen als Annalena. An der Schule hier im Ort herrschen teilweise Sitten – da stehen einem als Pädagogen die Haare zu Berge! Und Jonnie ist ein sehr sensibles Kind. Es wäre schade, wenn das in der Schule kaputtgemacht würde. Maria hat ihn deshalb in der Waldorfschule angemeldet. Nein, nicht im Internat, das nicht. Sie wird ihn mit dem Wagen hinbringen und abholen, bis vielleicht eine Eltern-Fahrgemeinschaft gegründet werden kann. [...]
Jonnie hat im Keller eine kleine Werkstatt. Dort basteln die kleinen Jungen und machen ihre „Erfindungen". Neulich haben sie – mit Rolf zusammen – ein echtes Boot gebaut, schwimmfähig! Rolf ist handwerklich sehr geschickt, und Jonnie hat das wohl von ihm geerbt. Jonnie hat aber auch andere Seiten. Von Maria kommt das Musische durch, ein Gespür für Rhythmus und Musik. Guido hat versprochen, daß er Jonnie zu dessen nächstem Geburtstag sein altes Schlagzeug schenken will, damit Jonnie sich ein wenig austoben kann. Maria war davon zwar nicht so begeistert, wegen des Krachs, aber sie hat dann klein begegeben.
Jonnie ist bei all seiner Bastelei und seinem Musikinteresse aber kein Stubenhocker. Er ist durchaus ein richtiger Junge: klettert auf Bäume, traut sich was zu und läßt sich nicht unterkriegen, auch nicht von einem gebrochenen Arm oder von seinem drei Jahre älteren Cousin. Er kommt oft mit kleinen Schrammen oder Verletzungen nach Hause. Maria meint, er sei manchmal zu unvorsichtig, aber Rolf weiß aus eigener Erfahrung, daß das ganz normal ist bei kleinen Jungen. Im letzten Sommer hat Rolf drei Tage und drei Nächte zusammen mit Jonnie draußen im Zelt gewohnt, hinten im Garten. Abends haben sie ein Lagerfeuer gemacht und

Fleisch gebraten, und Maria und Annalena haben Stockbrot vorbereitet. Maria hatte vor zwei Jahren ziemliche Probleme damit, daß Jonnie unbedingt eine Spielzeugpistole haben wollte. Sie wollte ihren Sohn nicht mit einer Waffe in der Hand sehen. Das hat natürlich genau das Gegenteil bewirkt: Jonnie tauschte sich eine Pistole von einem Nachbarsjungen ein, und später kaufte er sich gleich ein ganzes Arsenal von seinem Taschengeld. So einfach lassen sich kleine Jungen das nicht verbieten. Na ja, Jonnie kann ja nichts dafür. Er muß vielleicht auch nicht unbedingt den Außenseiter spielen. Er braucht ja auch Freunde und Anerkennung. Und Rolf hat es auch nicht geschadet, daß er mit Waffen gespielt hat. (Manchmal durfte er sogar das Luftgewehr seines Vaters benutzen zum Taubenabknallen. Rolf ist trotzdem Kriegsdienstgegner geworden und gegen den Vietnamkrieg auf die Straße gegangen – vielleicht gerade deshalb!) Jonnie ist aber aus seiner Waffenphase schon fast wieder raus – bis auf den Flitzbogen; damit macht er die ganze Gegend unsicher.

Aber das ist Spiel und kein Ernst. Genau wie die Bolzerei unter den Jungs. Wie die kleinen Löwen kämpfen sie manchmal. Da gibt's auch schon mal eine blutige Nase. Und hinterher sind sie wieder dicke Freunde. Sie müssen sich eben austoben, die Jungs, und ihre Kräfte messen. Lieber so als andersrum, das stärkt das Selbstvertrauen. Auch wenn es manchmal nervt.

aus: K. Leyrer, Hilfe! Mein Sohn wird ein Macker, Hamburg 1992, S. 12f., 16–25 (Auszüge).

❶ Beschreibt das Verhalten der Mutter zur Tochter und zum Sohn und das des Vaters zu seinen beiden Kindern! Welche bewußten und unbewußten Erwartungen haben die Eltern in bezug auf den Jungen und das Mädchen? Welche Anordnungen stellen sie auf? Für welches Verhalten werden die Kinder gelobt?
Haltet die Ergebnisse tabellarisch fest. Etwa:

	Mutter		Vater	
	Tochter	Sohn	Tochter	Sohn
Verhalten	stillt 7 Monate	stillt 2 Jahre		
fürsorgliche Tätigkeiten, Spielen				
Verbote, Gebote, Anordnungen...				
Erwartungen, Ziele, Beurteilungen				

❷ Was erfahren Jonnie und Annalena über Frauen und Männer durch das Beispiel ihrer Eltern?
❸ Nehmt Stellung zu Marias Meinung, sie habe ihre beiden Kinder gleich erzogen!

Heldenträume und Barbiefaszination

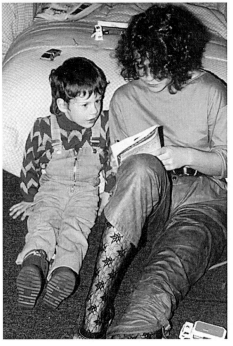

Die Funktion des Spielens

Oft reagieren Kinder auf die (geschlechtsspezifischen) Erwartungen, Vorgaben und Belastungen durch die Erwachsenen, indem sie „einfach" spielen. Das Spiel ist eine gesunde, angemessene Art der Bewältigung von Konflikten. Nach Auffassung vieler Pädagogen und Psychologen drücken Kinder im Spiel ihre Wünsche, Ängste und andere Gefühle aus. Deshalb ist die Spieltherapie eine bedeutende Methode geworden, um kleinen Kindern bei psychischen Problemen zu helfen. Das Spiel dient der Verarbeitung realer Erlebnisse und ist dadurch auch eine Möglichkeit, Ängste zu vermindern. Durch die Beobachtung des kindlichen Spiels können Eltern und Erzieher Schwierigkeiten und Belastungen der Jungen und Mädchen erkennen.

Die Spielbiographie

Die Durchführung

1. Schritt: Material suchen. Fragt eure Eltern und Großeltern nach eurem ersten Spielzeug! Haben sie noch Bilder, die ihr als Kinder gemalt habt? Erinnert euch an Spiele, die ihr gern mochtet/gar nicht mochtet! Sucht nach Photos, die euch beim Spielen zeigen! Gab es ein Spielzeug, das ihr euch gewünscht habt, aber nie bekommen habt? ...

2. Schritt: Mappe anlegen. Nehmt einen Schnellhefter (DIN A 4-Format), Papier und Klarsichthüllen zum Schutz der Photos und gemalten Bilder!

3. Schritt: Material zuordnen. Teilt die Kindheit in verschiedene Phasen ein: Säuglingsphase, Kleinkindphase, Kindergartenphase, Schulkindphase! Rechnet mit mindestens einem Blatt Papier pro Entwicklungsabschnitt! Ordnet das gesammelte Material den Phasen zu! Klebt die Photos ein, beschreibt das Lieblingsspielzeug, macht Notizen ...!

Die Auswertung

Lest euch die fertige Spielbiographie noch einmal aufmerksam durch, schaut euch die Bilder und Photos an! Fällt euch etwas auf? Jede Kindheit hat ihre Besonderheiten, die man oft erst aus einer gewissen Entfernung erkennt. Wenn ihr möchtet, geht die Mappen gemeinsam mit einem Partner durch.

- Erstellt eine Tabelle mit drei Spalten und setzt die von euch benannten Spiele/Spielzeuge in die richtige Spalte ein! Etwa:

Spiel / Spielzeug für Mädchen	Spiel / Spielzeug für Jungen	Spiel / Spielzeug für beide
Puppe	Auto	Stofftier
...	...	...

Mädchenspiele: Das Puppentheater

Gegen Ende des Kleinkindalters ist das Mutter-und-Kind-Spiel bei den Mädchen sehr beliebt. Die Babypuppe ist ein bevorzugtes Spielzeug dieser Altersgruppe. In späteren Phasen der Kindheit ändert sich die Spielmotivation. Jetzt tritt die Barbie-Puppe, die eine erwachsene Frau verkörpert, auf den Spielplan.

Heldenträume und Barbiefaszination

❶ Hattet ihr Mädchen eine „Barbie-Phase"? In welchem Alter? Was habt ihr gespielt? Wer hat nicht mit Barbie gespielt? Warum nicht?

❷ Bringt (eure) Barbie-Puppen mit in die Schule! Schaut sie euch genau an und beschreibt sie (Aussehen, Haltung, Kleidung …)!

30 Jahre Barbie und kein Ende
Zur Bedeutung der Barbie-Puppe als Mädchenspielzeug

[…] Amerikanischen Untersuchungen zufolge beginnt die ausgeprägte Zuordnung geschlechtsspezifischer Spielsachen (das Auto für den Jungen, die Puppe für das Mädchen) erst ab etwa dem dritten Lebensjahr eines Kindes.

[…] Spätestens ab diesem Moment wird es für ein Kind wichtig, zu erfahren, wie es als Mädchen oder als Junge „richtig ist" und vor allem, wie Frauen bzw. Männer sich verhalten. Es sucht nach Identifikationsfiguren, nach Vorbildern, an denen es sich orientieren kann.

Barbie mit ihrer erwachsenen Weiblichkeit kommt für die Mädchen offenbar wie gerufen. Sie vereinbart in ihrer Person alles, was auf Mädchen faszinierend wirken mag, für sie aber in derzeit unerreichbarer Ferne liegt. Das fängt an bei Barbies perfekt gestyltem Aussehen und geht über ihre stets modische Kleidung bis zu ihrer gesamten Ausstattung. Kurzum, Barbie ist die Superfrau. Indem sie ideales Aussehen aufweist, in einer gesellschaftlich anerkannten Stellung lebt und die Ästhetik in Design und Mode verkörpert, erlaubt sie ihrer kleinen Besitzerin, sich mit ihr zu identifizieren und von ihr zu lernen. Barbie ermöglicht dem Mädchen, den Traum vom Frau-Sein zu träumen.

Die Puppe Barbie ist schon erwachsen, und sie ist in jeder Hinsicht schön und erfolgreich. Mädchen träumen davon, ebenfalls schön und erfolgreich zu werden, sie setzen diese Träume und (Größen-)Phantasien im Spiel mit Barbie um. In der Realität erleben Mädchen im Grundschulalter dagegen vielfältige Einschränkungen. Mit dem Eintritt in die Schule werden sie eher dazu angehalten, im Haus zu bleiben und vor den Gefahren draußen gewarnt. Eltern und Erziehende schränken Mädchen stärker als Jungen ein, da ihre körperliche Unversehrtheit durch die Möglichkeit sexueller Übergriffe gefährdeter erscheint. Die Mädchen wiederum schließen aus dieser Schutzmaßnahme, daß sie selbst wehrlos und schutzbedürftig sind. Barbie dagegen bestimmt ihr Leben selbst, es gelingt ihr auch offensichtlich gut. Barbie ist aktiv, sie traut sich viel zu und erlebt ständig faszinierende Abenteuer. Ganz sicher ist hier ein Grund für ihre zeitlose Beliebtheit zu finden. […] Barbie ist „superstark", aber eben auf „weibliche Art", indem sie „superschön" ist und deswegen ihre Ziele erreicht.

Barbie ist nicht die einzige Figur im Spielkonzept. Neben ihrer Freundin Skipper haben auch Männer in Barbies Leben ihren Platz. Allerdings stellt Ken, ihr Dauerfreund seit dreißig Jahren (Gerüchte über eine Heirat der beiden werden von der Herstellerfirma hartnäckig dementiert), nur Zubehör dar. Diese männliche Barbie-Puppe („*he's a doll*" vgl. Billy Boy 1988, S. 40) hat keine eigenständige Funktion unabhängig von Barbie. In keiner der von der Produktwerbung angebotenen Spiel- bzw. Handlungsabläufe nimmt Kenn eine eigenständige Rolle ein, ganz im Gegensatz zu Barbie.

Sie tritt zum Beispiel als die attraktive Besitzerin eines Reisebüros auf, Ken dagegen ist einer der Kunden in Barbies Reisebüro. Oder Barbie ist der umjubelte Rockstar auf der Bühne, Ken darf im Hintergrund die Gitarre zu ihrer Begleitung spielen (vgl. Barbie-Journal 1987, S. 48–57). Handlungsvorgaben der Firma, die ohne Ken auskommen, sind dagegen wesentlich häufiger zu finden. Barbie ist die Figur, die das Spiel des Mädchens dominiert und auch dominieren soll. Ken wird benötigt, damit in den Geschichten von und mit Barbie ab und zu ein Mann vorkommen kann.

Der Faszination der Mädchen steht meist die Ablehnung der erwachsenen Frauen gegenüber, die Barbie äußerst kritisch betrachten. Zunächst mag das an den teuren Folgekosten für Kleidung und Accessoires liegen, denn mit dem Kauf der Puppe allein ist es nicht getan. Zu bedenken ist aber auch, daß die „Lebensrealität" von Barbie in krassem Gegensatz zu der der Mütter steht, die sich mit Barbie ganz sicher nicht mehr identifizieren würden. Barbie verkörpert eine Art des Luxusdaseins und Erfolges, die den meisten Frauen verwehrt ist oder zumindest einen hohen Preis an Selbstaufgabe und -verleugnung erfordert. Barbie verkörpert Träume von absolutem Glück, perfekt gestyltem Dasein und grenzenlos konsumierbarem Leben. Sie vermittelt ein Traumbild, das in seiner vollen Ausprägung eine Kränkung des realen Lebens der meisten Frauen darstellen muß, die immer einmal müde, abgespannt, entkräftet sind und auch älter werden (Barbie hält ihre makellose Traumbild-Schönheit seit über dreißig Jahren aufrecht).

Zu kritisieren ist in unseren Augen an Barbie und dem dazugehörigen Spielkonzept vor allem die rigorose Konsumausrichtung: Ständig neue Konsumwünsche werden durch die Werbung und mit Hilfe des Barbie-Journals bei den Mädchen geweckt, ständig müssen neue Sachen für Barbie gekauft werden. Auf diesem Weg werden Kinder vom Kindergartenalter an darauf eingestimmt, Zufriedenheit und Ansehen über den Konsum immer neuerer Waren zu erlangen. Die Mädchen können sich dem nur schwer entziehen, die Werbung erreicht sie auf vielfältige Weise. [...]

Auch wenn die Inhalte des Barbie-Spielkonzeptes ein utopisches Bild der Realität vermitteln und an sich in Frage zu stellen sind, sollte der Einfluß dieses Spielzeuges auf die (weibliche) Sozialisation von Mädchen nicht überbewertet werden. Letztlich ist Barbie nicht mehr (und nicht weniger) als ein Spiegelbild gesellschaftlicher Werte, die ohnehin überall präsent sind. [...]

aus: D. Sellerberg/S. Hermanowski, in: Brave Mädchen, böse Buben, Weinheim 1993, S. 145 ff.

❶ Warum sind nach Sellerberg/Hermanowski viele Mädchen von der Barbie-Puppe so fasziniert?

❷ Welche Konflikte bewältigen sie im Spiel mit Barbie (vgl. Funktion des Spielens, S. 67)?

❸ Welche Gefahren sehen die Autorinnen im Barbie-Puppen-Spiel? Haltet ihr ihre Einschätzung für berechtigt?

Barbie legt sich unters Messer

Die legendäre Plastikpuppe wird dem Zeitgeist angepaßt. Busen, Hüften und Taille erhalten Normalmaß.

Von Claudia Hamboch

New York. Nach zwanzig Jahren als Blondine mit Atombusen und schmaler Taille soll Barbie jetzt auf Normalmaß gestutzt werden. Die Herstellerfirma Mattel hat der Plastikfrau im Alter von 38 Jahren eine Schönheitskorrektur verschrieben. Das Unternehmen bestätigte die Umgestaltung, die die Zeitung „Wall Street Journal" auf ihrer Titelseite enthüllt hatte.

Im Zeitalter von Body Piercing wird dem Idol kleiner Mädchen der legendäre Busen verkleinert, die Hüfte schmaler gemacht und die Taille verbreitert. Auch das platinblonde Haar gehört bald der glamourösen Vergangenheit an. Die Puppe wird eine Brünette mit goldenen Strähnen.

Offiziell vorstellen will Mattel die neue Barbie im Januar auf der Spielzeugmesse in New York City. Auch wenn die Maße des 90er-Jahre-Modells noch geheim sind: Jean McKenzie, Kopf der Barbie-Abteilung, bestätigte die Eingriffe: „Ihr Profil wird weniger abgehackt sein." Die Kurven der Bestseller-Puppe trotzten bislang der Schwerkraft. Eine zu Fleisch gewordene Barbie würde mit den Maßen 101 Zentimeter (Oberweite), 48 (Taille), 90 (Hüfte) vorne überfallen, meinten Statiker.

Seit Jahrzehnten stand die Puppe im Fadenkreuz feministischer Organisationen. Mädchen werde mit einem unerreichbaren Idol der Kopf verdreht, beklagte sich Joann Lipford-Sanders auf einer Barbie-Konferenz. Mattel behauptet, nicht die Entrüstungsschreie derer, die Barbie als Symbol amerikanischen Körperfanatismus' verteufeln, sondern Verkaufsstrategien hätten nun den Imagewandel bewirkt. Kinder von heute bevorzugten Figuren, die dem Leben näher sind.

Mit breiterem Becken und flacherer Brust ausstaffiert, kann Barbie jetzt zum erstenmal auch in zeitgemäßer Kleidung - wie Jeans glaubwürdig auftreten. Um ernst genommen zu werden, wird Barbie auch das Lächeln genommen. Die Lippen bleiben geschlossen, die Nase ist feiner und das Make-up dezenter. 1959 mit einem Gesicht à la Doris Day vorgestellt, wurde Barbie 1977 ihre jetzige Physiognomie verpaßt.

Barbies jeweiliger Augenaufschlag spricht Bände über das Bild der Frau in der Gesellschaft. Puppe Nummer eins senkte verführerisch die Lider und setzte einen Schmollmund auf. Den Blick beschreibt M. G. Lord in ihrem Buch „Forever Barbie" als „unterwürfiges Starren". 1967, in der sexuellen Revolution, kam die erste Befreiung. Verjüngt, mit einem offeneren Gesicht, schauten die Augen forsch geradeaus. Zehn Jahre später symbolisierte die Gefährtin aller Teenagerinnen mit Zahnpasta-Lächeln dann das gehobene Selbstbewußtsein der berufstätigen, modernen Frau.

Im gestreiften Badeanzug kam die erste Barbie 1959 in die Regale.

aus: Remscheider Generalanzeiger, Nr. 269, Nov. '97.

● **Wie begründet der Spielzeughersteller Mattel die Veränderung der Barbiepuppe?**

Fragt kleine Mädchen in eurer Bekanntschaft danach, welchen Barbie-Typ sie vorziehen (Spielst du lieber mit der neuen Barbie oder mit der alten? Warum?)! Vergleicht das Ergebnis dieser Befragung mit der Ansicht des Mattelkonzerns, dass die Kinder von heute die lebensnäheren Figuren bevorzugen!

Besorgt euch ein Exemplar der vier Barbie-Puppen-Typen, die in der Zeit von 1959 bis heute auf dem Spielzeugmarkt erschienen sind! Für den Fall, dass die alten Barbies nicht aufzutreiben sind, sucht nach photographischen Abbildungen! Solche Photos findet ihr in Büchern und Aufsätzen über die berühmte Plastikpuppe, z.B. in „Brave Mädchen, böse Buben" von Christian Büttner und Marianne Dittmann).

Beschreibt Aussehen und Körpermaße der Puppen und vergleicht sie miteinander!

Verschafft euch einen Eindruck über das Frauenbild während der vier „Barbie-Epochen" (1959–67, 67–77, 77–98, ab 98), indem ihr (alte) Filme anschaut, in alten und älteren Modemagazinen blättert, Erwachsene fragt, Romane und Zeitungen von damals lest oder die Werbeanzeigen aus der Zeit betrachtet!

Dann schaut euch die vier Barbie-Typen noch einmal genau an! Könnt ihr den von der Autorin des Zeitungsartikels genannten Zusammenhang zwischen dem Aussehen der Plastikpuppe und dem jeweiligen Frauenbild nachvollziehen? Oder habt ihr andere Ideen zu der Typenveränderung?

Die Kindheit: „Powermädchen" trotz Einschränkungen
Die Pubertät: Paradise lost

Trotz der Benachteiligungen und Diskriminierungen in vielen gesellschaftlichen Bereichen: Untersuchungen zum Umgang mit Alltagsproblemen von Kindern und Jugendlichen stellen heraus, dass sich Mädchen im Alter von etwa 10 bis 12 Jahren in ihrem Selbstbewusstsein und in ihren Leistungseinschätzungen nicht von ihren
5 männlichen Altersgenossen unterscheiden. In der Schule sind die Mädchen etwas besser als die Jungen, müssen seltener eine Klasse wiederholen, haben bessere Noten, können sich besser in das Unterrichtsgeschehen einordnen. Zudem sind sie gesundheitlich und psychisch weniger belastet (vgl. Tabellen, S. 54 und 76). Obwohl in vielen Situationen durch die geschlechterstereotypen Behandlungen und
10 Einschätzungen der Mädchen Nachteile für sie entstehen, scheinen sie ein positiveres Lebensgefühl zu entwickeln. Die Mädchen sind größtenteils mit sich selbst zufrieden. Sie bleiben gern unter sich, spielen und haben Spaß miteinander. Die Jungen bleiben außen vor, sie sind beim Spielen oft unerwünscht.

Bei vielen Mädchen ändert sich dies zu Beginn der Pubertät. Zu diesem Zeitpunkt
15 kann es zu drastischen Veränderungen sowohl der Selbsteinschätzung als auch der Interessen und Fähigkeiten kommen. Das Vertrauen der Mädchen in sich und ihre Leistungen sinkt. Sie beginnen, ihre Interessen und sachbezogenen Kompetenzen denen der Jungen unterzuordnen.

❶ Schreibt eine Geschichte, die von der schulischen Entwicklung von Mädchen oder Jungen in der Pubertät erzählt!

Heldenträume der Jungen

Die Väter verschlangen die Geschichten von Prinz Eisenherz und Sigurd, die großen Brüder spielten mit He-man. Momentan sind die Sechs- bis Achtjährigen im Batman-Fieber. Die Figuren sind austauschbar, ihre Aufgabe in der Phantasie der Jungen bleibt gleich: Held-Sein im Kampf gegen das Böse, Gewinnen als Streiter für das Gute (meist für eine Frau). Als Plastikfiguren, über Comichefte oder Computerspiele schleichen sich Superman, Batman und He-man ins Kinderzimmer.

❶ Schaut euch die Heldenfiguren in Comicheften, in Computerspielen oder als Plastikfiguren einmal genauer an! Beschreibt ihr Äußeres, ihre Körperhaltung!

❷ Fragt kleine Jungen, was sie so faszinierend daran finden!

❸ Wie und was spielen Jungen mit Heldenfiguren? Nehmt Stellung zu der These, im Spiel würden kleine Jungen ihre Konflikte bewältigen!

Besonders bösartige Verbrecher bedrohen Gotham City und halten die Stadt in Atem. **Batman**, der unermüdliche Streiter für das Gute, verhindert durch seine Kühnheit und mit raffinierter Technik, daß die finsteren Gauner die Stadt beherrschen können. Wieder einmal hat der heldenhafte Fledermausmann seine Gegner besiegt.

Spider-Man, der die Welt vor dem Bösen retten möchte, hat mit den unterschiedlichsten Gegnern zu kämpfen. Ob Venom, Hobgoblin, Dr. Octupus oder Lizard, sie alle können Spider-Man nicht aufhalten. Selbst die raketenfeuernden Roboter-Spinnen gehen dem Spider-Man nach nervenaufreibenden Kämpfen ins Netz.

„**Star Trek**"
„Computerlogbuch der Enterprise: Sternenzeit 1995, Eintrag durch Kaptain Kirk. Nach der Landung entdeckten wir auf unseren Detektoren Anzeichen für Leben. Kurze Zeit später hatten wir eine außergewöhnliche Begegnung mit der Crew von Captain Picard und unserem Nachfolgeraumschiff. Auch Klingonen und Romulani waren mit ihren Raumschiffen gelandet und nahmen an den ungewöhnlichen „Treffen der Generationen" teil."

❹ Besorgt euch Spielzeugkataloge und begutachtet die Vorstellung der Heldenfiguren!

Die Identifikation mit der Heldenfigur im Spiel ist für den kleinen Jungen umso wichtiger, je ohnmächtiger er sich im täglichen Leben fühlt. Besitzt doch Superman alle Eigenschaften, die ihm in Wirklichkeit fehlen. Dabei gibt es auch für ihn viele Hürden zu überwinden: sich gegen den großen Bruder durchzusetzen, die Verbote der Eltern hinzunehmen, sich bei den Gleichaltrigen zu behaupten.

Schwäche darf er kaum zeigen, Tränen schon gar nicht. Auch nicht, wenn er gegen das Böse kämpft, in Gestalt des stärkeren und frechen Nachbarjungen z. B. Manchmal ist er selbst böse, obwohl er es eigentlich gar nicht sein will. Auch dagegen muß er angehen, so wird es von ihm erwartet. Ist es da verwunderlich, wenn er sich in Größenphantasien flüchtet?

Die Pistolenfrage
„Hände hoch oder ich schieße!"

Früher oder später kommt es in Familien, in denen ein Junge aufwächst, zur Diskussion um die Anschaffung einer Spielzeugpistole. Vom Sohn erwünscht, von den Eltern heftigst abgelehnt ist das Schießspielzeug Gegenstand zäher Verhandlungen. Manchmal einigen sich die Parteien oder man macht Kompromisse: Eine Wasserpistole wird angeschafft. Falls die Eltern unnachgiebig bleiben, sind der Phantasie der Jungen keine Grenzen gesetzt. Sie basteln sich Gewehre aus Ästen und Stöcken, sie bauen Revolver aus Legosteinen, und wenn alle anderen Möglichkeiten versagen, formt sich der kleine Cowboy ein Schießeisen mit seinen eigenen Händen.

In den 50er Jahren, kurz nach dem 2. Weltkrieg, forderte die Deutsche Friedensgesellschaft:

Heute sind viele Pädagogen, z. B. Bruno Bettelheim, anderer Meinung:

Aggressive Spiele – was tun?

[...] Manche Eltern fürchten sogar, ihr Kind könnte später ein Killer werden, wenn es Freude an solchen Spielen hat. Solche Gedanken sind völlig abwegig und nicht ungefährlich.

Erstens sagt das Schießen mit Spielzeugpistolen genausowenig darüber aus, was aus dem Kind später einmal werden wird, wie das Spielen mit Bauklötzen ein Hinweis darauf ist, daß ein Architekt aus ihm wird. Zweitens ist vernünftigerweise zu erwarten, daß das Kind durch seine Schießspiele das Gefühl bekommt, daß es sich selbst schützen kann und es auf diese Weise einen großen Teil seiner Aggressionen los wird, die später weniger Anlaß zu dann gefährlicheren Entladungen geben könnten. Schießspiele liefern Ventile für angehäufte Frustrationen und können sie daher reduzieren. Das Kind kann seine aggressiven und feindseligen Gefühle auf diese Weise leichter unter Kontrolle bekommen, als wenn seine Eltern ihre Entladung verhindern und ihre auf symbolische Weise bewirkte Reduzierung unmöglich machen.

aus: B. Bettelheim, Zeiten mit Kindern, Freiburg 1994, S. 47f.

❶ Vergleicht die unterschiedlichen Auffassungen über das Spiel mit Pistolen! Wie begründen die Deutsche Friedensgesellschaft und B. Bettelheim ihre Ansichten?
❷ Welcher Meinung seid ihr in diesem Zusammenhang? Wie sollten Eltern reagieren, wenn ihr kleiner Sohn eine Pistole haben will? Diskutiert darüber!

Reaktionen auf unbewältigte Konflikte

Nicht alle Konflikte lassen sich durch Spielen lösen. Die typisch männliche Jungenerziehung kann für die Jungen selbst gefährlich werden. Wenn die Last des Alltags zu schwer wird, der Druck zu stark, reagieren Jungen vermehrt mit psychischen und psychosomatischen Beschwerden. Die Selbstmordrate bei Jungen im Alter zwischen zehn und zwanzig Jahren liegt um ein 3,3-faches höher als bei den Mädchen der gleichen Altersgruppe (vgl. Statistisches Bundesamt, 1993).

Psychische und psychosomatische Störungen	Geschlechterverhältnis Jungen : Mädchen
Hyperaktives Syndrom [1]	8 : 1
Stottern	4 : 1
Tourette-Syndrom [2]	3 : 1
Bettnässen	2 : 1 (ab dem 7. Lebensjahr)
Einkoten	3,5 : 1
Zwangsvorstellungen [3]	4 : 1
Asthma bronchiale [4]	2 : 1
Ulcus pepticum [5]	6 : 1 (chronisch) 2 : 1 (akut)
Daumenlutschen	1 : 1,3
Haareausreißen	1 : 4
Jaktationen [6]	2 : 1
Adipositas [7]	1,4 : 1
Depressionen [8]	1 : 2 (wird im Jugendalter noch nicht lange diagnostiziert
Anorexia nervosa [9]	1 : 20

Quellen: Helmut Remschmidt und Martin H. Schmidt: Kinder- und Jugendpsychiatrie in Klinik und Praxis. Band III, zitiert nach D. Schnack, R. Neutzling, Kleine Helden in Not, Hamburg 1995, S. 107.

❶ Stellt die Auffälligkeiten der Tabelle detailliert dar!
❷ Sucht nach möglichen Erklärungen für die unterschiedlichen Reaktionen!

Aber auch für andere Menschen kann die Erziehung zum „harten Kerl" gefährlich werden, wenn das Bedürfnis nach Stärke und Überlegenheit sich gegen Schwächere wendet: Die Ohnmachtsgefühle der Jungen werden manchmal gewaltsam ausgelebt.

---

[1] z.B. Konzentrationsstörungen, motorische Unruhezustände.
[2] ticartige Zuckungen in Gesichtsbereich.
[3] unsinnige Ideen, die sich einer Person gegen ihren Willen ständig aufdrängen.
[4] hochgradige Atemnot.
[5] Magengeschwür.
[6] Hin- und Herwälzen des Kopfes oder des Körpers.
[7] Fettsucht.
[8] Niedergeschlagenheit, Seelenkummer.
[9] Magersucht.

Ausblick: Erziehung zur Menschlichkeit, über Männlichkeit und Weiblichkeit hinaus

Zunehmend mehr Eltern fragen sich, wie sie aus geschlechtstypischer Erziehung herausfinden. Vielleicht helfen die folgenden erwartungsvollen Aufforderungen, um innezuhalten und nachzuempfinden, wie sich ein heranwachsendes Kind eine Beziehung zu uns Erwachsenen wünschen könnte:

1. Selbstvertrauen aufbauen

1. <u>Glaube an mich!</u> Sage mir, daß ich vieles kann! Beachte mich, wenn ich was kann. Ich fasse dann Mut, meine anderen Fähigkeiten zu entwickeln, auch wenn ich dadurch kaum zu typischen Mädchen oder typischen Jungen passe. Tadel mich nur, wenn Du auch gleichzeitig etwas Gutes von mir erwähnst.
2. <u>Laß Unbekanntes zu!</u> Ich mache vieles, was Du fremd oder unpassend findest. Zeige mir, daß Du Fremdes ertragen kannst, auch wenn Du selbst dich nicht damit einlassen willst. Anders-Sein heißt ja nicht Weniger-Wert-Sein. Wie sonst sollte ich lernen, engstirnige Rollenmuster aufzugeben, für eine menschliche Zukunft, in der ich Verantwortung und Freiheit gleich hoch schätze.
3. <u>Nimm mich ganz an!</u> Mitsamt meinen Schwächen und Stärken: Lehne mich nicht kalt wegen eines Fehlers ab. Aber bewerte mein Können nicht so übertrieben hoch, daß ich vor Dir heucheln, mogeln und angeben muß, um Deine Achtung zu behalten. Und sieh in mir einen Menschen, ich vertrete mich, nicht das männliche und weibliche Geschlecht.

2. Sich in Gruppen zurechtfinden

4. <u>Zeige mir Verbindlichkeit!</u> Zeige mir, wo Du mit dem eigenen und dem anderen Geschlecht gerne zusammen bist, wo Dir Kontakte zwischen den Geschlechtern wichtig sind, damit ich meine Verbindungen und Gemeinsamkeiten mit ihnen erkennen kann. Stärke meine Achtung vor Menschen, bewerte sie nicht nach dem einen oder anderen Geschlecht.
5. <u>Schließe Verträge mit mir!</u> Unterstütze mich in fairen Absprachen und Vereinbarungen. Ich bin klug genug, um klare Verträge mit Dir über Rechte und Pflichten einzugehen. Zeige mir, daß Einigungen keine Niederlagen für mich sein müssen. Und hilf mir durch Vorbild und Geduld, meine Versprechen zu verantworten.
6. <u>Sei kritisch!</u> Prüfe „Regeln und Gewohnheiten", die andere oder uns ausschließen, die z.B. zwischen männlich und weiblich oder Jungen und Mädchen unterscheiden. Dahinter kann eine Benachteiligung versteckt sein, der wir uns nicht unterordnen sollten und die weitere Menschen zum Opfer machen kann.

3. Mit Konflikten umgehen

7. <u>Bleib beweglich!</u> Probier gemeinsam mit mir was Neues aus. Laß uns miteinander spielen, reden und beweglich bleiben, offen und mutig für neue Situationen und Lösungen. Vielleicht ist gerade das Beste für mich, was als untypisch für Mädchen oder Jungen gilt.

8. <u>Gib mir Hoffnung!</u> Gehe schrittweise mit mir an Lösungen heran, die machbar sind, statt mich und Dich zu überfordern. Frage nach unseren gemeinsamen Wünschen, nach dem, was uns jenseits des Konflikts verbindet. Interessiere Dich für meine Ziele. Laß uns ausdauernd nach „menschlichen" statt *männlichen* oder *weiblichen* Lösungen suchen.

9. <u>Vertrau mir!</u> Halte mich frei von eifersüchtigem Mißtrauen. Von anderen muß ich anderes lernen als von Dir, laß mich zu ihnen. Gute Hilfe ist nicht von Hautfarbe, Herkunft, Alter oder Geschlecht der Helfenden abhängig. Verständnis und Einfühlung spüre ich. Hilfe anderer kann mir gut tun, mich fördern, stützen und wachsen lassen.

4. Gefühle verstehen und ausdrücken

10. <u>Nimm Gefühle an!</u> Bring mir bei, Gefühle anzunehmen, statt sie abzuwerten. Du kannst mir Freude, Zweifel, Hoffen, Staunen, Vertrauen und Sympathie zeigen, und ich lerne sie schätzen und nachzuempfinden. Drück Gefühle in Worten und Gesten aus und laß mich miterleben, wie Gefühle entstehen, schwanken, sich steigern und vergehen.

11. <u>Laß mir meine eigenen Gefühle!</u> Laß zu, daß ich manches anders empfinde als Du. Zwinge mich nicht, genauso wie Du zu fühlen – oder wie Du meinst, daß jemand meines Geschlechts fühlen sollte. Akzeptiere mein „Nein" und mein „Ja". Nimm mich ernst, wenn ich Dich auf Dauer ernst nehmen soll. Wie soll ich mir sonst im Leben treu bleiben, wenn nicht einmal Du mich in meinen Gefühlen ernst nimmst!

12. <u>Entspann Dich oft mit mir!</u> Zeige mir, wie Spannung und Erholung ineinander übergehen, lenke meinen Blick immer wieder auf die angenehmen Seiten unseres Daseins, damit ich genug von den unangenehmen Seiten ertragen und verändern kann. Frage mich doch mal, was mir am Tag oder neulich besonders gefallen hat oder worauf ich mich freue.

Vgl. Martin Verlinden 1995, unveröffentlichtes Manuskript.

❶ Stellt die Forderungen mit eigenen Worten dar!
❷ Diskutiert darüber! Sind die Forderungen im Alltag realisierbar? Lassen sich tatsächlich geschlechtsspezifische Einengungen vermeiden?

5. Kapitel: Schule gehen Tag für Tag
Wozu ist die Schule da?

Brauchen junge Menschen die Schule?

Der polnische Arzt und Pädagoge Janusz Korczak, der später noch ausführlicher vorgestellt wird (S. 161), ist vor weit mehr als 50 Jahren mit der Schule seiner Zeit hart ins Gericht gegangen:

(...) die Aufgabe der Schule ist Bilden und nicht Erziehen, Lehren, wo es in Afrika Vulkane gibt und Vorgebirge in Amerika, und nicht – daß z. B. in den feuchten Kellerwohnungen die Läuse die Kinder von außen auffressen und die Tuberkulose von innen? Versteht nicht überall die Schule unter allgemeiner Bildung Reihen von
5 Tatsachen und Zahlenreihen, die man ein paar Tage oder ein paar Wochen nach der Prüfung vergißt, im besten Fall nach einigen Monaten, und wo bleibt das Verständnis, das Bewußtsein für die vielen Mißstände, die Gegensätze und Morde des gegenwärtigen Lebens – Bewußtsein und Aufstehen zum Kampf? (...)
Über die Überlastung der Schüler wurden in Europa ganze Bibliotheken angefüllt;
10 und dabei kann dieses so verzwickte Problem so einfach und schnell gelöst werden, wenn man bei dem Grundsatz bleibt, daß Aufgabe der Mittelschule nicht das Wissen, sondern die *kindliche Entwicklung* ist, kein Anfüllen der Köpfe mit unnötigem Ballast, sondern Vorbereitung auf das Leben, in das sie als *reife Menschen* eintreten. Ist es nicht sonderbar, daß die Schule das Reifezeugnis grundsätzlich da-
15 für verleiht, daß der Schüler die Logarithmen kennt und die Mondfinsternis erklären kann? Wobei bekannt ist, daß derjenige reif für das Leben ist, der weiß, wofür er lebt, sein Verhältnis zu den Menschen und zu der Geschichte der Menschheit kennt – und sich daran hält.

aus: J. Korczak, Die gegenwärtige Schule; in: Ders., Von Kindern und anderen Vorbildern, Gütersloh 1979, S. 67–71, hier S. 70f.

---

❶ Was wirft Korczak der Schule bzw. dem schulischen Unterricht vor? Versucht die Vorwürfe in einer Tabelle zusammenzufassen!

❷ Korczak hat seine Kritik vor vielen Jahrzehnten formuliert: Überlegt, ob Korczaks Kritik auch die heutige Schule noch treffen kann!

❸ Überlegt gemeinsam, was ihr nach eurer Meinung in der Schule lernen müsstet! Überlegt auch, was nach eurer Meinung von dem, was in der Schule gelehrt wird, nicht notwendig oder sogar schädlich für eure Entwicklung sein könnte!

Schreibt eure Überlegungen und Gedanken auf Plakate.
Wenn Mitschüler mit den Standpunkten anderer Mitschüler nicht übereinstimmen, können sie das mit einem Fragezeichen, wenn sie deutlich übereinstimmen, mit einem Rufzeichen kennzeichnen. Ihr könnt auch so verfahren, dass ihr schriftlich Kommentare zu dem abgebt, was die anderen jeweils formuliert haben. Diese könnten dann wiederum ihrerseits schriftlich antworten.
Betrachtet zuletzt gemeinsam die Plakate und diskutiert eure Aussagen und Anmerkungen!

> **Schreibgespräch**
>
> Ein Schreibgespräch ist ein Gespräch, in dem statt gesprochen geschrieben wird. Auf einem Plakatkarton, auf Zeitungsrollen oder auf beliebigen anderen Materialien können alle, die wollen, ihre Auffassungen, Stellungnahmen, Ideen bzw. Argumente niederschreiben. Andere wiederum können dann schriftlich zu dem bis dahin Geschriebenen Stellung beziehen.
>
> Vorteile eines solchen Gespräches sind: Auch diejenigen, die bei mündlichen Kommunikationsformen selten zu Wort kommen, können jetzt ihre Gedanken einbringen. Des weiteren werden die eigenen Thesen und Argumente zumeist sorgfältig bedacht, bevor sie niedergeschrieben werden. Alle Beteiligten erleben sich nicht unter Zeitdruck, sondern können ruhig ihre Gedanken entwickeln, ordnen und prüfen. Schreibgespräche helfen oft, Diskussionen zu versachlichen, so dass Polemik oder abwertende Urteile nur sehr selten vorkommen.

Interviewt Lehrer, die unterrichtlichen Stoff vermitteln, von dem ihr meint, dass auf diesen Stoff verzichtet werden könne. Fragt sie, warum sie meinen, dass dieser Unterrichtsstoff tatsächlich für ein Lernen für das 21. Jahrhundert Bedeutung habe! Vielleicht könnt ihr das Interview in eurer Schulzeitung oder Schülerzeitung veröffentlichen!

Stellt euch vor, ihr müsstet am Ende der Klasse 10 auf einer Abschlussfeier eine Rede halten, wo ihr zur sog. „Mittleren Reife" euer bisheriges Schulleben abschließend bewerten müsstet! Was würdet ihr euren Lehrern oder auch Eltern sagen? Schreibt das Konzept für eine solche Rede und haltet im Kurs probeweise eine solche Rede!

Diskutiert anschließend die verschiedenen Reden, die ihr gehalten habt! Bedenkt auch mögliche Motive, bestimmte Gesichtspunkte in einer solchen Rede anzusprechen oder auch nicht anzusprechen!

Die Schule ist vielfach von verschiedensten Menschen radikal kritisiert worden. Trotzdem haben sich Vertreter aller Nationen entschlossen, im Grundsatz 7 der Erklärung der Rechte des Kindes der Vereinten Nationen den Schulbesuch einer Pflichtschule als fundamentales Recht eines Kindes festzuschreiben.

Grundsatz 7

Das Kind hat Anspruch auf unentgeltlichen Pflichtunterricht, wenigstens in der Volksschule. Ihm wird eine Erziehung zuteil, die seine allgemeine Bildung fördert und es auf der Grundlage gleicher Möglichkeiten in den Stand setzt, seine Anlagen, seine Urteilskraft, sein Verständnis für moralische und soziale Verantwortung zu entwickeln und zu einem nützlichen Glied der menschlichen Gemeinschaft zu werden. Das Beste des Kindes ist der Leitgedanke für alle, die für seine Erziehung und Führung Verantwortung tragen; dies liegt zu allererst bei den Eltern.

Das Kind hat volle Gelegenheit zu Spiel und Erholung, die den gleichen Erziehungszielen dienen sollen; Gesellschaft und Behörden fördern die Durchsetzung dieses Rechtes.

❶ Warum meinten wohl die „Väter" und „Mütter" der Erklärung der Rechte des Kindes, dass sie im positiven Sinne für Kinder handeln würden, als sie die Schulpflicht als ein Recht des Kindes festschrieben?
❷ Ist tatsächlich der Besuch der Schule für junge Menschen unverzichtbar notwendig?

Versucht euch vorzustellen, ihr würdet in einer Welt leben, in welcher die Schule nicht existieren würde!
Wie sähe diese Welt aus? Wie würden Kinder und Jugendliche leben? Wie und wo könnten Kinder lernen, was sie wissen und können müssten, um im Leben zurechtkommen zu können?

Schreibt einen Text, mit dem ihr eure wichtigsten Überlegungen zusammenfasst: „In einer Welt ohne Schule wäre ...

Hartmut Titze hat in einem Buch über Epochen der Schulgeschichte bestimmte Formen des Lernens und ihre Veränderungen beschrieben. Er hat festgestellt, dass in den letzten beiden Jahrhunderten die Anforderungen an (schulisches) Lernen immer vielfältiger geworden sind. Er hat zur Veranschaulichung seiner Beobachtungen die Begriffe **Mitahmen, Nachahmen, planmäßige Berufserziehung und theoretische Ausbildung** unterschieden.

vgl. Hartmut Titze, Die Politisierung der Erziehung, Frankfurt am Main 1973, S. 57–69.

● Beschreibt, was auf welche Weise gelernt werden muss (kann) und tragt die entsprechenden Beispiele in eine Tabelle ein!

Mitahmen	Nachahmen	planmäßige Berufserziehung	theoretische Ausbildung
Rennen	Kopfsprung ins Wasser	Prozentrechnen	Wissen/Methoden der Vererbungslehre
...	...	...	...

Warum wir auf die Schule nicht mehr verzichten können

Der Besuch einer Schule ist unterdessen für alle Jungen und Mädchen auf der Welt unverzichtbar geworden: Vielfältige und häufig komplizierte Anforderungen auf verschiedensten Ebenen müssen sie im Laufe ihres Lebens bewältigen. Das können sie nur schaffen, wenn sie auf besondere Weise darauf vorbereitet worden sind, diese Anforderungen zu bewältigen.

Einfach im alltäglichen Leben können wir schon lange nicht mehr all das lernen, was notwendig ist, um das tägliche Leben sinnvoll gestalten zu können. Schon das einfache Lernen von Lesen, Schreiben und Rechnen gelingt allenfalls in Ausnahmefällen ohne besondere Anleitung.

Mathematische oder physikalische Gesetze, Einsichten in biochemische Prozesse oder ökologische Zusammenhänge kann man allein durch aufmerksames Beobachten seiner jeweiligen Um- und Mitwelt nicht begreifen. Für viele Berufe aber sind z. B. solche Kenntnisse unverzichtbar. Auch geistige und soziale Orientierungen können wir schon lange nicht mehr nur im unmittelbaren Miteinander ausbilden. Menschen und ihre besonderen Haltungen kann man häufig nur verstehen, wenn man ihre Geschichte bzw. die Geschichte ihrer Kultur kennt. Auch das eigene Handeln und Urteilen kann man nur kritisch betrachten, wenn man nicht nur die eigene Kultur und ihre Geschichte, sondern auch im Vergleich andere Kulturen und ihre Geschichten bedenkt. Mit welchen – häufig fragwürdigen – Methoden Menschen andere Menschen beeinflussen können, bemerkt man im einfachen alltäglichen Miteinander sicherlich auch nicht voraussetzungslos. Man muss gelernt haben, wie solche Methoden funktionieren und wer sie wann einsetzt.

Wichtig und unbestreitbar ist: wir können lange schon nicht mehr alles durch eigene Erfahrungen lernen. Wir müssen das Wissen und die Qualifikationen, die wir benötigen, um erfolgreich im Leben zurechtzukommen, in einer besonderen Institution gezielt lernen und trainieren.

Warum Lehren und Lernen in der Schule nicht so einfach ist

Da ein Lernen, das nicht an unser Erleben im Alltag gekoppelt ist, fast immer für die Lernenden viel schwieriger ist als ein Lernen durch eigene Erfahrungen, müssen die Lehrenden in der Schule sich besondere Mühe machen:

sie müssen die Schülerinnen und Schüler schrittweise in schwierige Sachverhalte einführen, sie müssen ihren Lernstoff, wo immer es möglich ist, verständlich und einfach für ihre Schülerinnen und Schüler präsentieren oder sie müssen versuchen, den Lehrstoff so vorzustellen, dass die Schülerinnen und Schüler überhaupt Interesse ausbilden, den Lernstoff lernen zu wollen. Aufgrund dieser Aufgaben und Schwierigkeiten ist die **„Didaktik"** als Disziplin der Erziehungswissenschaft entstanden. Die Didaktik fragt, **was** und **wie** im Unterricht in der Schule vermittelt werden kann bzw. muss.

Die Schule muss aber noch eine weitere Problematik bewältigen. In der Schule treffen ein Lehrer bzw. eine Lehrerin immer auf viele Schülerinnen und Schüler. Lehrerinnen und Lehrer müssen vom Staat ja angestellt und bezahlt werden, so dass nicht unbegrenzt Lehrerinnen und Lehrer in der Schule unterrichten können. Wie aber kann ein Lehrer, kann eine Lehrerin gleichermaßen vielen Kindern und Jugendlichen gerecht werden? Überdies darf nicht vergessen werden, dass die Kinder und Jugendlichen in der Schule sich häufig individuell sehr weitreichend unterscheiden. Unvermeidbar müssen die Schülerinnen und Schüler in ihren Lerngruppen bis zu einem gewissen Grade gleich behandelt werden. Bestimmte Regeln oder auch Anforderungen müssen zumindest grundsätzlich für alle gelten; auch bestimmte Formen der Beurteilung müssen für alle gelten. Wege zu finden, die einerseits mit Blick auf alle Schülerinnen und Schüler gleichermaßen „gerecht" sind, zugleich aber Raum lassen für die individuellen Entwicklungen der Kinder und Jugendlichen in der Schule, ist nicht leicht.

Zwei gewollte Prinzipien schulischen Lernens ...

Lernen in der Schule muss **exemplarisch** sein. Die Unterrichtsstoffe sollten so ausgewählt werden, dass sie beispielhaft für allgemeine Aussagen oder Erkenntnisse stehen können. Der Sagenheld Odysseus ist ein Beispiel für Abenteuerlust und Mut, oder das Jugendbuch „Herr der Fliegen" ist ein Beispiel dafür, wozu auch junge Menschen fähig sein können, wenn sie ihre Selbstkontrolle verlieren oder wenn sie einfach dem vermeintlich Stärksten in der Gruppe folgen. Die Entwicklung von Pflanzen und Tieren kann man in der Biologie nur an ausgewählten Beispielen erläutern: Schülerinnen und Schüler müssten aber auf diese Weise lernen können, selbst zu überlegen, wie nach der Entwicklung von bis dahin noch nicht untersuchten Tieren oder Pflanzen gefragt werden müsste.

Im Geschichts- und Politikunterricht kann sicherlich nicht jeder Diktator der Menschheitsgeschichte vorgestellt werden. Man kann aber an zwei oder drei Diktatoren beispielhaft die Folgen für alle Betroffenen aufzeigen, die Diktaturen in bestimmten Situationen mit sich bringen.

Lernen in der Schule ist häufig **indirektes Lernen**. Man lernt z. B. in der Schule – häufig mühsam – Zahlen, Formeln und Regeln, mathematische Lösungswege – und fragt sich oft, warum man dieses alles wissen muss. Wer aber später im Leben mit physikalischen, chemischen oder biochemischen, technischen Aufgaben betraut ist, begreift auf einmal die Bedeutung bestimmter mathematischer Kenntnisse und Einsichten. Besonders der Unterricht im Fach Erziehungswissenschaft kann das Prinzip des indirekten Lernens veranschaulichen. Der Unterricht kann kaum die erzieherische Alltagswirklichkeit außerhalb der Schule simulieren. Man kann über bestimmte Medien versuchen, so anschaulich wie möglich die Alltagsrealität im Unterricht abzubilden, letztlich ist aber unvermeidbar, dass die Alltagsrealität nur indirekt im Unterricht Berücksichtigung finden kann. Überdies kann

man auch zu erziehungswissenschaftlichen Einsichten nicht einfach durch Beobachtungen in der unmittelbaren Praxis kommen: man muss sich auf wissenschaftliche und umfangreiche Untersuchungen beziehen, man muss historische Entwicklungen und Erfahrungen berücksichtigen, man muss gedanklich – also theoretisch – nach möglichen Widersprüchen innerhalb von Entwicklungen oder auch Überlegungen fragen u. a. m.

... und ein ungewolltes Prinzip schulisches Lernens

Wichtig, aber nicht immer kritisch bedacht, ist ein drittes Prinzip des Lernens in der Schule. Schülerinnen und Schüler lernen im Unterricht ja keineswegs nur, was der Lehrer oder die Lehrerin ihnen an unterrichtlichem Stoff vermitteln. Es findet immer auch Lernen über das Aneignen unterrichtlicher Inhalte hinaus statt. Schülerinnen und Schüler müssen lernen, ruhig zu sitzen, sich zu konzentrieren, sich an Gesprächsregeln zu halten oder auch sich in einer Weise am Unterricht zu beteiligen, dass vermeintliche Leistungsbereitschaft oder Leistungsvermögen bemerkt wird. So aber lernen Schülerinnen und Schüler – eher von Lehrerinnen und Lehrer ungewollt – noch mehr: sie lernen in der Schule Interesse vorzugaukeln; sie lernen herauszufinden, mit welchem Auftreten oder welchen Thesen sie welchen Lehrerinnen und Lehrern gefallen können, sie finden Wege, Leistungen vorzutäuschen oder tatsächliches Desinteresse nicht zu zeigen. Solches Lernen nennt man **heimliches Lernen**, weil es in den Richtlinien und Lehrplänen – erwartungsgemäß – nicht vorgesehen ist. Es wäre aber wichtig, immer auch nach dem heimlichen Lernen zu fragen. Das gilt vor allem dann, wenn man in besonderer Weise anstreben will, bestimmte Werte und Tugenden in der Schule zu vermitteln. Nicht selten scheitern Pädagoginnen und Pädagogen, weil sie die Mechanismen des heimlichen Lernens unterschätzen.

❶ Erstellt eine Liste, mit der ihr den Lernstoff der verschiedenen Fächer aus den letzten Monaten zusammenfasst!

❷ Überlegt zunächst, wofür der jeweilige Lernstoff exemplarisch stehen könnte! Fragt in einem zweiten Schritt, wofür vielleicht bestimmte Lerninhalte mit Blick auf Aufgaben im späteren Leben hilfreich sein könnten! Ihr könnt diese Aufgaben nach beruflichen und außerberuflichen Aufgaben noch einmal unterteilen.

Vielleicht könntet ihr eure Überlegungen der letzten Stunden, wenn ihr sie im Anschluss an euer Nachdenken über Korczaks Kritik an der Schule auf Plakatkartons oder auf Tapetenrollen festgehalten habt, noch einmal aufgreifen und diskutieren. Findet ihr jetzt schulische Inhalte, von denen ihr anders als noch vor ein paar Unterrichtsstunden sagen würdet, dass sie vielleicht doch bedeutend sein könnten? (Es wäre sicherlich auch sinnvoll, zu einem noch viel späteren Zeitpunkt eure Aussagen auf den Tapetenrollen oder Plakaten noch einmal in den Blick zu nehmen: So könntet ihr feststellen, ob eure Haltung und Meinung zu bestimmten Lehrstoffen sich vielleicht geändert hat.)

❸ Sammelt in einem „Brainstorming" alle Gesichtspunkte, die euch einfallen: Was alles lernen wir in der Schule, was nicht in offiziellen Lehrplänen vorgesehen ist?

❹ Diskutiert, ob Lehrer sich das bewusstmachen! Sollten Lehrer darüber nachdenken? Warum sollten sie es oder warum sollten sie es vielleicht auch nicht?

> **Brainstorming**
> In einem „Brainstorming" lassen alle Beteiligten ihre Gedanken „fliegen". Alle dürfen und sollen sogar äußern, was ihnen einfällt. Die Äußerungen werden zunächst unkommentiert – also ohne jede positive oder negative Stellungnahme – schriftlich festgehalten. Das kann an der Tafel oder auch auf verschiedenen Arten von Papier bzw. auf einer Folie (wenn man zu einem späteren Zeitpunkt sich noch einmal auf diese Gedanken beziehen möchte) geschehen. Erst nachdem die erste Phase des „Brainstorming" formell abgeschlossen ist, können Nachfragen oder auch Erläuterungen zu Gedanken stattfinden.
>
> Aufgrund der Tatsache, dass die Äußerungen spontan und wenig überlegt erfolgen, bleiben diese zumeist authentisch, „echt". Deshalb dürfen diese Äußerungen auch zunächst nicht kommentiert werden.

 Schreibt einen Artikel über „heimliches Lernen" aus der Sicht der Schüler! Vielleicht ließe sich ein solcher Artikel veröffentlichen. (Schulzeitung; denkbar wären auch Zeitungen außerhalb der Schule)

Die große Gefahr in der Schule: einseitige Beeinflussung statt Erziehung und Bildung zu mündigen Menschen

Seit der Einführung der Schule als Pflichtschule für alle Kinder eines Landes bzw. Staates wird um die Schule gestritten. Bis heute streiten Eltern, Lehrer, Wissenschaftler, Politiker darum, wie eine „gute" Schule zu verwirklichen ist. Dass so viel und nicht selten so heftig um die Schule gestritten wird, ist letztlich nicht überraschend. Wenn es nämlich in der Schule darum geht, die jeweils nachwachsende Generation auf die Zukunft vorzubereiten, dann ist es naheliegend, dass alle die, die irgendwie Einfluss auf die Schule nehmen können, versuchen werden, ihren Einfluss in ihrem eigenen Sinne geltend zu machen. Jeder will – ob er es zugibt oder nicht – dafür sorgen, dass die Kinder in der Schule so lernen, dass sie später voraussichtlich so denken und handeln werden, wie er es sich wünscht. In diesem Sinne besteht bis heute die Gefahr, dass Schule missbraucht wird, indem über die Schule versucht wird, junge Menschen einseitig zu beeinflussen.

Unvermeidbar ist jede Form des Lehrens irgendwie Beeinflussung. Schüler und Lehrer aber müssen sich immer wieder fragen, inwieweit die Lernprozesse in der Schule den Schülern tatsächlich zur Selbständigkeit verhelfen.

● Überlegt und listet auf, auf welche Weise direkte oder indirekte Einflussnahme in der Schule praktiziert wird bzw. möglich ist! Bedenkt in diesem Zusammenhang nicht nur, **was** gelehrt, sondern auch **wie** gelehrt wird und welche Verhaltenserwartungen darüber hinaus an Schülerinnen und Schüler heute gestellt werden:

Verhaltensregel / Lehrinhalt / Lehrmethode	⇨ (mögliches) erzieherisches Ziel
Partnerarbeit	Lernen von Kooperationsfähigkeit
„Ablativus absolutus" im Lateinunterricht	Schulung abstrakten Denkens
Verbot, während der Stunde aufzustehen	Einüben von Selbstdisziplin
…	…
…	…

Th. Th. Heine,
Fortschritt im Schulwesen, 1911

Im folgenden Text findet ihr Auszüge aus einer Schulordnung aus dem Jahre 1869

§ 1. Die Volks- und Fortbildungsschüler haben pünktlich zur bestimmten Zeit, an Körper und Kleidung reinlich und anständig, mit den erforderlichen Schulsachen versehen, in dem Schulzimmer zu erscheinen, sich sofort an ihre Plätze zu setzen und alles zum Unterricht Nötige in Bereitschaft zu legen.

§ 2. Wer während des Gebetes oder des Gesanges kommt, hat bis zur Beendigung desselben stille an der Tür zu warten und dann sich bei dem Lehrer zu entschuldigen. Wer erst nach dem Beginn des Unterrichts kommt, hat dem Lehrer den Verhinderungsgrund anzuzeigen.

§ 3. Während des Unterrichts sollen die Schüler still, ruhig, in gerader und anständiger Haltung auf ihren Plätzen sitzen, mit den Händen nicht spielen und mit den Füßen sich ruhig auf dem Boden verhalten. Alles was den Unterricht hemmt oder stört, wie Essen, Spielen, Scharren oder Stampfen mit den Füßen, Schwätzen, Lachen, eigenmächtiges Verlassen des Platzes, ist untersagt. Hat ein Kind während des Unterrichts dem Lehrer etwas zu sagen oder ihn um etwas zu bitten, so gibt es, bevor es spricht, ein Zeichen mit dem Finger.

§ 4. Beim Eintritt des Lehrers in das Schulzimmer haben die Kinder denselben durch Aufstehen zu begrüßen. Ebenso werden die Geistlichen und die Schulvorgesetzten bei ihrem Eintritt begrüßt.

§ 5. Die Schüler sollen ihre volle Aufmerksamkeit dem Lehrer oder bei mittelbarem Unterricht ihren schriftlichen Arbeiten zuwenden. Beim Aufsagen, Lesen und Singen sollen sie stehen; die Antworten sind bei gerader Haltung des Kopfes laut, lautrein, wohlbetont und möglichst in ganzen Sätzen zu geben. Beim Schreiben und Zeichnen sollen sie aufrecht sitzen, die Brust nicht an den Tisch andrücken, noch den Körper stark vorwärts biegen.

§ 9. Das Verunreinigen des Schulzimmers und der Räume des Schulhauses, welche von den Kindern betreten werden, desgleichen das Beschmutzen oder Beschädigen der Tische, Bänke und Lehrmittel ist strenge untersagt.

§ 12. Kein Schüler soll den geordneten Gottesdienst versäumen. In der Kirche sollen die Kinder, eingedenk der Heiligkeit des Ortes, ein anständiges, gesittetes und gottesfürchtiges Verhalten zu erkennen geben.

§ 13. Nach dem Schlusse der Schule verlassen die Kinder bankweise, ohne Lärm und in guter Ordnung das Zimmer und gehen ruhig und anständig ihres Weges.

§ 14. Unter einander sollen die Kinder verträglich, friedfertig u. freundlich sein. Das Beschmutzen oder Beschädigen der Schulsachen eines Mitschülers, das Schimpfen und Schreien, rohes Raufen und Schlagen der Schüler unter einander ist streng untersagt.

§ 15. Gegen die Lehrer und Geistlichen haben sich die Schüler stets folgsam, wahrheitsliebend, bescheiden und höflich zu benehmen.

§ 16. Auch gegen andere erwachsene Personen sollen die Kinder stets höflich, bescheiden und dienstfertig sein und auf Befragen bereitwillige Auskunft geben.

§ 17. Niemals dürfen die Schüler fremdes Eigentum nehmen oder verderben. Das Quälen der Tiere, das Ausnehmen von Vogelnestern, das Einfangen von Vögeln, das Beschädigen der Bäume und anderer Gewächse ist verboten; ebenso das Cigarren- und Tabakrauchen, die Anschaffung von Pulver, Feuerwerkskörpern, Streichzündhölzchen und andern leicht entzündlichen und gefährlichen Gegenständen.

§ 18. Fluchen, Schimpfen, Schlagen, Werfen, wüstes Schreien auf der Straße, Nachspringen den Fuhrwerken, Anhängen oder unbefugtes Aufsitzen auf solche darf nicht vorkommen. Ebenso ist untersagt das Beschmutzen und Beschreiben der Gebäude mit Kreide, Kohlen u. s. w., das Schleifen auf den Straßen und Gehwegen bei Eis oder Schnee. Nach dem Abendgebetläuten sollen sich Schulkinder und Fortbildungsschüler nicht mehr zwecklos auf den Straßen und öffentlichen Plätzen umhertreiben.

§ 19. Den Volks- und Fortbildungsschülern (Schülerinnen) ist der Besuch der Tanzböden und Wirtshäuser ohne unmittelbare Beaufsichtigung durch die Eltern oder andere Fürsorger verboten.

aus: Schulfreud, Schulleid durch alle Zeit. Geschichten und Bilder zum Schulmuseum Friedrichshafen. Allen großen und kleinen Kindern gewidmet von Gisela Frey, Friedrichshafen 1992, S. 25–27.

❶ Schreibt die Forderungen an die Schüler heraus und fragt nach den mit diesen Forderungen verknüpften erzieherischen Zielen!
❷ Überlegt, wie eine Schulstunde früher wohl gestaltet war!

Ihr könntet euch über Bücher (z. B. aus der Stadtbibliothek) weiter darüber informieren, wie Unterrichtsstunden früher gestaltet wurden!
Fragt eure Eltern, Großeltern oder andere Menschen der älteren Generationen nach ihrem schulischen Alltag früher!

Vielleicht könnt ihr eine frühere Unterrichtsstunde entwerfen und „spielerisch" auch einer größeren Öffentlichkeit – z. B. am „Tag der Offenen Tür" an eurer Schule – vorführen!

❸ Besteht an eurer Schule eine Schulordnung? Was unterscheidet diese Schulordnung von dieser Schulordnung aus dem Jahre 1869?
❹ Diskutiert, welche Forderungen aus diesem Schulgesetz in der Schule heute nicht mehr gelten, und fragt, warum diese Forderungen unterdessen zurückgenommen wurden! Seht ihr in „modernen" gegenüber früheren Schulordnungen nur Vorteile?

Die Schule im Dienst der politischen Machthaber

Im Folgenden findet ihr Texte und Bilder aus Schulbüchern für Deutsch und Mathematik aus der Zeit des Nationalsozialismus.

Des weiteren findet ihr Bilder aus dem Schulalltag der damaligen Zeit.

Schulappell in einer Berliner Volksschule, 1939

Das schönste Weihnachtsgeschenk.

Vor Weihnachten sang Wolfgang immer:
„Morgen kommt der Weihnachtsmann,
kommt mit seinen Gaben.
Trommel, Pfeife und Gewehr,
Fahn' und Säbel und noch mehr,
ja, ein ganzes Kriegesheer
möcht' ich gerne haben."
Und dann fragte er seine Mutter ganz ungeduldig: „Wann ist denn Heiligabend?"

Endlich ist es so weit, Wolfgang darf in die Weihnachtsstube. Am Weihnachtsbaum brennen viele Lichter, sie strahlen wie die Sterne! Und was liegt alles darunter!

Vater hat wieder Arbeit, und darum konnten die Eltern gut für den Weihnachtstisch sorgen. Die schöne wollene Jacke und die warmen Handschuhe will Wolfgang morgen anziehen, wenn er mit den Nachbarskindern aufs Eis geht.

Aber da stehen ja noch zwei Schachteln! Neugierig macht er einen Deckel auf, — und dann weiß er sich vor Freude nicht mehr zu halten. Zinnsoldaten sind darin. Die hat er sich gewünscht. Er packt sie alle aus. Sogar eine Musikkapelle ist dabei. Nun läßt er sie aufmarschieren: voran die Kapelle, dann den Fahnenträger, dann Offiziere, Fußsoldaten, Reiter, Flieger und zuletzt auch noch Kanonen und Panzerwagen. Immer anders stellt Wolfgang sein Kriegsheer auf.

Und was ist wohl in der anderen Schachtel? SA. und SS., Jungvolk und HJ. Kaum hat Wolfgang sie entdeckt, da setzt er gleich Dienst an. Er läßt sie antreten, so wie er es neulich beim großen Aufmarsch im November gesehen hat.

Endlich muß ihn Mutter mahnen: „Vergiß das Schlafengehen nicht!" Vorsichtig packt er seine neuen Freunde wieder in die Schachtel, aber einen Soldaten, einen SA.-Mann und einen SS.-Mann nimmt er mit. Die sollen an seinem Bette Wache halten.

O Tannenbaum.

O Tannenbaum, o Tannenbaum,
wie treu sind deine Blätter!
Du grünst nicht nur zur Sommerszeit,
nein auch im Winter, wenn es schneit.
O Tannenbaum, o Tannenbaum,
wie treu sind deine Blätter!

aus: Fibel für Niedersachsen. Schreiblesefibel. L. Meyer (G. Prior) in Hannover mit Ferdinand Hirt in Breslau 1939. S. 88.

„lich" und „ig".

Woran man einen deutschen Jungen erkennt: an seiner Kameradschaftlichkeit, Tüchtigkeit, Ehrlichkeit, Ritterlichkeit, Widerstandsfähigkeit, Mäßigkeit, Höflichkeit, Geschicklichkeit, an seinem Eifer, seiner Ordnungs- und Wahrheitsliebe.

a) Deutsche Jungen sind   lich | ig

b) Trenne! kameradschaft-lich | tüch-tig, ...

aus: Arbeitsbuch für den Unterricht in der deutschen Sprache an Volksschulen, bearbeitet von Paul Garz u. a., Hf. 3 (5.–6. Schuljahr), 2. Aufl., Wiesbaden 1942, S. 77.

Im Sportunterricht: Handgranatenwurfübung mit Holznachbildungen. 1938

2. Das deutsche Volk muß erbgesund und rassisch rein bleiben.

1. Das Reich gibt für 1,25 Mill. Gebrechliche jährlich rd. 1,20 Mrd. $\mathcal{RM}$ aus. a) Wieviel also durchschnittlich für jeden einzelnen? b) Vergleiche damit den Arbeitslohn deines Vaters!

2. Der Staat zahlt täglich für einen Volksschüler 0,35 $\mathcal{RM}$, für einen Hilfsschüler 0,70 $\mathcal{RM}$, für einen Geisteskranken 4,50 $\mathcal{RM}$ und für einen Fürsorgezögling sogar 5,90 $\mathcal{RM}$. a) Errechne die Ausgaben eines Jahres! b) Vergleiche!

5. Wir nehmen folgenden Fall an: Ein erbgesundes Ehepaar hat drei Kinder, ein erbkrankes Ehepaar vier. a) Wieviel v. H. der Kinder sind erbgesund, wieviel dagegen erbkrank? b) Wie wird der v. H.-Satz sein, wenn nach 30 Jahren die dann erwachsenen erbgesunden Kinder wieder je drei, die erbkranken dagegen je vier Kinder haben? c) Wie ist das Verhältnis nach 60 Jahren; nach 90, 120, 150 Jahren? d) Nun denke an unser Volk von 80 Millionen! — Durch welche Maßnahmen wirkt der Staat dem entgegen?

aus: Rechenbuch für Volksschulen. Gaue Westfalen-Nord- und Süd. Ausgabe A für mehrklassige Schulen, Hf. VII – Siebentes und achtes Schuljahr, Leipzig u. Dortmund [1941], S. 121 f.

---

❶ Lest die Texte und betrachtet die Bilder! Was fällt euch auf?
❷ Versucht so genau wie möglich in eigenen Worten zu beschreiben, **auf welche Weise** in den Büchern den Schülerinnen und Schülern **was** gelehrt werden soll!
❸ Beziehst kritisch zu dieser Art von unterrichtlichem Lehren Stellung!

Habt ihr noch Schulbücher für Deutsch und Mathematik aus eurer Grundschulzeit oder aus der Zeit der Klassenstufen 5 und 6?

Vergleicht Texte und Bilder in diesen Büchern mit den Text- und Bildbeispielen aus der Zeit des Nationalsozialismus! Findet ihr Unterschiede?

Können die Schulbücher heute als Beweis dafür betrachtet werden, dass die Menschen aus den Fehlern der NS-Zeit gelernt haben?

Vielleicht könntet ihr besonderes Augenmerk darauf legen, inwieweit und in welchem Sinne in Schulbüchern der NS-Zeit Mädchen- und Jungenbildung sich unterscheiden!

Besteht in eurer Schule (oder in anderen Schulen in eurer Stadt) ein Schularchiv? Vielleicht erhaltet ihr Gelegenheit, in diesem Schularchiv einmal nach alten schulischen Unterrichtsmaterialien zu suchen und diese zu sichten.

Sicherlich ließen sich hier Materialien für (schriftliche) Jahresarbeiten, für Referate oder auch für Ausstellungen finden.

Schule in der Gegenwart: miteinander leben lernen
Warum sind Lehrer, wie sie sind?

Mathe-Mayer nickte. »Sie haben recht. Ich habe ja gemerkt, daß irgend etwas mit ihm los war. Daß sich etwas zusammenbraute.«
»Wirklich?« sagte ich und dachte, daß ich lieber den Mund halten sollte. Doch dann war mir alles egal, und ich sagte: »Man hat nämlich das Gefühl, daß Sie die Schüler überhaupt nicht wahrnehmen. Höchstens die mathematischen Formeln, die einer von sich gibt.«
Das saß. Er schob seinen Sessel zurück und trat ans Fenster. Unten im Hof spielten Kinder. Ihre Stimmen schwirrten herauf, dazwischen lautes Weinen, eine Frauenstimme begann zu schimpfen. Monika kam herein.
»Wollt ihr noch Kaffee?« fragte sie.
»Danke«, sagte Mathe-Mayer. »Sie, Martin?« Ich schüttelte den Kopf.
Monika sah den Fleck auf dem Teppich.
»Hättet ihr den nicht gleich auswaschen können?« fragte sie.
»Geh raus«, sagte Mathe-Mayer ziemlich grob.
»Na hör mal«, sagte sie und wurde rot.
»Entschuldige«, sagte er. »Wir müssen etwas besprechen.«
Sie sah mich an, zuckte mit den Schultern und verschwand wieder. Mathe-Mayer ging zu seinem Sessel zurück.
»Weißt du, warum ich Lehrer geworden bin?« fragte er. »Ich bin Lehrer geworden, weil ich es besser machen wollte als meine Lehrer. Ich bin ein ganz guter Mathematiker, ich hätte an der Uni bleiben oder in die Wirtschaft gehen können. Alles Mögliche. Aber ich habe 1966 zu studieren begonnen; ich war zur Zeit der Studentenrevolten an der Uni; ich dachte, man müßte etwas tun, direkt unten, an der Basis, wie es damals so schön hieß.«
Er stand wieder auf. »Magst du einen Cognac?« fragte er und holte eine Flasche aus dem Schrank.
»An der Basis. Etwas tun. Die Menschen ohne Druck erziehen. Freie, verantwortliche Menschen. Hört sich gut an, nicht? Prost.«
Wir tranken, und ich sagte, daß es genau das sei, was ich mir unter einem Lehrer vorstellte.
»Klar«, sagte er. »Ganz vorzüglich in der Theorie. Aber leider hat die Basis sich totgelacht über meine sanfte Tour. Über Tische und Bänke sind sie gegangen, und gelernt hat keiner was, auch die nicht, die gern wollten. Dann haben sich die Eltern beschwert, und als der Direktor in meinen Unterricht kam, um sich den Laden anzusehen, da haben sie richtig losgelegt, die lieben Kinder. Da haben sie gezeigt, wie man Referendare schlachtet.«
Mathe-Mayer goß sich noch einen Cognac ein. Den hatten sie wirklich ganz schön bedient. Dabei war seine Geschichte nicht einmal neu. Ich hatte schon öfter von solchen Schlachtfesten gehört und es immer besonders komisch gefunden. Jetzt, aus Mathe-Mayers Mund, klang es nicht komisch.
»Und dann?« fragte ich.
»Beinahe hätten sie mich nicht zum Schuldienst zugelassen«, sagte er. »Nur, weil Lehrer damals so knapp waren, konnte ich bleiben. Und da habe ich mir vorgenommen, anders zu werden. Nicht mehr die menschliche Tour. Was hast du gesagt? Eisberg? Okay, Eisberg. Für irgend etwas muß man sich entscheiden. Herumbrüllen mag ich nun mal nicht. Und wer will, kann bei mir wenigstens Mathematik lernen. Ich gelte aus ausgezeichneter Lehrer.«

»Bei mir nicht«, sagte ich.
»Du bist ja auch nicht gerade wild darauf, Mathematik zu lernen, soweit ich feststellen konnte«, sagte er.
Er sagte »du«, schon die ganze Zeit. Na bitte,

von mir aus. Er saß auf seinem Sessel, die Beine hochgezogen, und wirkte viel jünger als sonst, mit dem wirren Haar und dem karierten Hemd. Ich mochte ihn plötzlich.
»Mir fällt Mathematik ziemlich schwer«, sagte ich. »Aber Christoph war da anders. Wenn Sie vielleicht ein bißchen wie früher gewesen wären, so mit der weichen Tour ...«
»Dann wäre ich nicht mehr am Leben«, sagte er.
»Sie haben gleich aufgegeben«, sagte ich ...
Wir redeten und redeten ...
Mathe-Mayer begleitete mich zum zweiten Mal an die Tür. »Gut, daß du da warst, Martin«, sagte er. »Es gibt eine ganze Reihe Stationen, auch, wenn man schon erwachsen ist.« Er gab mir die Hand. »Eigentlich bin ich ja gar nicht viel älter als du. Elf, zwölf Jahre, was heißt das schon. Kommst du wieder?«
Ich nickte. Ich ging die Treppe hinunter, über den Innenhof mit den Kastanien, am Springbrunnen und dem Spielplatz vorüber. Es dämmerte schon. Die Kinder waren nicht mehr da. Aus den Fenstern roch es nach gebratenem Fleisch.
Ich fand es auch gut, daß wir miteinander gesprochen hatten. Und daß wir weitermachen sollten.

aus: Irina Korschunow, Die Sache mit Christoph, Zürich/Köln 1978, zit. nach: Th. Eggers, Schulhaus-Geruch, München 1979, S. 25–32.

Karikatur von A. Oberländer aus den Fliegenden Blättern über die preußische Volksschulmisere im 19. Jahrhundert.

❶ Könnt ihr Mathe-Mayers Verhalten bzw. Haltung nachvollziehen?
❷ Im Gespräch muss sich Mathe-Mayer den Vorwurf gefallen lassen, zu früh „aufgegeben" zu haben. Was hätte Mathe-Mayer anders machen können?
❸ Formuliert Ratschläge für Lehrer, die weder einfach autoritär ihr Fachwissen vermitteln wollen noch zulassen wollen, dass sie von Schülern kaum ernst genommen werden!

Über traurige Wirklichkeiten im Umgang von Schülern miteinander
„Was da abläuft, ist extrem"

Tatort Schulhof: *„Wer gut ist in der Schule und nett zu den Lehrern, wird am schlimmsten gemobbt"*

Die Hatz beginnt jeden Morgen neu. Wenn Julian die Klasse betritt, röhrt es von verschiedenen Plätzen: „Ah, guck mal, was der wieder für Bio-Klamotten anhat!" Manchmal stülpt ihm jemand den Kragen um und ruft: „Der trägt ja einen Pullover von C & A!"

„So was ist natürlich total verpönt bei uns", sagt Marko*, Wortführer der Schreihälse. Wer keine teuren „Label-Anziehsachen" hat, wie fast alle Schüler des Gymnasiums im Hamburger Elbvillenviertel Orthmarschen, „der wird die ganze Zeit geärgert" (Marko).

Hänseln und Piesacken sind angesagt, wenn jemand „äußerlich nicht so schön ist", eine große Nase hat, zu dick ist oder lispelt, berichtet Marko. Monatelang aufgezogen, „bis sie nur noch heulend dasitzen", würden Mitschüler auch, wenn sie mal einen „Fehler" machen – so wie ein Junge, der auf einer Klassenreise Durchfall bekam: „Da kamen immer wieder Sprüche wie 'Igitt, du stinkst ja'."

Besonders schwer haben es diejenigen, die „gut in der Schule sind und immer nett zu den Lehrern": Die werden, so Marko, „am schlimmsten gemobbt".

Der hübsche Junge in den trendigen „Dikkies", den viel zu weiten und langen Hosen, weiß, wovon er redet: Mobbing, das aus der Arbeitswelt der Erwachsenen bekannte Phänomen, ist auch in den Klassenzimmern und auf dem Pausenhof üblich.

Der neue Begriff, vom englischen „Mob" („Pöbel") hergeleitet, beschreibt eine vertraute Erscheinung: Fast jeder Schüler hat schon das Drangsalieren, Quälen, Beschimpfen oder Ausgrenzen einzelner durch gleichaltrige Klassentyrannen miterlebt, fast jeder Erwachsene kann sich daran erinnern.

Mobbing gehört zur Schülerkultur, wie Mechthild Schäfer sagt, Wissenschaftlerin am Max-Planck-Institut für psychologische Forschung in München: „An deutschen Schulen wird mindestens eines von zehn Kindern ernsthaft schikaniert, und mehr als eines von zehn Kindern schikaniert andere."

Beim Mobbing geht es nicht um die gelegentliche, gewöhnliche und bald wieder vergessene Stichelei oder Rauferei. „Mobbing hat System", erklärt die Psychologin, „und ist, auch unter Schülern, wiederholter Mißbrauch von Macht."

Oft sind die Folgen für die jugendlichen Opfer so schwerwiegend, daß sie weit in ihr späteres Leben hineinreichen: Wer als Schüler immer

wieder erniedrigt, gedemütigt oder auch gebufft und geprügelt wird, „verliert sein Selbstwertgefühl", sagt Schäfer, „und kann es im Erwachsenenalter schwerer haben, Beziehungen aufzunehmen". (...)
„Was da abläuft, ist echt extrem", schildern in ihrem Jargon die Mädchen eines heutigen Gymnasiums in Köln. Als hilflose Zuschauerinnen lassen sie seit Jahren zu, daß in ihrer (nun siebten) Klasse ein Junge schikaniert wird:
Der ist ein bißchen kleiner als die anderen Jungs, der will unbedingt dazugehören und sagt nichts, wenn sie ihn ärgern. Die Gruppe hat sogar mal einen glühenden Nagel auf seine Hand gedrückt, ihm den Rücken vollgemalt und ihn mit Hundekacke eingerieben. Wir haben einen Neuen in die Klasse bekommen, der stachelt so richtig die anderen an. Die Täter sind drei oder vier Leute, die schaukeln sich hoch – die anderen laufen halt so mit. Es traut sich keiner dazwischenzugehen, weil, dann ist derjenige der Dumme.
Die – zaghafte – Einmischung der Lehrer in das grausame Spiel bewirkt gar nichts:

Schülerzeichnung gegen Mobbing: *Tritt in den Bauch, Cola in den Pulli*

Ein Lehrer fragte mal: „Was macht ihr eigentlich mit dem Jungen?" Daraufhin riefen die Jungens: „Wir mobben" und lachten dabei. Die sind sich gar nicht im klaren darüber, was sie tun. Die Lehrer können auch nicht viel machen, weil das Opfer ja alles abstreitet.
Als die 14jährige Lina, die auf eine deutsche Schule im Ausland geht, sich endlich ihren Eltern anvertraute, hatte sie schon Selbstmordgedanken gehabt: „Seit März kam Lina weinend nach Hause", erzählt die Mutter, „das hätte sie nicht länger durchgehalten."
Das intelligente, zuvor selbstsichere Mädchen war bis zu jener Zeit mit einem der Jungen aus ihrer Klasse zusammen, nach der Trennung des Pärchens begann das Mobbing: Der Verlassene stachelte die anderen Jungen gegen sie an. In ihrem Kalender fand Lina für jeden Tag, von „Hure" bis „Fotze", ein anderes Schimpfwort eingetragen. Auf der Klassenfahrt schüttelte jemand ihr eine Tüte Maden in den Badeanzug. Nie wurden die Quälereien bestraft, vielmehr ergriff der junge Lehrer noch Partei für die Quäler.
Der Suizid Jugendlicher werde als Folge von Schulmobbing oft gar nicht erkannt, erläutert Psychologin Schäfer. So sind die Tagebucheintragungen des 13jährigen britischen Schülers Vijay Singh Shahiry, die im US-Magazin TIME veröffentlicht wurden, ein Dokument der Ausweglosigkeit. Der Junge brachte sich im vergangenen Jahr um, weil er die tägliche Treibjagd nicht länger ertragen konnte:
*Montag: Mein Geld ist gestohlen worden.
Dienstag: Immer wieder Schimpfworte.
Mittwoch: Meine (Schul-)Uniform wurde zerrissen.
Donnerstag: Überall Blut am Körper.
Freitag: Jetzt ist Schluß.
Sonnabend: Freiheit.*
(...)
Die gemobbten Kinder zeigen sich bei Auseinandersetzungen „schwach und hilflos, rennen weg, fangen an zu weinen". Diese Unterlegenheit, so Wustmans, wird möglicherweise durch „die Erfahrung wiederholten Opferseins" noch vertieft.
Das typische Mobbing-Opfer, so Schulpsychologe Knaack, „frißt seine Ängste in sich hinein, posaunt den Frust niemals heraus und gewöhnt sich schließlich an die Rolle, es entsteht eine Spirale aus Angst und Gewalt".
(...)
Durch raffiniertes Mobbing versuchen beispielsweise faulere Schüler, fleißigere Klassenkameraden auszuschalten, um den Leistungsdruck zu mindern: „Mittlerweile ist es schon so, daß die Opfer ganz leise mit dem Lehrer sprechen, um bei den Tätern nicht aufzufallen", sagt ein Pädagoge.

Die „Tendenz zum Mobbing hat sich verstärkt", weil es keine verbindlichen Normen für Schülerverhalten mehr gibt: „Solidarität mit den Schwächeren ist längst out, die zunehmende Individualisierung bedeutet, daß jeder rücksichtslos seine Interessen verfolgt." Auch unter den Schülern „herrschen die Durchsetzungsprinzipien der Marktwirtschaft".

„Das wollen wir nicht!" überschrieben die Drittkläßler der Lübecker Schule ihre Darstellungen von Mobbing, die an den Klassenwänden aufgehängt sind: Da treten Jungen einem Mädchen in den Bauch und reißen es an den Haaren, die Tränen laufen auch einem Mädchen herunter, dem jemand eine Dose Cola in den Pullover schüttet.

Anteilnahme und feste Regeln, so betont die schleswig-holsteinische Bildungsministerin Gisela Böhrk, stünden im Gegensatz zu Erziehungspraktiken vergangener Jahrzehnte mit ihrer „übergroßen Toleranz" und dem „Fehlen klarer Grenzen", die Aggressionen gefördert hätten.

Zum Abbau von systematischer Rempelei und Rüpeltum trug auch die Umgestaltung der Pausen und des Schulhofs bei: Mehr Möglichkeiten für Spiele und Bewegung, aber auch Ruhezonen wurden geschaffen. Weil Mobbing überwiegend in den Pausenzeiten stattfindet, führten mehr Lehrer als zuvor die Aufsicht.

Der „durchaus mühsame Weg" habe in allen Klassenstufen eine deutliche Abnahme der Mobbing-Probleme erbracht, an manchen Schulen bis zu 50 Prozent, berichten die Projektleiter Knaack und Hanewinkel nach Auswertung der Rückmeldungen. Daß die Schulgewalt sich mit Programmen nicht gänzlich beseitigen läßt, ist den Psychologen bewußt: „Ein erheblicher Bodensatz wird bleiben."

aus: „Der Spiegel", Hf. 34, 1997, S. 170–172.

❶ Welche Thesen formuliert der Text zum Thema „Mobbing" in der Schule? Sind diese Thesen aus eurer Sicht berechtigt?

❷ Was können, was müssen Schüler, was können, was müssen Lehrer tun, um solches „Mobbing" in der Schule zu bekämpfen?

❸ Überlegt, ob und warum sich zu viele Schüler wie Lehrer mit „Mobbing" an der Schule abfinden!

❹ Fragt euch auf der Basis dieser beiden Texte: Wer trägt die Verantwortung, wenn Schüler und Lehrer sich im schulischen Alltag nicht mehr wohl fühlen?

Womit könnte man in der Schule sofort anfangen, wenn man sich mit „Mobbing" nicht einfach abfinden will? Wer müsste anfangen? Wer könnte anfangen?

Wo könnt ihr in eurem Pädagogik-Kurs, in euren Klassen, im Umgang mit Lehrern und Mitschülern anfangen?

Vielleicht könnt ihr in diesem Sinne einen ersten Versuch starten. Berichtet über diesen Versuch und seine Folgen im Kurs!

Ihr könnt auch eine Geschichte aufschreiben – die auf Tatsachen beruhen oder erfunden sein kann –, in welcher ihr von einem solchen Versuch erzählt, einen ersten Schritt zur Verbesserung des schulischen Alltags zu verwirklichen.

Entwerft Plakate für eure Schule:

In unserer Schule

wollen wir ....   **wollen wir nicht** ....
....
....

Fordert eure Mitschüler auf, ihre Wünsche, Forderungen und Ideen einzutragen!
Vielleicht ließen sich zu dieser Thematik einmal Projekttage an eurer Schule organisieren!

Ein Wort zum Schluss: Falsch ist immer zu schweigen. Ihr müsst zu sagen lernen, was euch in der Schule fehlt und worunter ihr leidet!
Ihr solltet aber auch nicht vergessen zu sagen, was euch gefällt! (Ihr wisst ja: loben ist immer viel erfolgreicher als bemängeln und tadeln!)
Aber nur wer nicht schweigt, kann Einfluss nehmen!

Schreibe einen Text – vielleicht sogar eine Jahrgangsarbeit – zu dem Titel: Nachdenken über die Geschichte des Lernen in der Schule beim Betrachten von Bildern aus der Geschichte der Schule!

Auf den verschiedenen Seiten in diesem Kapitel über die Schule findet ihr verschiedene Bilder aus der Geschichte der Schule. Betrachtet und vergleicht diese Bilder! Was sagen euch diese Bilder zur Geschichte des Lernens in der Schule? Könnte es wichtig sein, sich diese Geschichte des Lernens auch als Schüler bewusst zu machen?

Kennt ihr das Drama „Liebe Jelena Sergejewna" der Russin Ljudmila Rasumowskaja? Besorgt euch den Text des Dramas und fragt, inwieweit die Aussagen des Stückes heute besonders aktuell sind!

Vielleicht könnte euer Kurs einzelne Szenen des Dramas oder die Theater-AG eurer Schule sogar das gesamte Stück aufführen.

6. Kapitel: Den eigenen Weg gehen

Auf eigenen Füßen stehen

Hört Erziehung denn nie auf?

Den eigenen Weg gehen

Jugend: Nur Chaos und sonst nichts?

Unsere Gesellschaft ist in den letzten 30 Jahren immer „jugendlicher" geworden. Modetrends wechseln immer häufiger, die „Lebensstile" lösen sich immer schneller ab oder existieren nebeneinander. Wo sucht und findet sich der/die 15jährige?

> ❶ Erstellt alternativ mehrere oder eine gemeinsame Bildcollage zum Thema „Jungsein ist ..."!
> ❷ Erarbeitet nach der Präsentation Merkmale des Jungseins!
> ❸ Diskutiert, inwieweit die Ergebnisse auch für euren Kurs gelten: was ist anders?
> ❹ Interviewt Eltern oder Großeltern: Wie hätten die Collagen vor 20 oder 50 Jahren ausgesehen?

Alternative: Einstieg mit Erfahrungsberichten von einzelnen Schülerinnen und Schülern / Szenenschilderungen / Musik.

*Anregungen bietet das **Heft** Schüler 97 „Stars – Idole – Vorbilder", E. Friedrich Verlag 1997 und die dazugehörige **CD**.*

Jugendtypen: „Jungsein und ansonsten ganz verschieden"

Die 12. Shell-Jugendstudie „Jugend '97" zielt darauf ab, „Voraussetzungen, Motive und Formen sowie das Verständnis des sozialen, gesellschaftlichen und politischen Engagements Jugendlicher zu analysieren" (1997, 11f.).

Es wurden 60 ausführliche Interviews mit Jugendlichen und jungen Erwachsenen im Alter von 12 bis 29 Jahren durchgeführt, 19 biographische Portraits erstellt und 2102 Befragungen mit Jugendlichen zwischen 12 und 24 Jahren in den alten und neuen Bundesländern durchgeführt; das Durchschnittsalter der Gesamtstichprobe liegt bei 18,2 Jahren.

Typenbildung

Fünf empirische Jugendtypen: „Jungsein und ansonsten ganz verschieden"

Um die praktische Verwertbarkeit der vorgelegten Studie zu unterstützen, wurden unter dem Thema „Jungsein und ansonsten ganz verschieden" fünf empirische Typen herausgearbeitet.

Typ	Bezeichnung	Durchschnittsalter	Anteil an der Gesamtstichprobe	Gesellschaftlicher Status
1.	„Kids"	14,3 Jahre	ca. 27%	Schüler (ca. 90%), in Berufsausbildung (ca. 9%)
5.	„(Noch-)Nicht-Integrierte"	16,8 Jahre	ca. 11%	Zu zwei Dritteln noch in Schul-/Berufsausbildung
2.	„Gesellschaftskritisch-Loyale"	20,2 Jahre	ca. 62%	Höheres Bildungsniveau, überproportional viel Frauen, 40% berufstätig
3.	„Traditionelle"	20,1 Jahre		Relativ viele Studierende, ein Drittel berufstätig, geringerer Anteil junger Frauen
4.	„Konventionelle"	21,5 Jahre		Zwei Drittel berufstätig, niedrigere Bildungsabschlüsse

Minderjährige Jugendliche: Kids und (Noch-)Nicht-Integrierte

Die minderjährigen Jugendlichen bilden Typ 1 und Typ 5 und entsprechen ungefähr 38 % der Gesamtstichprobe. Typ 1 bezeichnet die „*Kids*" mit einem Durchschnittsalter von 14,3 Jahren, „die erst auf dem Weg 'ins Leben' sind, die in der traditionellen Jugendphase von 14 bis 17 Jahren stecken", sie werden charakterisiert als „noch relativ
5 wenig festgelegt, aber auch eher noch unkritisch-offen (...); politisch sind sie noch ziemlich unentschieden oder uninteressiert". Nur 20 % interessieren sich für Politik (1997 : 382).

Zu Typ 5, der sich in der Zwischenposition zwischen den Kids und den jungen Erwachsenen befindet, zählen die „*(Noch-)Nicht-Integrierten*", gehören Schüler und Azubis,
10 die „den naiven Optimismus der Kids nicht (mehr?) teilen, aber ihre Position (noch?) nicht gefunden haben. Sie sind in Bezug auf die eigene Zukunft besonders 'düster', nämlich zu 55,2 %.

Die jungen Erwachsenen: Gesellschaftskritisch-loyal, traditionell und konventionell
Typ 2 bis 4 bilden die Gruppe der jungen Erwachsenen, die ca. 62 % der Stichprobe aus-
15 macht. Ihr durchschnittliches Alter beträgt etwas über 20 Jahre.

Die „*Gesellschaftskritisch-Loyalen*" (Typ 2) sind sehr gesellschaftskritisch, aber nicht stärker engagiert als andere. „Sie sind kritisch, aber integriert, sie vertreten Reformideen, aber verhalten sich loyal. Von allen Gleichaltrigen vertreten sie am deutlichsten postmaterielle Werte. (...) Sie stehen den Grünen nahe. Aber sie glauben am wenig-
20 sten an Möglichkeiten, ihre Ideen politisch zur Geltung zu bringen." 68,6 % sehen die Zukunft der Gesellschaft eher düster. 60 % sind an Politik interessiert, sie stellen sich nicht außerhalb der geltenden Spielregel, trauen der Politik jedoch wenig zu (1997 : 384).

Die „*Traditionellen*" (Typ 3) sind weniger pessimistisch bezüglich der Zukunft: 63,9 %
25 sehen die Zukunft der Gesellschaft eher zuversichtlich; sie „denken insgesamt positiver über Politik als die Altersgenossen. (...) Sie haben einen hohen politischen Wissens- und Interessenstand und setzen auf die traditionellen Mittel des politischen Engagements." Auch der Generationsgegensatz wird weniger stark empfunden (1997 : 386).

Die „*Konventionellen*" (Typ 4) haben eine kürzere Jugendzeit, da sie früher ins Er-
30 werbsleben eingetreten sind als die anderen Gruppen. Trotzdem sind sie nicht in die Erwachsenengesellschaft integriert. Fast 70 % haben kein Interesse an politischen Fragen. „Es sind Jugendliche, die die größte Politikdistanz aufweisen, politisch sich entfremdet fühlen, Politik als unwirksamen Störfaktor sehen. Sie versprechen sich nichts von Politik und interessieren sich auch nicht dafür. Aber ihre Politikdistanz entspringt nicht ei-
35 nem kritischen Bewußtsein von Veränderungsbedarf" (1997 : 387f.).

aus: Gegenwartskunde 3/1997, S. 321, 324f.

❶ Erläutert die Ergebnisse dieser Studie und vergleicht diese mit den Collagen!
❷ Welches „Bild" von Jugend soll eurer Weiterarbeit am Thema zugrunde liegen?

Endlich kein Kind mehr – Junge(s) L(i)ebe(n) lernen

Gefühle

Schwarz und finster
wirkt die tiefe Nacht.
Merke ein Beben,
ein Zittern in mir.
5 Spüre,
wie unter mir
alles
zusammenkracht.
Ihr sagt:
10 'Mit Härte geht alles!'
und verdrängt
die Dunkelheit,
den finsteren Klang
ihres Schalls.
15 Umgeben von
unzähligen Splittern
und Kälte in mir,
sehne ich mich
vergeblich
nach Trost 20
und Zärtlichkeit
von Dir.
Verzweifelt
frage ich mich,
wann 25
Ihr endlich erkennt,
daß Gefühle
nur dann
eine Schande sind,
wenn Ihr 30
sie Schwäche nennt.

Bettina   GIRL, Leserzuschrift, Jg. unbek.

● Stellt euch vor, ihr gehört zu der Zeitungsredaktion, die diese Zuschrift erhält. Schreibt eine Antwort; überlegt dabei, welche Form ihr wählt!

Sexualität

Ergebnisse einer Repräsentativbefragung 1994 in den alten und neuen Bundesländern von 2253 (14- bis 17jährigen) Jugendlichen und 2178 Elternpersonen. Die Befragung wurde von der Familienplanungsstelle der Frauenklinik an der Universität München (...) und der Forschungsstelle für Sexualwissenschaft an der Universität Koblenz-Landau in Zusammenarbeit mit dem sozialwissenschaftlichen Institut EMNID vom 15.03. bis 02.07.1994 durchgeführt.

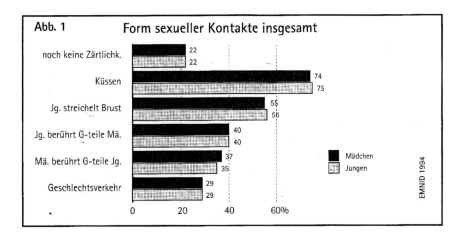

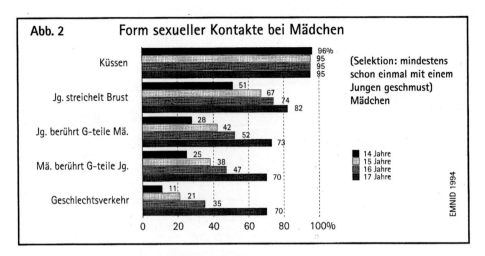

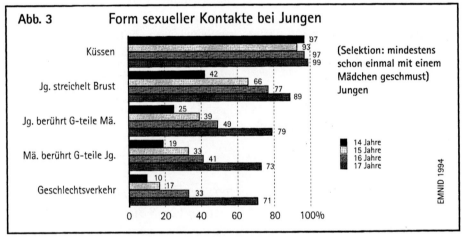

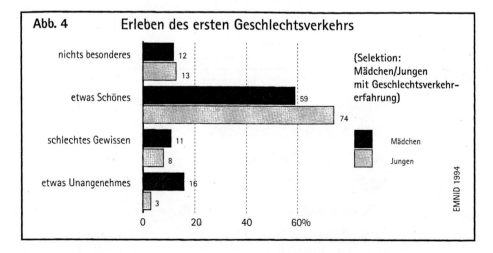

Bundeszentrale f. gesundheitliche Aufklärung, Learn to love: Dokumentation der 1. Europäischen Fachtagung „Sexualaufklärung für Jugendliche" 29./30.11.1994, S. 68 ff.

Im Folgenden wollen wir darauf eingehen, warum einige Jugendliche bisher keinen Geschlechtsverkehr hatten. Wir haben den Jugendlichen, die bisher keinen Geschlechtsverkehr hatten, eine Liste von 10 Items vorgelegt.

Gründe für keinen Geschlechtsverkehr nach Alter (Mehrfachnennungen) (Angaben in %)

Gründe			Alter			
	14	15	16	17	18	insgesamt
mir fehlte bisher das richtige Mädchen/ bzw. der richtige Junge	25	62	62	61	42	52
dafür bin ich noch zu jung	71	51	35	26	10	43
mein Interesse ist einfach zu gering	21	20	20	21	21	21
ich bin schüchtern	8	11	20	18	11	14
ich habe Angst, daß ich mich ungeschickt anstelle	15	7	8	8	16	10
dadurch bindet man sich zu sehr	2	9	8	13	5	8
ich muß erstmal etwas lernen	6	7	3	11	5	6
weil meine Eltern es erfahren könnten	8	2	5	0	0	4
ich finde es unmoralisch	4	0	3	0	0	2
das Mädchen/der Junge weigert sich	2	0	0	0	5	1

W. Heitmeyer, T. Olk (Hrsg.) Individualisierung von Jugend, Weinheim und Basel 1990, S. 141.

❶ Gibt es „das typische" Sexualverhalten eines Jugendlichen? Stellt die Ergebnisse der Untersuchung zunächst als Tabelle und/oder als Liniendiagramm dar!
❷ Findet ihr Antworten und Einstellungen, die ihr für fraglich haltet?
❸ Ist die heutige Jugend freier?
❹ Ist die heutige Jugend glücklicher? Erläutert eure Auffassungen!

Wer hält wen am längsten fest: Eltern ihre Kinder oder Kinder ihre Eltern?

Rollenspiel: „Wir wollen Sebastian doch nur helfen"

Situation:

Es ist Abend. Sebastian und sein Vater sind beide im Wohnzimmer. Während Sebastian in einer Illustrierten blättert, steht der Vater vor dem Fenster und schaut hinaus.

Sebastian

Du kommst mit Deinen Eltern nicht mehr klar. Besonders Dein Vater will ständig wissen, was mit Dir los ist. Das geht Dir aber ganz schön auf die Nerven. Am liebsten würdest Du in Ruhe gelassen werden. Er versucht immer, demokratisch zu sein, ist in Wirklichkeit Deiner Meinung nach aber ganz schön autoritär, wenn er Aussprachen über Dein Verhalten mit Dir fordert, weil Du in seinem Haushalt lebst. Deiner Meinung nach will er nicht nur in seinem Betrieb, sondern auch zu Hause alles „im Griff" haben.

Vater

Du merkst, daß Dein Verhältnis zu Deinem Sohn Sebastian nicht mehr so wie früher ist: es ist etwas zwischen Euch getreten. Du bist besorgt und willst ihm helfen, er schottet sich aber ab. Du verlangst eine Aussprache mit ihm, denn Du meinst, daß Probleme in der Familie in Gesprächen geklärt werden müssen. Und schließlich ist Sebastian ja ein Familienmitglied.

nach: J. Langefeld / Verband der Pädagogiklehrer, Auf dem Wege zum Selbst, Jgst. 9.2., Wupertal 1989, S. 16.

1994 – das internationale Jahr der Familie

Das offizielle Signet für das Internationale Jahr der Familie stammt von der Schweizer Künstlerin Catherine Littasy-Rollier: Ein Herz wird von einem Dach geschützt, das über ein zweites Herz mit dem ersten verbunden ist. Für die Künstlerin steht dieses Zeichen nicht nur für Leben und Liebe, sondern ebenso für Heim, Wärme, Sicherheit, Fürsorge, Solidarität und Toleranz. Im Schriftzeichencharakter kommen Individualität, Kontinuität und eine Spur von Ungewißheit hinzu.

Bereitet das Rollenspiel vor; überlegt euch, ob noch weitere Personen eingebaut werden sollen! Schreibt dann bitte eine klare Rollenvorgabe!
Führt das Spiel durch, wählt zentrale Szenen aus und haltet diese in Standbildern fest!

❶ Diskutiert die elterlichen und jugendlichen Verhaltensweisen besonders im Hinblick auf die Möglichkeiten, selbstverantwortlich handeln zu lernen!

❷ Faßt die Voraussetzungen einer erfolgreichen Umsetzung der in den Rollenspiel(en) / Standbildern erarbeiteten Lösungsansätze zusammen!

Den eigenen Weg gehen

> **Standbild**
>
> Bei der Arbeit mit Standbildern „entwerfen" und „bauen" lebende Personen, z. B. Schüler, Gruppenmitglieder, ... Bilder oder Szenen. In diesen Bildern können die Erbauer ihre individuelle und/oder gruppenspezifische Wahrnehmung und Deutung z. B. von erzieherischen Situationen oder Prozessen anschaulich (Gesten, Kleidung, Körperhaltungen ...) zum Ausdruck bringen. Ausgehend von diesen Standbildern können Schülerinnen und Schüler Erfahrungen, Haltungen oder Phantasien wahrnehmen und reflektieren. In einer zweiten Phase können die „Urbilder" dann weiter modelliert werden.
>
> Folgendes Vorgehen ist für die **Situation „Sebastian"** zu empfehlen:
> - Teilt Euch in Kleingruppen auf,
> - wählt aus Eurem Rollenspiel das/die entscheidende(n) „Bild(er)" aus und legt in der Gruppe fest, wer die einzelnen Personen darstellt,
> - überlegt, durch welche Körperhaltung, Position der zentrale Inhalt dargestellt werden soll; haltet diese „Bauanleitung" fest,
> - präsentiert euere Standbilder wort- und kommentarlos,
> - die Zuschauer notieren ihre Beobachtungen, Empfindungen oder Fragen zu den einzelnen Standbildern,
> - vergleicht die Bilder der verschiedenen Gruppen miteinander und wertet sie weiter aus!

Sebastian – Überlegungen und Lösung

Keine Rezepte

Noch einmal gefragt: Was ist zu tun?
Ich habe keine wunderwirkenden Rezepte anzubieten; was ich sagen kann, ist, wie ich mir eine mögliche Lösung des Problems vorstelle. Auf jeden Fall möchte ich nämlich das abgerissene Gespräch mit Sebastian wieder anknüpfen und dabei möglichst auch begangene Fehler vermeiden. Dazu gehört, daß meine Frau und ich unser eigenes Lebenskonzept überprüfen müssen und daß wir bereit sein müssen, es womöglich zu ändern, weil es sich offensichtlich nicht für alle Familienmitglieder als tragfähig erwiesen hat. Wir haben – glaube ich – eingesehen, daß die Hoffnung

unserer Kinder – und mit ihnen vieler Jugendlichen – auf ein sinnerfülltes Leben von diesen nicht mehr – wie noch von uns – in der Berufsarbeit verwirklicht werden soll. Das Verhältnis zur Arbeit ist bei den heutigen Jugendlichen eher ein funktionales (Geld- und damit Broterwerb), weniger ein moralisches im Sinne der Lebenserfüllung. Die wird jetzt auf anderen Betätigungsfeldern gesehen: etwa im Engagement für ein „natürliches" Leben, in der Ökologie- und Anti-Kernkraft-Bewegung, in der Suche nach einem neuen Lebensstil.

Ist das Haus noch bewohnenswert?

Ich muß öfter an ein Wort von Thomas Schmidt denken, der unlängst einmal erklärt hat, was von den verschiedenen politischen Lagern heute angeboten werde, seien Positionen, mit denen man nicht mehr viel anfangen könne. Jetzt stellten die Politiker fest, daß die Leute ihr Haus verließen, und nun versuchten sie, sie zur Rückkehr zu bewegen. Aber ist das Haus noch so bewohnenswert, fragte Thomas Schmidt.

Ich meine, das gilt in gewisser Weise auch für das Zusammenleben von Eltern und Kindern. Ist das Haus, das wir errichtet und eingerichtet haben, für die jungen Leute noch bewohnenswert? Wir kennen die Antwort: es ist die besagte Funkstille, die wir beklagen. Hat man das einmal erkannt, glaube ich, ist es nicht mehr ganz so schwer, das Gespräch wieder anzuknüpfen. Uns hilft dabei, daß Sebastian kein Einzelkind ist. Nachdem das Vater-Sohn-Gespräch nicht geklappt hat, versuchen wir nun, Sebastian stärker ins „Familiengespräch" miteinzubeziehen. Freilich, die Gelegenheiten sind nicht gerade häufig – die Kinder haben inzwischen einen nahezu gleich vollen Terminkalender wie ihre Eltern. Und ich meine zu spüren, daß die Kinder unsere veränderte Haltung ihnen gegenüber bemerken; sie scheinen mitzubekommen, daß uns an ihnen etwas liegt, daß wir uns zwar schwer mit ihnen tun, sie aber gleichwohl liebhaben und daß wir die Familie nicht vor die Hunde gehen lassen wollen.

Der erste Lernschritt von uns Erwachsenen war, daß wir den Kindern nicht mehr vorschreiben, wie sie zu leben haben, und daß wir auch von ihnen und ihrem Lebensentwurf lernen wollen. Wir vertrauen darauf, daß nun die Kinder ihrerseits auch von uns annehmen, was sie bei uns als sinnvoll erkennen. Vielleicht ist das gar nicht einmal so wenig. Im Augenblick ist es ziemlich spannend bei uns, auch Sebastian ist – wir sehen es erfreut – davon nicht unbeeindruckt. Bei uns ist so ziemlich alles ins Wanken geraten, jetzt sucht jeder seine Rolle neu zu bestimmen. Das Neue ist, daß jeder – selbst Sebastian in seiner abwartenden, früher hätte ich gesagt: Verweigerer-Haltung – das tut im Blick auf den anderen.

nach: J. Langefeld, J./Verband der Pädagogiklehrer, Auf dem Weg zum Selbst, Jgst. 9.2., Wuppertal 1985, S. 17f.

---

❶ „Bei uns ist so ziemlich alles ins Wanken geraten, jetzt sucht jeder seine Rolle neu zu bestimmen. (Zeile 72 bis 74)" Überlegt, inwiefern diese Veränderung als Gewinn/Chance für die Heranwachsenden bzw. auch ihre Eltern angesehen werden kann!

❷ Vergleicht eure Einschätzungen und Lösungen mit der im Text dargestellten! Haltet ihr die im Text beschriebene Lösung für realistisch und sinnvoller?

❸ Überlegt, ob Vorschläge wie die von T. Gordon, zu einer „besseren" Lösung geführt hätten! (Vgl. S. 42 f.!)

Können Eltern Heranwachsende zu ihrem Glück zwingen?

Fallschilderungen:

Stefan

Stefan Allers, 16 Jahre, geht seit vier Wochen in die 10. Klasse einer Gesamtschule. Er war im vergangenen Schuljahr ein knapp durchschnittlicher Schüler. Seine Eltern meinen, er könnte bessere Noten erreichen, wenn er weniger Zeit für seine Freunde, den Sport und die Gitarre verwenden würde.

Eines Tages überrascht Stefan seine Eltern mit der Nachricht: „Übrigens, ich mach' Abitur." Stefans Eltern sind verärgert. Erstens hatten sie sich auf das Ende des jahrelangen Schulärgers gefreut. Zweitens, und das ist der wichtigere Punkt, soll Stefan einmal das Installationsgeschäft seines Onkels, die führende Firma in dieser Branche am Ort, übernehmen. Stefan fand das bisher „voll o. k.". Er soll also nach der 10. Klasse eine Lehre machen.

Die Diskussion zwischen Stefan und seinen Eltern wird zunehmend lauter. Der Vorwurf, er wolle nur auf der Schule bleiben, weil seine Freundin Claudia vorhat, Abitur zu machen, ärgert ihn. Ziemlich erregt erklärt Stefans Vater: „Das kannst du dir aus dem Kopf schlagen, dir von uns noch zehn Jahre oder länger Schule und Uni bezahlen zu lassen, damit du viel Freizeit für deine Freundin und deine Hobbys hast, und am Ende bist zu arbeitslos!"

„Meine Zukunft bestimme ich selbst. Ihr dürft mich gar nicht zwingen, etwas zu machen, was ich nicht will! Ich will Umwelttechnik oder Physik studiren."

Dürfen die Eltern ihren Willen durchsetzen?

Sabrina

Sabrina Bertold ist 16 ½ Jahre. Sie hat seit einigen Wochen einen 25jährigen Freund, der einen neuen Wagen fährt und ihr „Klamotten" schenkt. Auf die Fragen ihrer Eltern nach dem Beruf ihres Freundes weiß Sabrina keine Antwort: „Darüber reden wir nicht." Sie kommt in letzter Zeit viel später nach Hause, als ihre Eltern ihr das erlaubt haben, und einige Male hatte sie ziemlich viel Alkohol getrunken. Ein Gespräch mit den Eltern über dieses Verhalten und über den Freund kommt nicht mehr zustande, weil Sabrina bei solchen Gelegenheiten schweigt. Die Eltern wollen den Freund sprechen, doch dieser findet angeblich so eine Vorstellung bei den Eltern altmodisch. Da verbieten ihr die Eltern jeden Umgang mit diesem Mann. Sabrina ist verzweifelt und reagiert wütend: „Ihr könnt nicht entscheiden, mit wem ich mich treffe."

Können dies die Eltern?

Bundeszentrale für politische Bildung, ZEITLUPE: Familie, 1994, S. 18.

● Arbeitet in einem Vergleich heraus, ob bzw. inwieweit die Eltern in den beiden Beispielen das elterliche Erziehungsrecht missbrauchen! Unterscheidet dabei juristische (s. folgendes Material) und pädagogische Argumente!

Elternrecht – Kinderrecht

Zum Nachlesen:

§ 1631 (Inhalt des Personenrechts, Einschränkung von Erziehungsmaßnahmen)

(1) Die Personensorge umfaßt insbesondere das Recht und die Pflicht, das Kind zu erziehen, zu beaufsichtigen und seinen Aufenthalt zu bestimmen.

(2) Entwürdigende Erziehungsmaßnahmen sind unzulässig.

(3) Das Vormundschaftsgericht hat die Eltern auf Antrag bei der Ausübung der Personensorge in geeigneten Fällen zu unterstützen.

§ 1631a (Ausbildung und Beruf)

(1) In Angelegenheiten der Ausbildung und des Berufes nehmen die Eltern insbesondere auf Eignung und Neigung des Kindes Rücksicht. Bestehen Zweifel, so soll der Rat eines Lehrers oder einer anderen geeigneten Person eingeholt werden.

(2) Nehmen die Eltern offensichtlich keine Rücksicht auf Eignung und Neigung des Kindes und wird dadurch die Besorgnis begründet, daß die Entwicklung des Kindes nachhaltig und schwer beeinträchtigt wird, so entscheidet das Vormundschaftsgericht. Das Gericht kann erforderliche Erklärungen der Eltern oder eines Elternteils ersetzen.

§ 1626 (Elterliche Sorge; Berücksichtigung der wachsenden Selbständigkeit des Kindes)

(1) Der Vater und die Mutter haben das Recht und die Pflicht, für das minderjährige Kind zu sorgen (elterliche Sorge). Die elterliche Sorge umfaßt die Sorge für die Person des Kindes (Personensorge) und das Vermögen des Kindes (Vermögenssorge).

(2) Bei der Pflege und Erziehung berücksichtigen die Eltern die wachsende Fähigkeit und das wachsende Bedürfnis des Kindes zu selbständigem verantwortungsbewußtem Handeln. Sie besprechen mit dem Kind, soweit es nach dessen Entwicklungsstand angezeigt ist, Fragen der elterlichen Sorge und streben Einvernehmen an.

§ 1666 (Gefährdung des Kindeswohls)

(1) Wird das körperliche, geistige oder seelische Wohl des Kindes durch mißbräuchliche Ausübung der elterlichen Sorge, durch Vernachlässigung des Kindes, durch unverschuldetes Versagen der Eltern oder durch das Verhalten eines Dritten gefährdet, so hat das Vormundschaftsgericht, wenn die Eltern nicht gewillt oder nicht in der Lage sind, die Gefahr abzuwenden, die zur Abwendung der Gefahr erforderlichen Maßnahmen zu treffen. Das Gericht kann auch Maßnahmen mit Wirkung gegen einen Dritten treffen.

Bundeszentrale für politische Bildung, ZEITLUPE: Familie, 1994, S. 19.

Den eigenen Weg gehen

Fühlen sich die Jugendlichen von ihren Eltern zu ihrem Glück gezwungen?

Die Qualität der emotionalen Beziehungen zwischen Kindern, Jugendlichen und Eltern ist neben anderen Faktoren maßgeblich dafür, welche Impulse und Anregungen Heranwachsende für die eigene Persönlichkeitsentwicklung erhalten.

In einer repräsentativen Untersuchung befragten Oswald/Boll 1986 und 1988 in Berlin 314 Jugendliche im Alter zwischen 12 und 18 Jahren und jeweils ein Elternteil zu ihrem Verhältnis zueinander.

Emotionales Verhältnis zu Vater und Mutter nach Aussage des Kindes und der Eltern in Prozent

	Kinderantwort		Elternantwort		
	zu Mutter	zu Vater	alle	Mutter	Vater
1. Wir haben uns lieb und bedeuten uns alles	30	15	41	47	33
2. Wir verstehen uns und kommen gut miteinander aus	50	50	44	40	50
3. Es gibt gelegentlich Meinungsverschiedenheiten	17	26	14	13	16
4. Wir verstehen uns nicht oft, es gibt häufig Meinungsverschiedenheiten	2	3	1	2	1
5. Unser Verhältnis ist schlecht, es gibt ständig Schwierigkeiten	-	2	-	-	-
6. Wir kümmern uns nicht umeinander	1	4	-	-	-
%	100	100	100	101*	101*
N	303	300	300	165	135

* Rundungsfehler

H. Oswald /W. Boll, Das Ende des Generationenkonflikts ..., in: Bundesmin. f. Familie, Senioren, Frauen und Jugend, Familie und Erziehung in Deutschland, Stuttgart 1995, S. 55.

❶ Stellt die Ergebnisse dar und betrachtet sie kritisch!
❷ Überprüft anhand der Untersuchungsergebnisse die Behauptung: „Die Mehrheit der Eltern und Jugendlichen haben untereinander eine gespannte Beziehung!"
❸ Überlegt, ob das Bild (S. 110) als Titelfoto für einen Beitrag in der Schülerzeitung zu diesem Thema geeignet ist!

Tätigkeitsgemeinschaft der Familie

Diese „neue" Familie wird weniger introvertiert und dafür „offener" gegenüber ihrer Umwelt sein. Dafür sorgen die in die Wohnstube eindringende Kultur der Massenmedien, das Hinaustreten der Frauen in die Berufstätigkeit und die Gleichaltrigengruppen.

Da auf diese Weise die menschliche Bedürftigkeit sich gleichsam sozial verteilen kann, wird die emotionale Introvertiertheit und Isoliertheit sich „versachlichen" in dem Sinne, daß die *soziale* Bedeutung der Familie Vorrang hat vor der emotionalen Intensität der Beziehung der Familienmitglieder untereinander. Dies kann im Bild von der Familie als „sozialem Heimathafen" veranschaulicht werden.

In diesem Sinne wird sich die Familie zunehmend als „Tätigkeits- und Interessengemeinschaft" ihrer Mitglieder verstehen, die im Idealfalle dabei einander unterstützen und ermutigen. (...)

Aus der primär *sozialen* Funktion der Familie folgt, daß sie in erster Linie als eine „Tätigkeitsgemeinschaft" zu begreifen ist. Da leben Menschen zusammen, die für einander und miteinander sorgen und tätig sind. Bei den Eltern ist das ohnehin klar, aber auch die Kinder sollten so früh wie möglich nach ihren Fähigkeiten und Kräften einbezogen werden und zwar durch *regelmäßig* zu erledigende Aufgaben, nicht durch willkürliche Anweisungen – etwa in den Fällen, wo die Eltern ausnahmsweise keine Lust haben, es selbst zu tun. Was Kinder schon selbst können, sollen sie auch selbst tun (zum Beispiel Küchendienst, einfache Gerichte kochen, sich um ihre Wäsche kümmern, das morgendliche Frühstück selbst bereiten). Durch solche Mittätigkeit schaffen sich die Kinder ihre eigene Position in der Familie sowie eine Basis für Kritik am Verhalten der Eltern – wenn zum Beispiel eine Arbeit, auf die die anderen angewiesen sind, versäumt oder schlampig erledigt wird. Vermutlich entwickeln Kinder, die mit solchen Verantwortlichkeiten aufwachsen, auch eher eine Bereitschaft für schulisches Lernen, als wenn sie in der Familie als „kleine Parasiten" leben dürfen und ihre einzige soziale Mitverantwortung in der Bereitschaft zu schulischem Lernen bestehen soll. (...)

Die jahrelange Versorgung der Kinder „zum Nulltarif", das heißt, ohne daß sie zu entsprechenden Gegenleistungen zur Not auch gezwungen werden, ist erzieherisch verheerend und vielleicht die wirksamste Methode, Kinder lange unselbständig und unmündig zu halten. Die *Regelmäßigkeit* von Verpflichtungen ist deshalb wichtig, weil sie in die eigene Zeitplanung übernommen werden müssen: man muß es nicht nur tun, sondern auch rechtzeitig daran denken. (Wird zum Beispiel die gefüllte Mülltonne nicht rechtzeitig herausgestellt, hat man eine Woche lang den Ärger mit dem weiterhin anfallenden Müll.) Dank der modernen Haushaltstechnologie gibt es kaum eine Hausarbeit, die nicht auch von Zwölfjährigen verrichtet werden könnte.

aus: H. Giesecke, Das Ende der Erziehung, Stuttgart 1986, S. 83, 89 f.

❶ Veranschaulicht das Bild von der Familie als „sozialer Heimathafen" und fragt, ob dieses Bild die gegenwärtige Situation von Familie angemessen beschreibt!
❷ Giesecke schätzt die Regelmäßigkeit von Verpflichtungen als erzieherisch sehr wichtig ein. Überprüft diese Einschätzung, indem ihr auch die Übernahme von „Verpflichtungen" Jugendlicher und die dabei erzielten „Gewinne" gegenüberstellt!
❸ Gibt es in der „neuen Familie" also nur Gewinner? Berücksichtigt in eurer Stellungnahme auch das Bild!

Lebensziele und Verhalten Jugendlicher

„Ich lüge nie"

(Gespräch vor vier 15jährigen Schülern am ersten Schultag nach den großen Ferien)

A: Du bist ja tierisch braun!
B: Ich war sechs Wochen mit zwei Freunden und unseren Freundinnen in Südafrika. War der beste Urlaub, den ich je gemacht habe.
A: Geil. Wir waren nur die ersten drei Wochen weg. Mein Vater konnte nicht länger. Auf Kreta ...
C: Ich war auch auf Kreta, zusammen mit meinem Bruder. War echt klasse. Aber wir waren die letzten drei Wochen ... Wo warst Du denn, Du bist ja voll der Blasse.
D: Ich? Eh ... Ich war ... Wir waren in den Staaten! ... Aber ganz im Norden. War total gut, aber wir hatten nicht so viel Sonne. Aber echt cool auf den Campingplätzen ...

D was sechs Wochen bei seinen Verwandten im Sauerland. Er fühlt sich völlig mies nach dem Gespräch.

❶ Erklärt, warum **D** nicht bei der Wahrheit geblieben ist?
❷ Fragt, inwiefern das „schlechte Gewissen" von **D** eher auf persönliche Stärke oder Schwäche hindeutet?

Lebensplanung

Wieviel Planung und Regelmäßigkeit brauchen Jugendliche? Die folgende Übung setzt persönliche Ziele, Zukunftsperspektiven, persönliche Leistungsmöglichkeiten und -fähigkeiten zueinander in Beziehung.

Diese Übung muß in ihrem Verlauf zunächst sehr genau beschrieben und organisiert werden; es empfiehlt sich eine Verlaufsskizze. In der ersten Phase arbeitet jeder Schüler konzentriert für sich allein; dabei kann leise Musik zur Unterstützung der Ruhe eingespielt werden. In der zweiten Phase diskutieren die Teilnehmer in einer Dreiergruppe die Ergebnisse, die abschließend im Unterricht weiter vertieft werden sollten.

Material:

Mindestens 5 DIN A4-Bögen für jede Schülerin und jeden Schüler.
Stoppuhr für die Lehrerin und den Lehrer.

Durchführung:

1. Jede/r Teilnehmer/in benötigt mehrere DIN A4-Blätter. Das erste Blatt erhält die Überschrift: *«Meine Lebensziele»*. Jede/r schreibt nun im Brainstorming-Verfahren alle Ziele auf, die ihm/ihr einfallen: persönliche, berufliche, finanzielle, familiäre usw. Nach drei Minuten wird die Zielliste erneut, jetzt gründlich reflektierend durchgegangen unter der Frage: «Welche Ziele sind mit hoher Wahrscheinlichkeit für mich erreichbar, welche sind zweifelhaft, welche sind völlig irreal?» Die drei oder vier realitätsnächsten Ziele werden auf einen zweiten Bogen geschrieben.
(Zeit: 5 Min.)
2. Auf den zweiten Zettel wird als Überschrift geschrieben: *«Meine nächsten drei Jahre»*. Für jedes auf diesem Zettel notierte Ziel wird jetzt die Frage gestellt: «Was muß und kann ich in den nächsten drei Jahren zur Erreichung dieser Ziele tun?» Diese Frage wird für jedes Ziel gestellt und beantwortet.
(Zeit: 10 Min.)
3. Auf den dritten Zettel wird jetzt geschrieben: *«Die nächsten sechs Monate»*. Jede/r Teilnehmer/in geht den zweiten Zettel nochmals durch und entscheidet zu welchem Ziel (eins auswählen!) er/sie in den nächsten sechs Monaten konkret am meisten tun kann und muß. Manchen Teilnehmern/innen fällt es schwer, auf die anderen Ziele zu verzichten. Wenn aber praktische Realisierung angestrebt wird, ist *zunächst* diese Beschränkung nötig. Gleichwohl können die Teilnehmer/innen die Übung später allein zu den anderen Zielbereichen fortsetzen.
Jeder Punkt, der auf dem zweiten Zettel zum gewählten Ziel notiert wurde, wird jetzt einzeln auf den dritten Zetten geschrieben und jeweils unter der Frage konkretisiert: «Was kann und muß ich in den nächsten sechs Monaten zu diesem Punkt konkret tun?»
(Zeit: 5 Min.)
4. Auf den vierten Zettel wird jetzt als Überschrift geschrieben: *«Aktivitätenliste»*. Bogen drei wird nochmals durchgegangen und gegebenenfalls noch konkretisiert und ergänzt. Dann werden die dort genannten Handlungsmöglichkeiten und -notwendigkeiten in eine Prioritätenliste umgeformt, die auf dem vierten Blatt notiert wird. Leitfrage ist dabei: «Welche Aktivität ist die nächstliegende, muß zuerst angepackt werden, welche folgt dann usw.?» Auf diese Weise entsteht eine konkrete Aufgabenliste nach zeitlicher Priorität.
(Zeit: ca. 4 Min.)
5. Auf den letzten Zettel wird schließlich geschrieben: *«Handlungsplan»*. Hier werden jetzt nach der Reihenfolge des vierten Blattes ganz praktische Handlungsschritte notiert, Termine, Gespräche, Entscheidungen, Zeiteinteilungen, ganz konkrete zu erledigende Aufgaben notiert (bei Erwachsenen eventuell in Verbindung mit dem Terminkalender).
(Zeit: 5 Min.)

(Gesamtzeit: ca. 35 Min.)

aus: H. Gudjons u. a. Auf meinen Spuren, Hamburg 1992, S. 251 f.

Den eigenen Weg gehen

Auswertung (in Dreiergruppen):

Die Auswertung in den Dreiergruppen gelingt nur dann, wenn jeder der Gruppenteilnehmer in rücksichtsvoller Weise zuhört und nur auf die Bitte des/der Partner eine Rückmeldung abgibt. Für die anschließende gemeinsame Erörterung ist die sorgfältige Protokollierung nötig.
Wenn ihr dazu nicht bereit seid, entscheidet gemeinsam über ein anderes Vorgehen.

❶ Vergleicht die Auswahl und Reihenfolge eurer Zielbereiche (erster Bogen) und fragt nach Motiven für mögliche unterschiedliche Orientierungen!

❷ Wie beurteilt ihr diesen Versuch der Lebensplanung? Seht Ihr darin einen Beitrag zu einer Entwicklung von Selbstverantwortung/Selbständigkeit?

❸ Erklärt, wie ihr vorgegangen seid, immer wieder neue Auswahlen zu treffen!

Für die gemeinsame Auswertung:

❹ Fragt nach abschließender Auswertung dieser Übung, wie ein Jugendlicher Situationen, wie z. B. „Ich lüge nie" (S. 113) bewältigen kann! Schreibt ggf. einen neuen Dialog!

„Wenn man sich nicht bewegt, spürt man nicht, wo die Fesseln liegen!"
Probiert einmal aus, wodurch die Umsetzung eines ausgewählten Nahzieles unterstützt oder sogar „gesichert" werden kann!

Erprobt, wie sich folgende Tips von Fachleuten auswirken:

a) *Schließe mit dir selbst einen Vertrag für einen überschaubaren Zeitraum (z. B. 2 Wochen) ab, der präzise formulierte Verhaltensmaßnahmen und Selbstbeobachtungsaufträge enthält;*

b) *Trage während der Zeit z. B. einen Stein bei dir, der dich an ein ganz bestimmtes Verhalten erinnert bzw. dir Mut macht, es auszuprobieren;*

c) *Führe ein Tagebuch über den „Versuchszeitraum".*

   Wertet nach der „Versuchsphase" in Teilgruppen eure Erfahrungen aus
   – *Welche Fertigkeiten haben/nicht ausgereicht? ... habe ich dazu gelernt?*
   – *Welche angenehmen/unangenehmen Gefühle traten in konkreten Situationen auf/wodurch wurden diese Gefühle vor allem ausgelöst?*
   – *Habe ich in dieser Zeit an mir „neue Seiten"/Fähigkeiten kennengelernt/erworben, welche würde ich gerne weiter entwickeln?*
   – *Welche Reaktionen von anderen Personen sind dir – in Bezug auf dein Thema besonders aufgefallen?*
   – *Haben sich die „Hilfsmittel" (z. B.: Tagebuch, ...) bewährt/welche anderen Hilfen sollten ausprobiert werden?*
   – *Plant alleine/oder gemeinsam einen neuen „Versuch"; überlegt dabei auch mögliche „Aufträge" für Partner.*

H. E. Richter: Jugendliche Leistungsfähigkeit im öffentlichen Bewußtsein

Immerhin muß das Problem scharf gesehen werden, daß die meisten Fünfzehn- bis Sechszehnjährigen, infantilisierende Erziehungsschäden einmal nicht mitgerechnet, ein Vielfaches an Verantwortung für sich selbst und die Gestaltung ihrer menschlichen Beziehungen übernehmen könnten, was ihnen heute zugebilligt wird.

Es gibt viele Erfahrungen aus anderen Kulturen und auch aus dem eigenen Kulturbereich, etwa aus den vielen unvollständigen Familien der Kriegs- und Nachkriegszeit, die uns gezeigt haben, wie besonnen und kritisch sehr junge Menschen bereits schwierige Aufgaben mit hoher Verantwortungslast zu tragen vermögen, was man von diesen „halben Kindern" gemeinhin nicht zu erwarten pflegt.

Der praktische Erkenntniswert wurde indes kaum ausgenützt. So, als ginge es um irrelevante Ausnahmefälle. Daß in Wirklichkeit in den Jugendlichen nach Erreichen der Pubertät viel mehr potentielle Reife steckt, als in der ihnen allgemein zugeteilten sozialen Rolle zum Ausdruck kommt, ist in das öffentliche Bewußtsein kaum eingedrungen.

aus: H. E. Richter, unveröffentlichtes Manuskript

❶ Erläutert Richters Aussagen!
❷ Überlegt, ob ihr zum Abschluß dieses Unterrichtsbausteins eine Podiumsdiskussion zwischen Kursmitgliedern und interessierten Eltern zu dem Thema „Auf eigenen Füßen stehen ... Hört Erziehung denn nie auf" durchführen wollt!
❸ Diskutiert dieses Thema auch im Kurs!

Kirsten Boie, Das Ausgleichkind, Hamburg 1996
Christian Bieniek, Immer cool bleiben, Hamburg 1998
Christine Nöstlinger, Bonsia, Weinheim 1998
Dagmar Chidolue, Lady Punk, 10. Aufl., Weinheim 1993

7. Kapitel: Magersucht
– Die unheimliche Sucht

Was ist Magersucht?

> ❶ Schlagt in verschiedenen Wörterbüchern die Begriffe
> – **Magersucht (Anorexia nervosa)**
> – **Bulimie**
> – **Adipositas** nach!
> Versucht auch Fachlexika heranzuziehen (z. B. medizinische oder psychologische Fachbücher)!
> ❷ Sucht nach älteren Lexika oder Fachbüchern und findet heraus, ob überhaupt und wie diese Begriffe bestimmt werden: Haben die Krankheiten Magersucht, Bulimie, Adipositas in den letzten Jahren bzw. Jahrzehnten eher abgenommen oder eher zugenommen? Haben sich Wissen und Einstellungen zum Thema Magersucht in den letzten Jahrzehnten geändert? (Vgl. die Tabellen, Kap. 4., S. 53f., 76!)

Magersucht und Bulimie sind Krankheiten, deren Ursachen bis heute nicht eindeutig geklärt sind.

Tatsache ist, dass viele und besonders junge Menschen dieser Krankheit verfallen.

Nach aktuellen Schätzungen erkranken etwa **1 % der 15- bis 35jährigen Mädchen und jungen Frauen an Magersucht** und sogar **3 % der 15- bis 35jährigen Frauen an Bulimie**. Unterdessen kommt es auch in zunehmend häufiger Weise vor, dass auch junge Männer von diesen Krankheiten betroffen sind.

Tatsache ist leider auch, dass diese Krankheiten nur schwer erfolgreich therapiert werden können. (Vergleicht dazu auch den Textauszug aus „Meine schöne Schwester"!)

Adipositas wird häufig nicht als Krankheit erkannt oder anerkannt. Man vermutet, dass etwa **17 % der Bevölkerung** in diesem Sinne Probleme haben.

Magersucht, Bulimie und auch Adipositas können – und müssen – unter verschiedensten Gesichtspunkten betrachtet werden. Will man fundiert über diese Krankheiten oder auch Süchte nachdenken, so müssen medizinische, psychologische, ernährungswissenschaftliche, kulturelle, soziale und pädagogische Aspekte betrachtet werden.

In diesem Sinne wäre ein Nachdenken über diese Krankheiten ein guter Anlass für ein fächerübergreifendes Projekt. Sicherlich könnten besonders unterschiedliche Differenzierungskurse zusammenarbeiten.

Der Pädagogikkurs könnte z. B. mit einem Kurs Biologie/Hauswirtschaft, mit einem Kurs Biologie/Ökologie, mit einem Kurs Geschichte/Sozialwissenschaft zusammenarbeiten.

Vielleicht ließe sich so eine Ausstellung erarbeiten: auf diese Weise könntet ihr andere Schülerinnen und Schüler eurer Schule über diese Krankheiten, mögliche Ursachen oder Motive für diese Krankheiten oder auch Hilfsangebote informieren. Das Thema jedenfalls ist sicherlich auch für nicht wenige Schülerinnen und Schüler eurer Schule wichtig.

Aus Brigitte Blobels Roman „Meine schöne Schwester":

»Was ich eigentlich meine«, sagte Thomas, und plötzlich war seine Stimme überhaupt nicht mehr so laut und fröhlich, er begann sogar ein bißchen zu stottern, »was ich eigentlich fragen wollte: Du bist doch die Schwester von Beate Stemmle, nicht wahr?«

Dana schloß einen Augenblick lang die Augen. Das hätte jetzt nicht kommen dürfen, dachte sie. Das gerade nicht. Sie öffnete die Augen wieder, und ihr Gesicht verriet überhaupt nichts, als sie sagte: »Klar ist Beate meine Schwester. Wieso fragst du?«

»Weil ich ...« Er stockte. Jetzt wird er sogar noch rot, dachte sie. Und das gab ihr im Innern einen richtigen Stich. (...)

»Na ja, ich wollte nur sagen: ich find' deine Schwester unheimlich toll. Zuerst hab' ich es überhaupt nicht geglaubt, als ich gehört hab', daß du ihre Schwester bist.« Er lachte verlegen.

Dana fühlte, daß ihr Inneres erstarrte. Klar, so war es immer, ihre schöne Schwester Beate! Ihre strahlende, himmlische Schwester, die alle verzauberte. Nicht nur die Jungen! Überhaupt alle Leute, sogar Omas und Tanten! Alle fanden Beate »so entzückend! So reizend! So liebenswürdig! So charmant! Einfach unwiderstehlich!« Aber daß jeder Junge, der sie einmal sah, sofort den Verstand verlor und ihr Liebesgedichte auf hellblauem Briefpapier in die Schulbücher schmuggelte, das fand Dana nun doch ein bißchen übertrieben. Das ist, als hätten sie alle eine Krankheit, dachte sie manchmal. Das Beate-Fieber, hatte sie es einmal genannt. Alle wurden davon angesteckt. Und nun also auch er. Thomas Bauer (...)

Babyspeck. Beate hatte gesagt: dein Babyspeck. Dana betrachtete ihre Oberarme, die wirklich dick und rosig waren, der Busen dagegen viel zu klein, dafür aber wölbte sich der Bauch etwas vor. Selbst wenn sie die Luft anhielt, der Bauch trat mehr hervor als der Busen.

Dana seufzte. Immer wieder machte sie den Versuch, sich mit ihrem Spiegelbild anzufreunden, aber es gelang ihr nicht. Der Po schien ihr zu dick, die Hüften zu breit, die Knie zu speckig. Nichts, nichts gefiel ihr. Vielleicht die Augen. Vielleicht überhaupt das Gesicht. Aber wer schaute schon so genau hin, daß ihm die besondere Honigfarbe ihrer braunen Augen auffiel? Wer achtete schon auf ihre schön geschwungenen dunklen Augenbrauen, auf die zierliche Nase und den weichen Mund, der immer ein bißchen traurig wirkte mit den herunterhängenden Mundwinkeln. (...)

Später am Abend sah sie, wie Beate mit Thomas tanzte, wie Beate ihre Arme um Thomas' Hals legte und wie ihre Locken sein Gesicht kitzelten und wie er ganz berauscht schien von dem Glück, Beate in seinen Armen halten zu dürfen.

Das ganze Fest über fing kein einziger Junge mit Dana ein Gespräch an. Niemand, der mit ihr tanzen wollte, nicht einmal einer, der ihr ein Glas Wein geholt oder versucht hätte, ihr eine Zigarette anzubieten.

Dana ging auf der Party herum wie jemand, der unsichtbar ist. Ein paar Leute hatten ihr am Anfang zugenickt und ein kurzes: »Hallo, Dana, wie geht's?« zugerufen, und sie hatte zurückgelächelt, ihr übliches hilfloses Lächeln. »Prima«, hatte sie geantwortet, und von da an hatte kein Mensch mehr das Wort an sie gerichtet.

Dana leerte die Aschenbecher, trug benutzte Gläser in die Küche, zwängte sich an den Tanzenden vorbei, beruhigte Stine, die ganz au-

ßer sich war wegen der Unruhe, versuchte hin und wieder in ihr Zimmer zu gelangen, aber das war immer belagert, und so trug sie schließlich einen Stuhl auf den Balkon, holte den dicken Wintermantel aus dem Schrank im Flur und hockte sich dick vermummt nach draußen. (...) und aus dem Wohnzimmer drang immer noch Musik, aber irgendwann hörte Dana das gar nicht mehr. Sie hatte die Augen geschlossen, den Kopf nach hinten an die Hauswand gelegt und schlief.
Als sie mitten in der Nacht von ihrem Vater entdeckt wurde, als sie schlaftrunken in ihr Zimmer taumelte, die Bettdecke zurückschlug und hustend das Fenster aufriß, um den Qualm loszuwerden, fiel ihr auf einmal ein, daß sie an diesem Abend nichts gegessen hatte. Vage erinnerte sie sich, einen gefüllten Teller herumgetragen zu haben, aber den hatte sie irgendwo abgestellt und vergessen.
Der Gedanke, nichts gegessen zu haben, stimmte sie plötzlich ganz fröhlich.
Sie legte ihre Hand auf den Magen und stellte fest, daß sie keine Bauchschmerzen verspürte. Und keinen Hunger. Sie zog sich aus, kuschelte sich unter das Bett und dachte, die Hand auf den Bauch gelegt: Und morgen esse ich auch nichts. Und übermorgen auch nicht. Höchstens einen Apfel oder einen Magermilchjoghurt. (...)
Sie wollte sich gerade am Ende der Reihe aufstellen, als Lilly rief: »Meine Güte! Du bist ja total schlank geworden!«
In diesem Augenblick drehten sich alle nach ihr um. Dana machte sich klein, stellte sich linkisch hin und versuchte, die Blicke irgendwie von sich abzuwehren.
Aber da sagte die Lehrerin: »Zeig her, Dana. Komm mal zu mir.«
»Muß das sein?« fragte Dana mürrisch.
»Klar! Stell dich doch nicht so an!« Lilly schubste sie nach vorn.
Da stand sie wie eine Kuh auf der Auktion und wurde von allen begutachtet.
»Echt wahr«, meldete sich Karen. »Viel dünnere Oberschenkel.«
»Und der Bauch ist weg«, stellte Doris fest, nicht ohne Neid, wie Dana grimmig bemerkte, denn Doris war fast so dick, wie sie es einmal gewesen war.
Die Sportlehrerin lächelte anerkennend.

»Toll, daß du die Disziplin aufgebracht hast, Daniela. Ich wette, jetzt kannst du bei den Übungen viel länger durchhalten. Sport ist für Schlanke überhaupt kein Problem. Für Dicke schon.«

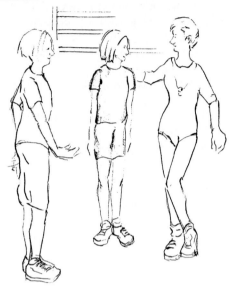

Dana sagte nichts. Betreten schaute sie zu Boden. Die Sportlehrerin gab ihr einen freundlichen Klaps auf die Schulter. »Keine Angst. Wir wollen dich nicht gleich vorturnen lassen. Aber es ist doch schön, daß wir dich hübscher finden, oder nicht?«
Dana wurde rot. »Doch..., schon...«, stammelte sie verlegen. Während der ganzen Turnstunde gelang es ihr kaum, die Freude und den Stolz zu verbergen. Man konnte es sehen! Es fiel also auch den anderen schon auf! (...)
Und jetzt war sie blaß und durchsichtig und aufregend schön, wie sie selber fand.
»Du siehst krank aus«, stellte die Mutter besorgt fest. »Wer so viel abgenommen hat wie du, dem muß es ja schlecht gehen.«
»Mir geht es aber nicht schlecht«, widersprach Dana. »Ganz im Gegenteil; mir geht es toll.«
»Also, was soll ich heute mittag kochen? Worauf hast du Appetit?«
Auf gar nichts, wollte Dana antworten, aber sie wußte, daß das eine unkluge Antwort gewesen wäre. Sie tat, als überlegte sie.
»Makkaroniauflauf mit Eiern und Schinken«, sagte Beate, »das hast du doch immer so gerne gegessen.«

»Die Eier schön mit Sahne verquirlt«, fügte ihre Mutter hinzu. Sie schenkte Dana ein verführerisches Lächeln. »Soll ich das heute mittag kochen?«
Bei dem Gedanken an Eier, die mit Sahne verquirlt werden, wurde Dana speiübel. Sie mußte schlucken, bevor sie mit einem gequälten Lächeln antworten konnte: »Von mir aus.«
»Aber du mußt mir versprechen, daß du richtigen Appetit hast.«
Dana nickte ergeben. Sie wußte schon jetzt, daß ihr Magen wie zugeschlossen sein würde. (...)
Thomas schob seinen Renner neben ihr her und machte einen neuen Versuch, mit ihr ins Gespräch zu kommen.
»Hat man dir nicht ausgerichtet, daß ich angerufen habe?«
»Doch«, antwortete Dana. (...)
»Ich dachte, wir könnten mal zusammen spazierengehen«, sagte Thomas. »Ich kenn' da eine tolle Stelle auf dem Kilchberg ...«
»... von der aus man über den ganzen See schauen kann«, unterbrach Dana. »Ich weiß.«
Erstaunt schaute er sie an. »Woher weißt du das?«
»Weil das genau der Spaziergang ist, den du mit meiner Schwester machen wolltest.«
»Mit Beate?« Er schüttelte den Kopf. »Ich hab' nie einen Spaziergang mit Beate gemacht.«
Aber Dana hörte nicht mehr hin. Es interessierte sie nicht mehr. Es war alles so weit weg, alles so unwichtig. Sie glaubte in diesem Augenblick sogar, völlig unempfindlich gegen Schmerzen zu sein. Wenn Thomas gleich wegginge, ohne noch ein einziges Wort zu sagen, es würde ihr nicht weh tun.
Nichts ist wichtig, dachte Dana. Nichts. Ich werde heute mittag nur einen Apfel essen. Einen geschälten Apfel. Ich werde ihn in Viertel teilen und das Gehäuse herausschneiden und die Viertel auf einen Teller legen und mit in den Garten nehmen. Dann werde ich den Apfel essen, ganz langsam, statt eines Mittagessens. Macht vierzig Kalorien, wenn es ein großer Apfel ist. Und dazu einen Tee. Vielleicht einen Kamillentee.
Sie hatten die Schule erreicht.

»Du bist komisch«, sagte Thomas.
Dana schaute auf, sie lächelte. »Komisch?« fragte sie.
»Ja,«, sagte Thomas. »Ich werd' aus dir nicht schlau. Was hast du gegen mich? Darf man dich nicht mehr ansprechen? Du tust, als hätte ich dich beleidigt.«
Dana lächelte. »Heute nicht«, sagte sie.
»Was?« Thomas starrte sie an.
»Heute hast du mich nicht beleidigt«, sagte Dana sanft. (...)
Ihre Mutter holte tief Luft. »Frau Doktor Thomsen hat eben angerufen.« (...)
Dana stand auf. »Ich habe keine Lust, darüber zu reden«, sagte sie ruhig.
»Du bleibst hier!« Die Stimme der Mutter überschlug sich fast. »Du bleibst jetzt so lange da sitzen, bis ich weiß, was mit dir los ist.«
Seufzend ließ sich Dana wieder in die Kissen fallen. »Mit mir ist gar nichts los. Ich bin vollkommen in Ordnung. Das heißt, bis eben war ich in Ordnung.«
Sie wand sich unter dem argwöhnischen Blick der Mutter. Es war ihr höchst unangenehm, so angeschaut zu werden.

»Zieh einmal deine Ärmel hoch«, sagte die Mutter.
»Was soll ich tun?«
»Deine Ärmel hochziehen.«
Dana seufzte. »Okay, wenn du dir davon was versprichst.«
Sie schob den linken Ärmel bis zur Schulter-

kugel hoch. Den entblößten Arm, weiß und dünn, streckte sie der Mutter entgegen. »Zufrieden?«

Ihre Mutter starrte sie an. »Es ist also wahr«, murmelte sie, »es ist tatsächlich wahr. Wieso hab' ich das nicht gemerkt?«

»Was denn?« fragte Dana, bemüht, völlig unbekümmert zu wirken. Sie ließ den Ärmel los.

»Frau Doktor Thomsen hat gesagt, daß du heute in der Schule ohnmächtig geworden bist.«

»Ach das«, Dana lächelte gleichmütig, »das war doch nichts Besonderes. Bei uns wird alle naselang jemand ohnmächtig.«

»Aber Frau Doktor Thomsen hat gesagt, daß der Arzt bei dir war.«

»Stimmt«, sagte Dana, »und?«

»Und was der Arzt gesagt hat, das hat mich vollkommen fertiggemacht.«

Plötzlich brach Danas Mutter in Tränen aus. »Er hat gesagt, daß du magersüchtig bist!« Sie schluchzte jetzt so laut und so heftig, daß Dana aufstand, sich zu ihrer Mutter auf die Lehne setzte und sie tröstete. »Nicht weinen, Mama. Ist doch alles in Ordnung. Der Arzt spinnt. Der hat zu viele blöde Medizinbücher gelesen.« (...)

Thomas hatte ihr geschrieben! Einen richtigen, süßen, tollen Brief. Nicht so was Blödes, Romantisches, was Beate immerzu bekam; abgeschriebene Gedichte aus dem Schatzkästlein der deutschen Literatur, sondern einen richtigen süßen Brief.

Sie seufzte. Ihr war schlecht.

Nein, stimmt nicht. Es ging ihr prima. Ihr war nur ein bißchen schwindlig. Und flau im Magen. (...)

»Glauben Sie, daß ich eine Chance habe?« fragte Dana atemlos.

Die Einsilbigkeit des Arztes verwirrte und ängstigte sie.

Der Arzt hob die Schultern. »Das kann man so nicht sagen. Das kommt ganz darauf an.«

»Worauf?« fragte Dana.

»Ach«, sagte Doktor Fürbeck, während er aus dem Fenster blickte. »Auf vieles. Aber vor allen Dingen auf dich selbst. Auf deine Einstellung.« (...)

Dana schluckte. »Sie meinen ... ich kann nicht geheilt werden?«

»Du hast eine Chance von dreißig Prozent, Dana. Ich sage es dir so, wie es ist. Nicht mehr. Drei von zehn Magersüchtigen werden wirklich und ganz gesund, bei weiteren drei verbessern sich nur die Symptome; das heißt, ihr Zustand hat sich zwar so weit gebessert, daß sie aus dem Krankenhaus entlassen werden können. Aber gesund sind sie nicht. 15 Prozent sterben, und fast jede zehnte Magersüchtige setzt ihrem Leben selbst ein Ende, sie begeht Selbstmord.«

»Wie schrecklich!« flüsterte Dana. Sie senkte erschüttert den Kopf.

»Du kannst gesund werden, Dana, wenn du es wirklich willst. Wenn du deine Krankheit als Krankheit erkennst. Wenn du dir ehrlich sagst: Ja, ich habe gehungert, es war eine Sucht, ich konnte nicht anders. (...) Gegen deinen Willen geht nichts. Die Anorexia ist ja kein entzündeter Blinddarm, den der Arzt auch ohne dein Einverständnis herausnehmen kann ... « (...)

»Die Magersucht beginnt in deiner Seele. Sie hat viel mit deinem gestörten Verhältnis zu deiner Familie und zu deiner Stellung in dieser Familie zu tun. Du lehnst dich mit deiner Krankheit gegen die Rolle auf, die du vor deinen Eltern und deiner Schwester spielen mußt.« Wieder sah er Dana eindringlich an. »Verstehst du das?«

»Ich versuche es«, murmelte Dana kleinlaut.

»Wenn du dir weiter einredest, daß du keinen Hunger hast ... «

»Aber ich habe wirklich keinen Hunger!«

»Siehst du. Du willst es immer noch nicht zugeben. Selbstverständlich hast du Hunger. Aber das Gefühl der Euphorie ist stärker, das Gefühl der Macht, das du auf einmal über deinen Körper besitzt.«

»Ich hab doch überhaupt keine Macht.« Dana sah den Psychiater verwirrt an.

»O doch! Mit deiner Sucht stehst du nämlich auf einmal im Mittelpunkt deiner Familie: alle machen sich Sorgen, alle fühlen sich irgendwie schuldig an deinem Unglück.«

Dana sagte nichts. Sie dachte an Beate.

aus: Brigitte Blobel, Meine schöne Schwester, Gütersloh 1989, S. 10f., 27, 71f., 102f., 136, 139, 161f., 216, 218f.

Magersucht – die unheimliche Sucht

❶ Wie ist es möglich, dass Dana ihr „Hungern" positiv erlebt? Listet die vermeintlichen Vorteile auf, die sich für Dana aus ihrem „Hungern" ergeben!
❷ Überlegt, welche Rolle Dana in ihrer Familie einnimmt! Könnte ihre Rolle in der Familie das Ausbrechen ihrer Essstörung mit begünstigt haben?
❸ Warum fällt es Dana so schwer sich einzugestehen, dass sie „krank" ist?
❹ Diskutiert, ob gegenwärtige Vorbilder und Leitbilder in der Gesellschaft dazu verführen können, sich durch „Magersucht" verwirklichen zu wollen!

Der Teufelskreis der bulimischen Erkrankung

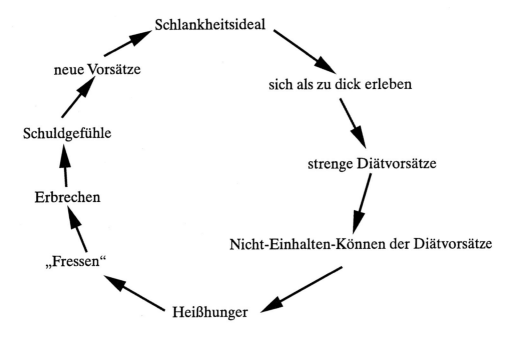

Körpergefühl, Lebenshaltung und Lebensgefühl

❶ Sammelt Zeitschriften (besonders Jugend-, Frauenzeitschriften oder auch Modezeitschriften) und beobachtet, welche Typen von Frauen und Männern abgebildet werden! Zieht auch Abbildungen von Frauen und Männern auf Werbeplakaten heran!
❷ Erstellt eine Collage vom „Bild" der Frau und vom „Bild" des Mannes in den Zeitschriften und auf Werbephotos der Vergangenheit und der Gegenwart!

Vielleicht könnt ihr ältere Zeitschriften (vor allem Frauen- und Jugendzeitschriften) besorgen und vergleichen, ob und in welcher Form sich die körperlichen Ideale im Hinblick auf Frauen und Männer verändert haben. Wenn ihr Veränderungen feststellt: wie würdet ihr diese Veränderungen bewerten? (Vergleicht auch Kap. 4!)

Sprichwörtliches zum Körper

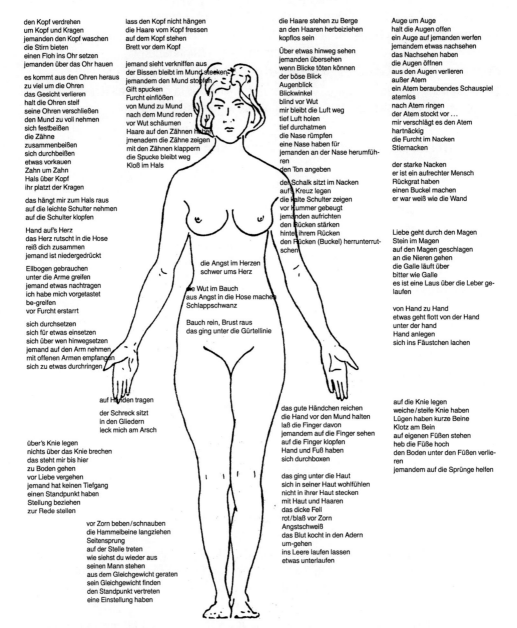

den Kopf verdrehen
um Kopf und Kragen
jemanden den Kopf waschen
die Stirn bieten
einen Floh ins Ohr setzen
jemanden über das Ohr hauen

es kommt aus den Ohren heraus
zu viel um die Ohren
das Gesicht verlieren
halt die Ohren steif
seine Ohren verschließen
den Mund zu voll nehmen
sich festbeißen
die Zähne zusammenbeißen
sich durchbeißen
etwas vorkauen
Zahn um Zahn
Hals über Kopf
ihr platzt der Kragen

das hängt mir zum Hals raus
auf die leichte Schulter nehmen
auf die Schulter klopfen

Hand auf's Herz
das Herz rutscht in die Hose
reiß dich zusammen
jemand ist niedergedrückt

Ellbogen gebrauchen
unter die Arme greifen
jemand etwas nachtragen
ich habe mich vorgetastet
be-greifen
vor Furcht erstarrt

sich durchsetzen
sich für etwas einsetzen
sich über wen hinwegsetzen
jemand auf den Arm nehmen
mit offenen Armen empfangen
sich zu etwas durchringen

auf Händen tragen

der Schreck sitzt
in den Gliedern
leck mich am Arsch

über's Knie legen
nichts über das Knie brechen
das steht mir bis hier
zu Boden gehen
vor Liebe vergehen
jemand hat keinen Tiefgang
einen Standpunkt haben
Stellung beziehen
zur Rede stellen

lass den Kopf nicht hängen
die Haare vom Kopf fressen
auf dem Kopf stehen
Brett vor dem Kopf

jemand sieht verkniffen aus
der Bissen bleibt im Mund stecken
jemandem den Mund stopfen
Gift spucken
Furcht einflößen
von Mund zu Mund
nach dem Mund reden
vor Wut schäumen
Haare auf den Zähnen haben
jmenadem die Zähne zeigen
mit den Zähnen klappern
die Spucke bleibt weg
Kloß im Hals

vor Zorn beben / schnauben
die Hammelbeine langziehen
Seitensprung
auf der Stelle treten
wie siehst du wieder aus
seinen Mann stehen
aus dem Gleichgewicht geraten
sein Gleichgewicht finden
den Standpunkt vertreten
eine Einstellung haben

die Angst im Herzen
schwer ums Herz

die Wut im Bauch
aus Angst in die Hose machen
Schlappschwanz

Bauch rein, Brust raus
das ging unter die Gürtellinie

die Haare stehen zu Berge
an den Haaren herbeiziehen
kopflos sein

über etwas hinweg sehen
jemanden übersehen
wenn Blicke töten können
der böse Blick
Augenblick
Blickwinkel
blind vor Wut
mir bleibt die Luft weg
tief Luft holen
tief durchatmen
die Nase rümpfen
eine Nase haben für
jemanden an der Nase herumführen
den Ton angeben

der Schalk sitzt im Nacken
auf's Kreuz legen
die kalte Schulter zeigen
vor Kummer gebeugt
jemanden aufrichten
den Rücken stärken
hinter ihrem Rücken
den Rücken (Buckel) herrunterrutschen

das gute Händchen reichen
die Hand vor den Mund halten
laß die Finger davon
jemandem auf die Finger sehen
auf die Finger klopfen
Hand und Fuß haben
sich durchboxen

das ging unter die Haut
sich in seiner Haut wohlfühlen
nicht in ihrer Haut stecken
mit Haut und Haaren
das dicke Fell
rot/blaß vor Zorn
Angstschweiß
das Blut kocht in den Adern
um-gehen
ins Leere laufen lassen
etwas unterlaufen

Auge um Auge
halt die Augen offen
ein Auge auf jemanden werfen
jemandem etwas nachsehen
das Nachsehen haben
die Augen öffnen
aus den Augen verlieren
außer Atem
ein Atem beraubendes Schauspiel
atemlos
nach Atem ringen
der Atem stockt vor ...
mir verschlägt es den Atem
hartnäckig
die Furcht im Nacken
Stiernacken

der starke Nacken
er ist ein aufrechter Mensch
Rückgrat haben
einen Buckel machen
er war weiß wie die Wand

Liebe geht durch den Magen
Stein im Magen
auf den Magen geschlagen
an die Nieren gehen
die Galle läuft über
bitter wie Galle
es ist eine Laus über die Leber gelaufen

von Hand zu Hand
etwas geht flott von der Hand
unter der hand
Hand anlegen
sich ins Fäustchen lachen

auf die Knie legen
weiche/steife Knie haben
Lügen haben kurze Beine
Klotz am Bein
auf eigenen Füßen stehen
heb die Füße hoch
den Boden unter den Füßen verlieren
jemandem auf die Sprünge helfen

nach: Körperbewusstes Wahrnehmen und soziales Lernen als Elemente einer Gesundheitsförderung in Schulen. Eine erweiterte Tagungsdokumentation (19.–21. Oktober 1992); hrsg. von Brigitte Drescher für die Forschungs- und Entwicklungsgruppe „Gesundheitserziehung" vom Oberstufenkolleg der Universität Bielefeld, Bielefeld [1993], S. 35.

Magersucht – die unheimliche Sucht

❶ Überlegt, was diese vielen Sprichworte oder Redensarten über das Zusammenspiel von Gefühlen und Körperfunktionen aussagen!

❷ Was könnte man im Hinblick auf das Zusammenspielen von „Leib und Seele" vermuten, wenn ein Mensch **magersüchtig, fress- und brechsüchtig** ist?

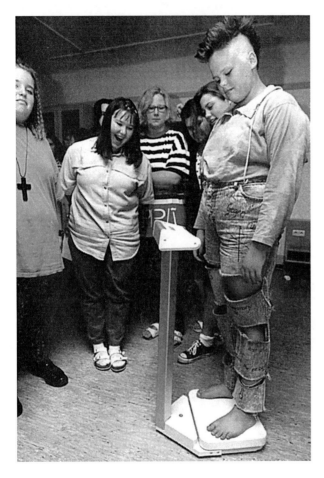

Wir essen zumeist wenig reflektiert; wenn wir uns entscheiden, hungern zu wollen, geschieht das ebenso meistens unreflektiert!

Wie entstehen und worauf beruhen eigentlich Essgewohnheiten?

Warum isst ein Mensch bestimmte Lebensmittel, warum mag er andere wiederum nicht essen?

Was essen wir besonders gerne?

Wann, wo, warum, wie, mit wem essen wir?

Wieviel essen wir?

Welchen Stellenwert hat Essen (oder umgekehrt auch: Hungern) in unserem Leben?

Aus welchen Anlässen essen wir außerhalb von bestimmten festgelegten Essenszeiten?

 Überlegt weitere Fragen in diesem Sinne und denkt über mögliche Antworten nach!

 Fasst Eure Überlegungen schriftlich – in Stichworten oder in Form eines Protokolls – zusammen!

Was ist uns wichtig ...?

Phantasiereise

Phantasiereisen können helfen, nicht nur die Vorstellungskräfte, sondern auch Kreativität, die affektive Entwicklung oder insgesamt die Persönlichkeit zu fördern. Während einer Phantasiereise wird versucht, möglichst entspannt eigene Wünsche, Träume, Vorstellungen zu bestimmten Ideen entstehen und wachsen zu lassen.

Phantasiereisen können so dazu beitragen, sich mehr selbst zu finden, sich mehr über das, was man wirklich will, klar zu werden.

Damit eine Phantasiereise erfolgreich stattfinden kann, müssen bestimmte Rahmenbedingungen beachtet werden. Die Gestaltung des Raumes (z. B. Licht, Kissen, Teppich, ...), die Zusammensetzung der Gruppe und der Verlauf der Durchführung sollen möglichst so aufeinander wirken, dass in Ruhe Gedanken und Gefühle „auf die Reise geschickt" und wieder „zurückgeholt" werden können.

Die Geschichten, die den Phantasiereisen jeweils zugrundeliegen, werden vorgelesen bzw. auf einem Tonträger vorgespielt. Sinnvoll ist es, das Vorlesen mit Musik zu untermalen.

Man kann hinterher gemeinsam über die Erfahrungen der einzelnen Teilnehmer während einer Phantasiereise sprechen. Wichtig ist, dass jeder sich sicher sein muss, dass seine Gefühle und Erlebnisse ernst genommen werden. So lernen alle miteinander und voneinander, vor allem lernen alle mehr Einfühlungsvermögen.

Sinnvoll wäre sicherlich auch, die Erfahrungen während einer Phantasiereise nicht in einem gemeinsamen Gespräch, sondern auf andere Weise auszudrücken: mit einem Bild, mit bestimmten Formen des Modellierens oder mit einigen Versen.

Klaus und Renate Vopel, Selbstakzeptierung und Selbstverantwortung. Interaktionsspiele zur Persönlichkeitsentwicklung, Bd. 1 – Bd. 3, Hamburg: Isko-Press 1979.

Auszug aus einer Phantasiereise:

Welche Eigenschaft oder Fähigkeit möchtest du in dir entwickeln? Vielleicht Mut, Schönheit, Ausdauer oder etwas anderes? Notiere für dich diese Eigenschaft oder Fähigkeit auf einem Blatt Papier. In dieser Phantasiereise kannst du an deine gewählte Eigenschaft oder Fähigkeit denken und sie in dir verstärken.

5 Setze oder lege dich dazu hin ... Schließe deine Augen ... Mache es dir noch ein wenig bequemer ... Beobachte deinen Atem, wie er von selbst kommt ..., und geht ...
Stell dir vor, du hättest diese Eigenschaft oder Fähigkeit bereits ... Du siehst dich selber vor dir stehen ..., ganz deutlich ..., mit dieser ganz persönlichen Eigenschaft oder Fähigkeit ... Wie siehst du aus, wenn du diese Eigenart bereits besitzt ...? Was tust du ...? Wo bist du da ...? Wie
10 bewegst du dich ...?
Stell dir vor, wie dein Gesicht aussieht ..., deine Augen ..., dein Körper ..., wenn du diese Eigenschaft besitzt ... Stelle dich selbst vor dich hin ..., mit dieser Eigenschaft, die du in diesem Bild bereits hast ...
Und jetzt steigst du in dieses Bild ein ... Du steigst in dich selbst ein ..., und während du ein-
15 steigst, spürst du bereits diese Eigenschaft ..., sie umhüllt dich ..., wie ein Hemd oder ein Kleid ... Du streifst dir diese Eigenschaft über ..., spürst sie deutlich in dir und läßt sie wachsen ..., in deinem ganzen Körper ...
Spüre diese Eigenschaft in deinen Armen und Beinen ..., in deinem Körper ..., in deinem Kopf ..., in deinem Geist ...
20 Stell dir nun vor, du gehst mit dieser Eigenschaft zurück in dein alltägliches Leben ... Du erlebst

Magersucht – die unheimliche Sucht

etwas, wo du diese Eigenschaft gut gebrauchen kannst ... Schau genau hin, wo du bist ..., was du tust ..., wie du diese Eigenschaft gut benützen kannst ...
Und nun kommst du langsam ..., in deinem Tempo ..., wieder hierher zurück ... Du bewegst deine Finger ..., atmest etwas tiefer ein und aus ... Du dehnst und räkelst dich ... und öffnest deine Augen ... Du fühlst dich erfrischt und ausgeruht, als wärest du gerade aufgewacht.

aus: Helga und Hubert Teml, Komm mit zum Regenbogen. Phantasiereisen für Kinder und Jugendliche. 6. Auflage, Linz: Veritas-Verlag 1996, S. 114.

Wenn ihr über eure Erfahrungen während der Phantasiereise sprechen wollt, so solltet ihr das miteinander tun.

Ihr solltet miteinander darüber sprechen, ob ihr es für eine gute Idee haltet, euch auf eine solche Phantasiereise zu begeben. Können solche Phantasiereisen vielleicht helfen, Probleme wie Essstörungen zu vermeiden bzw. zu vermindern? Warum bzw. warum nicht?

Entwerft einen Fragebogen, mit dem ihr herauszufinden versucht, was euch und euren Mitschülerinnen und Mitschülern (mit Blick auf euer Selbstgefühl) wichtig ist! Ihr könntet eine (anonyme) Umfrage im Kurs oder in eurer Jahrgangsstufe durchführen und die Auswertung veröffentlichen.

> *Wie oft siehst Du täglich in den Spiegel?*
> *1 ×   2–4 ×   5–10 ×   10–20 ×   mehr als 20 ×*
> *Wie oft wiegst Du dich?*
> *Wem willst Du gefallen?* ....
> *Dicke Menschen findest Du:* ....
> *Was hältst du für wichtiger als Aussehen und Schönheit?*
> .....
> .....

Wichtig wäre, dass ihr miteinander darüber in ein Gespräch kommt, ob die gegenwärtigen Orientierungen von Jugendlichen tatsächlich sinnvoll sind. Hättet ihr Ideen für andere Orientierungen?

Die Zahl der Süchtigen in den sog. Industriegesellschaften ist immens hoch! Neben Ess-Süchten finden wir Alkoholismus, Drogensucht, Nikotin-, Kauf-, Spiel- und Arbeitssucht oder auch die Sucht zu schlagen.

Glaubt ihr, dass man Erklärungen finden könnte, die sozusagen eine allgemeine Grundlage für alle diese Süchte aufdecken könnten?

Brigitte Blobel, Meine schöne Schwester,
Mirjam Pressler, Bitter-Schokolade, Weinheim und Basel: Beltz-Verlag 1986.
Kjersti Scheen, Mondfee, Weinheim: Anrich-Verlag 1996.
Sue Welford, Hunger nach Leben, München: Dressler-Verlag 1992.
Charlotte Buhl, Magersucht und Eßsucht, Stuttgart: Hippokrates-Verlag 1991.
Monika Gerlinghoff u.a., Magersucht. Auseinandersetzung mit einer Krankheit, München: Psychologische Verlagsunion 1988.

Magersucht – Schrei nach Liebe (USA 1994).

Adressen:
Bundeszentrale für gesundheitliche Aufklärung; 51101 Köln
(hier: Broschüre „Eßstörungen Bulimie – Magersucht – Eßsucht" mit vielen Hinweisen)
Bundesministerium für Familie, Senioren, Frauen und Jugend; Rochusstraße 8–10, 53123 Bonn.

8. Kapitel:
Einrichtungen und Angebote für Jugendliche

Das Projekt einer Schülergruppe aus Remscheid

JUGENDPROGRAMM 9/97:

JEDEN Dienstag:
16 bis 18 Uhr: Basketball/Hallenfußball
18 Uhr: Jongliertreff mit "Flying Objects"

Mittwoch, 3.9. 18.30-21 Uhr
Das ultimative Ereignis des Monats:
LOOPING-LOUIE-TURNIER!
Tollkühne Flieger auf Hühnerjagd!

Mittwoch, 10.9. 18-21 Uhr
Fahrt zum Aquadrom

Samstag, 13.9. 20 Uhr bis 24 Uhr:
!!HIPHOP-PARTY!!
für Menschen ab 16.

Freitag, 26.9. 18.30-22.30
BILLARDRANGLISTENTURNIER

Das im Folgenden beschriebene Projekt ist ein Beispiel für diese Unterrichtsform. Es ist in der Form einmalig und nicht wiederholbar. Sicherlich aber können so Anregungen zur *Methode* des Projektunterrichts und auch zum *Thema* Jugendförderung gegeben werden.

In der folgenden Projektbeschreibung wechseln in diesem Sinne Hinweise und Fragen zur Methode des Projektunterrichts mit Informationen und Aufgaben zu den Institutionen der Jugendhilfe ab.

Projektunterricht

Was ist Projektunterricht? Unter Projektunterricht wird ein Unterricht verstanden, in dem die Schüler gemeinsam versuchen, ein in ihrem Lebenszusammenhang bestehendes Problem mit unterschiedlichen Fragestellungen weitestgehend selbständig zu erarbeiten.

Die Selbständigkeit der Schüler schließt auch das Lernen durch Fehler und Irrtümer ein.

Die Projektwahl geht von den Schülern aus.

Die Projektplanung geht weitestgehend von den Schülern aus. Der eigentlichen Projektarbeit sollten folgende Schritte vorangehen: 1. Der Erwerb von Sachwissen, auf das im weiteren Arbeitsverlauf zurückgegriffen werden kann und 2. Die vorläufige Bestimmung der Projektmöglichkeiten (erstes Brain-storming, die Projektskizze, die Projektentscheidung). Die Projektplanung kann dann folgendermaßen aussehen:

- Brain-storming, Clustering (vgl. S. 130 bis 132)
- Systematisierung des Fragenkatalogs
- Erstellung des Arbeitsprogramms (Wer macht was? Wieviel Zeit?)
- Einplanung von Zeit für
    Aneignen von evtl. notwendigen zusätzlichen Fachkenntnissen
    Korrekturen und Umstrukturierungen der ursprünglichen Planung
    festgelegte Öffnungszeiten von Institutionen, Verabredungen mit Experten usw.

Die Durchführung: 1. Die Schüler handeln in der außerschulischen Lebenswelt. 2. Die Gesamtgruppe trifft sich zu festgelegten Zeiten zur Besprechung und weiteren Planung in der Schule.

Die Einschätzung des Projekts besteht in der (kritischen) Beurteilung der geleisteten Arbeit und der Ergebnisse.

Die Aufgaben des Lehrers: Der Projektunterricht verändert die Rolle des Lehrers, da die Schülerinnen und Schüler bei der Planung und Durchführung des Projektes weitestreichend mitbestimmen sollen. Der Lehrer soll primär Informationen vermitteln, er soll beraten und Anregungen geben. Er kann auch warnen, um mögliche Irrwege zu vermeiden.

vgl. Klaus Beyer, Didactica Nova Bd. 3, Baltmannsweiler 1997, S. 181–213.

Darstellung des Projektverlaufs

Die Entstehung der Projektidee

Für die geplante Projektwoche einer Remscheider Schule schlagen einige Schüler folgendes Thema vor:

„SOS: Schüler in Not!
Jugendliche suchen Hilfe bei Problemen mit Schule, Eltern, Partnern, Freunden, Freizeit, Drogen ...
An wen können sie sich wenden?"

Das Projekt wird ausgeschrieben für Schüler der Mittel- und Oberstufe.

Es melden sich (zu) viele Interessenten. Die Teilnehmerzahl wird auf 20 begrenzt.

Ein vorbereitendes Treffen vor Beginn der Projektwoche findet statt.

Die Schüler stellen sich mit Namen vor. Diejenigen, die den Themenvorschlag gemacht haben, begründen ihre Wahl. Es geht z. B. um schulische Schwierigkeiten. Daniel hat die Versetzung in die 10. Klasse nur mit Mühe geschafft. Seine Leistungen sind kaum besser geworden. Er bangt nun, zu Beginn des 2. Schulhalbjahres, um das Erlangen der „Mittleren Reife". An wen kann er sich bei seiner Suche nach einer Hausaufgabenbetreuung wenden? Seine Eltern haben eine finanzielle Unterstützung abgelehnt. Katrin (17 Jahre) hat Probleme mit der Familie. Mehr möchte sie jetzt nicht sagen. Aber sie sucht schon seit längerer Zeit nach einer Lösung. Bisher hat sie darüber nur mit ihrer gleichaltrigen Freundin gesprochen.

Weitere Wortmeldungen liegen momentan nicht vor.

Zur Einstiegsplanung wird die Methode des **„Clusterings"** vorgeschlagen.

Clustering

Unter **„Clustering"** versteht man die bildliche Darstellung von Gedankengängen: Ein Wort, ein Begriff oder ein Satz wird in die Mitte der Tafel (eines weißen Blattes) geschrieben und eingekreist. Dies ist der Kern des Clusters. Gedanken und Begriffe dazu werden um den Kern herum geschrieben, eingekreist und durch einen Strich mit dem Kern verbunden. Dabei soll den Gedanken freier Lauf gelassen werden. Einen solchen Vorgang nennt man auch „assoziieren".

Cluster: Hilfen für Jugendliche in Problemsituationen

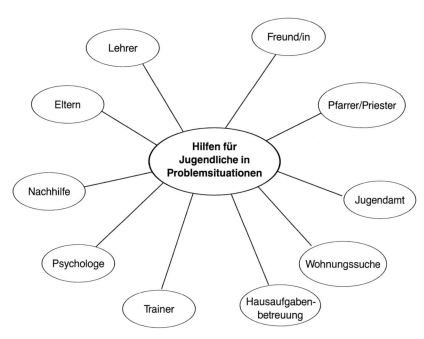

Die Schüler sind mit dem Ergebnis nicht zufrieden („Klar rede ich über versägte Arbeiten mit meinem Freund, aber wie soll der mir helfen? Der ist auch nicht besser als ich." „Zu einem Psychologen gehen, wenn man Probleme mit Eltern oder Freundinnen hat? Wie soll das gehen? Zu umständlich." „Wenn ich mit meinen Eltern über Freundschaft und Sex reden wollte, würden die sich bloß aufregen." ...).

Nicole will wissen, ob Jugendliche nicht einen gesetzlichen Anspruch auf Hilfe haben („Gibt es kein Jugendschutzgesetz oder so was?").

Der Lehrer gibt einige Informationen zu Entstehung und Entwicklung der Kinder- und Jugendhilfe. Er erläutert in diesem Zusammenhang kurz die Bedeutung der Kinder- und Jugendhilfe.

Zur sinnvollen Weiterarbeit entwickeln zwei Schüler ein Mind-Map an der an der Tafel.

Mindmapping

Auch das **Mindmapping** ist eine Methode zur bildlichen Darstellung von Gedankengängen. Allerdings soll hier nicht frei assoziiert werden, sondern die Begriffe sollen in Beziehung gesetzt werden, so dass ein organisiertes Netz um den Kern herum entsteht.

Hierzu empfiehlt es sich, dass zunächst jeder Projektteilnehmer eine Liste – aus seiner Sicht – wichtiger Gesichtspunkte/Begriffe erstellt. Im Anschluss daran erhält jeder ein großes Blatt Papier und die Aufgabe, das zu bearbeitende Thema (hier: Einrichtungen der Jugendhilfe) in die Mitte zu schreiben und die gesammelten Gesichtspunkte zu einem Gesamtbild zu organisieren.

Mind-Map: Einrichtungen der Jugendhilfe

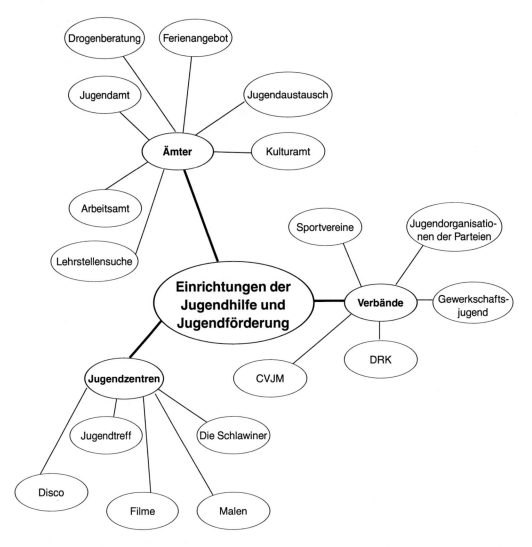

Die Projektteilnehmer erkennen, dass sie Informationen über Angebote und Einrichtungen der Jugendhilfe benötigen. So fällt die Projektentscheidung leicht und wird formuliert: **Wir untersuchen Einrichtungen zur Jugendarbeit, zur Jugendsozialarbeit und zum Jugendschutz in Remscheid in bezug auf ihre Aufgabenbereiche und wir testen, ob sie uns in Problemsituationen behilflich sein könnten.**

Für das nächste Treffen werden **Aufgaben** verteilt, z. B. Prospekte von Jugendzentren, Ämtern, Pro Familia usw. zu besorgen, Angebote in Zeitungen zu suchen, in den „Gelben Seiten" nachzuschlagen, Kontakte aufzunehmen mit Ämtern, Sozialarbeitern, Drogenberatern.

❶ Wozu dient das vorbereitende Treffen zu Beginn der Projektwoche?

❷ Glaubt ihr, dass dieses vorbereitende Treffen an dieser Remscheider Schule gut gelungen ist? Warum? Warum nicht?

❸ Besorgt euch die Gesetzestexte der Paragraphen 11 bis 15 aus dem Kinder- und Jugendhilfegesetz (KJHG)! Fasst die wesentlichen Aussagen zusammen, z.B. § 1, Abs. 1: Junge Menschen haben ein Recht auf Förderungsangebote ...!
Welche pädagogischen Ziele verbergen sich hinter den Gesetzestexten?

❹ Erläutert, was unter *Jugendarbeit, Jugendsozialarbeit* und *Jugendschutz* zu verstehen ist (KJHG, §§ 11–15)!

❶ Erstellt ein Cluster zum Thema: „Angebote und Einrichtungen für Jugendliche (in unserer Stadt)"!

❷ Erstellt ein Mind-Map zum Thema „Angebote und Einrichtungen für Jugendliche (in unserer Stadt)"!

❸ Vergleicht die Methoden des Clusterings und Mindmappings in Hinblick auf Vorgehensweisen und Zielsetzungen!

❹ Haltet ihr diese Methoden für sinnvoll? Wann sind sie eher, wann vielleicht weniger konstruktiv?

Der erste Tag

Staunend sehen die Schüler das mitgebrachte Material und die Informationsbroschüren durch („Sowas wird hier angeboten?", „Mensch, da könnten wir auch mal mitmachen!"). Einige Beispiele:

- „Jugendaustausch". Broschüre der Stadt RS. Es werden Fahrten für die Ferien nach Spanien und in die Slowakei angeboten.
- „Blue box". Landesweiter Kreativwettbewerb der Stadt Wuppertal.
- „Rotationstheater". Programm für Menschen ab 4 Jahren in RS. Schauspieltraining für Anfänger.
- „Sprachlos". Tagung der Evangelischen Akademie Nordelbien für Väter, Mütter und heranwachsende Söhne.
- „Kinder- und Jugendfilme". Angebot der Klosterkirche e. V., RS.
- „Drogen thematisieren – nicht tabuisieren". Suchtpräventionswoche im Kinder- und Jugendzentrum in RS-Lennep.
- „... und action!" Filmwerkstatt der Evangelischen Akademie Nordelbien: Jungen vor und hinter der Kamera.
- „Sucht hat viele Ursachen". Broschüre der AOK.
- „Kulturinfo". Programm der Kraftstation (Jugendzentrum in RS): Spielecafé, Kindertheater, Bürgerfunk, Rhetorikseminar.
- „No. 1". Kinder- und Jugendzeitung der Stadt Wetter.
- „Mach mit". Broschüre der Stadt Remscheid über viele aktuelle (Ferien)Angebote, z.B. Jugendfreizeit, Radfahrtraining, Ausflüge und Aktionen, Umweltspürnasen, Stadtranderholung, Ferienspiele, Pantomime, Tanz, Akroba-

tik, Aerobic/Jazzdance, Badminton, Fechten, Selbstverteidigung für Mädchen, Rundflug über das Bergische Land, Theaterwerkstatt.
- „Die Schlawiner", Jugendhilfe Remscheid e. V., Kinder- und Jugendzentrum. Angebote: Video, Kicker, Ausflüge, Rechtsberatung, Kinderübermittagbetreuung, Hausaufgabenhilfe bis Sek. I, Hilfe bei Jobwahl und -suche, Computer, Dancing ...

Das Material wird nach den Bereichen Jugendarbeit, Jugendsozialarbeit und Jugendschutz geordnet. Unwichtiges wird aussortiert.

Die Frage nach den verschiedenen Trägern und der Finanzierung wird gestellt. Aus Zeitgründen wird die Klärung auf das Ende der Sitzung verlegt. **Organisatorisches** hat in dieser Arbeitsphase Vorrang:

1. Eine Einverständniserklärung der Eltern wird formuliert, um sie den Eltern zur Unterschrift vorzulegen. Sie ist notwendig, weil die Schüler das Schulgebäude in Kleingruppen und teilweise ohne Lehrerbegleitung verlassen werden.

2. Die Kleingruppen formieren sich, indem die Arbeitsbereiche gewählt werden. Die Wahl richtet sich nach dem Interesse an einem Arbeitsbereich, an einer Einrichtung oder nach dem Wunsch, persönliche Probleme zu lösen.

3. In den einzelnen Gruppen werden konkrete Schritte zum weiteren Vorgehen diskutiert.

Vier Gruppen sind enstanden.

Gruppe A interessiert sich für *Jugendarbeit*. Ein Mitglied hat bereits Kontakt zum Jugendzentrum „Die Schlawiner" aufgenommen und eine Informationsbroschüre mitgebracht. Da hier auch von Hilfe bei den Hausaufgaben die Rede ist, will Daniel in dieser Gruppe mitarbeiten.

Gruppe B will für den Bereich der *Jugendsozialarbeit* überprüfen, was das Arbeitsamt für Jugendliche tut. In dieser Gruppe arbeiten vor allem diejenigen, die die Schule demnächst verlassen wollen und einen Ausbildungsplatz suchen.

Gruppe C möchte zur „Kraftstation", einem Jugendzentrum (JZ). Ein Schüler hat die Mai/Juni-Ausgabe des „Kulturinfos", einer Broschüre dieser Einrichtung, besorgt. Die hier vorgestellten Angebote für junge Leute machen die Schüler neugierig. Im Bereich C arbeiten Leute, die sich für die *offene Jugendarbeit* interessieren, weil sie selbst manchmal Probleme mit der Freizeitgestaltung haben. Ute ist erst vor kurzem nach Remscheid gezogen und hat hier noch keine Freunde. Sie sucht eine Möglichkeit, Kontakte zu anderen Jugendlichen zu knüpfen.

Einrichtungen und Angebote für Jugendliche 135

Gruppe D möchte etwas über den *Kinder- und Jugendschutz* in Remscheid wissen. Sie wollen sich zuerst an das Jugendamt wenden. Als Grund für die Mitarbeit in diesem Bereich geben zwei Schüler an, daß sie Freunde mit Drogenproblemen hätten. Sie hoffen, auf diese Weise Beratung oder Hilfe zu finden. Eigene Betroffenheit wird von keinem als Ursache angegeben.

Nach dieser Planungsphase finden **Telephonate** und **Terminabsprachen** statt.

Gruppe B muss sich umorientieren, da das für Remscheid zuständige Arbeitsamt in Solingen liegt und nur schwer mit öffentlichen Verkehrsmitteln erreichbar ist. Die Schüler beschließen, sich mit der gleichen Fragestellung an das Jugendamt zu wenden. Einige sind enttäuscht. Der neue Problembereich interessiert sie gar nicht. Katrin dagegen möchte nun zu dieser Gruppe überwechseln. Ihre Frage lautet: „Gibt es in Remscheid Wohngruppen für junge Leute oder Wohngemeinschaften, um die sich jemand kümmert, ein Sozialarbeiter zum Beispiel?"

Gruppe D wird vom Jugendamt telefonisch auf eine Initiative aufmerksam gemacht, welche das Jugendzentrum „Die Welle" in RS-Lennep plant. Das Thema heißt „Suchtbekämpfung". Die Schüler wollen Kontakt aufnehmen.

Die Kleingruppen erstellen nun ihr **Arbeitsprogramm**. Bezogen auf die Fähigkeiten, Interessen und Probleme der einzelnen Gruppenmitglieder wird nun festgelegt, wer

- Fotos macht (Film besorgen. Frühzeitig fotografieren, Bilder müssen termingerecht entwickelt sein.);
- weitere Terminabsprachen macht (Kontakt mit der Gruppe halten, neue Termine arrangieren.);
- Videofilme dreht (Kamera leihen. Einsatz und Motive festlegen.);
- Experten befragt (Ziel, Dauer, Verlauf und Fragen des Gesprächs festlegen. Vgl. Kapitel 2);
- Betroffene interviewt (Ziel, Dauer, Verlauf des Interviews festlegen. Auswahl des Gesprächspartners. Vgl. Kapitel 2);
- Interviews mit dem Kassettenrekorder aufzeichnet (Rekorder, Tonbänder, Mikrofon besorgen.);
- Protokolle verfasst (Arbeitsverteilung in der Gruppe, Gespräche und Erfahrungen festhalten.);
- die genauen Anreisewege erkundet (Stadtplan und Fahrkarten besorgen, Busverbindungen herausfinden.);
- Mitteilungen für das Sekretariat der Schule verfasst und Formulare ausfüllt (Versicherungsschutz);
- welches Angebot der jeweiligen Einrichtung überprüft (bei mehreren Möglichkeiten: Absprache, Problembewältigung hat Vorrang);

- verantwortlich für die Dokumentation ist (Stellwände, Fernsehgerät, Räume frühzeitig beantragen.).

Es bleibt keine Zeit mehr, am heutigen Tag noch über Träger und Finanzierung der Jugendförderung bzw. Jugendhilfe zu informieren.
Eine Verschiebung der Besprechung auf den übernächsten Tag erscheint sinnvoll, da sich eine Schülergruppe (Gruppe A) nun bereit erklärt, diese Fragen „vor Ort" mit Hilfe von Experten zu klären.

● Beschreibt die Arbeit des 1. Projekttages!

❶ Schaut euch das von den Schülern gesammelte Material an: Welche Angebote werden Jugendlichen gemacht? Ordnet die Angebote nach Kriterien, z. B. Freizeitgestaltung, Hilfe in krisenhaften Situationen ...!

❷ Auf welche der hier aufgelisteten Angebote und Einrichtungen können sich die Remscheider Schüler bei ihrer Projektarbeit beziehen?

❸ Das Material ist nicht vollständig. Wesentliche Bereiche der Jugendarbeit werden nicht abgedeckt. Listet auf, welche Informationen noch zu besorgen sind! Weist auf die entsprechende Form der Jugendhilfe hin! Etwa:

    Es fehlen Informationen und Materialien über

    – Hilfe bei der Arbeitssuche (Jugendsozialarbeit)
    – Fahrten in Freizeitparks (Jugendarbeit)
    – ...

❹ Schaut euch die Interessengebiete von Gruppe A, B, C und D noch einmal an! In welcher Gruppe würdet ihr gern mitmachen? Welche Aufgabenbereiche möchtet ihr übernehmen? Begründet eure Wahl!
Gibt es einen Bereich der Jugendhilfe, in dem ihr nicht tätig sein wollt? Warum nicht?

Einen Monat vor Beginn der „Suchtpräventionswoche" hat das Jugendzentrum „Die Welle" zur Mitarbeit bei der Planung und Ausführung der Aktion aufgerufen. Sammelt eure Ideen und macht Vorschläge für dieses Projekt! Sammelt selbst Material über Einrichtungen der Jugendhilfe in eurer Stadt, in eurem Kreis!

Der zweite Tag

Heute finden Gänge zu den verschiedenen Einrichtungen und Treffen mit Experten statt.

Der dritte Tag

Die Schüler treffen sich in der Schule. Sie berichten zunächst kurz über ihre Arbeit und ihre Erlebnisse. Die Schilderungen sind lebhaft und engagiert.

Einrichtungen und Angebote für Jugendliche 137

Die Gesamtgruppe entscheidet, dass die Gruppe A genauer über die verschiedenen Leistungen der Jugendhilfe im Rahmen des KJHG berichtet.

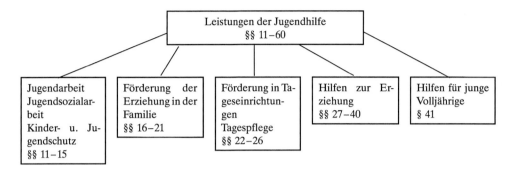

Leistungen der Jugendhilfe §§ 11–60

- Jugendarbeit, Jugendsozialarbeit, Kinder- u. Jugendschutz §§ 11–15
- Förderung der Erziehung in der Familie §§ 16–21
- Förderung in Tageseinrichtungen Tagespflege §§ 22–26
- Hilfen zur Erziehung §§ 27–40
- Hilfen für junge Volljährige § 41

Die Schüler hören, dass sie ein Recht auf „Angebote der Jugendarbeit zur Förderung ihrer Entwicklung" (vgl. § 11, Absatz 1) haben („Das ist ja interessant." „Gut zu wissen."). Sie erfahren, dass Jugendarbeit von bestimmten Einrichtungen geleistet werden muss (vgl. § 11, Absatz 2), und sie lernen die Schwerpunkte der Jugendarbeit kennen (vgl. § 11, Absatz 3):

1. außerschulische Jugendbildung mit allgemeiner, politischer, sozialer, gesundheitlicher, kultureller, naturkundlicher und technischer Bildung,
2. Jugendarbeit in Sport, Spiel, Geselligkeit,
3. arbeitswelt-, schul- und familienbezogene Jugendarbeit,
4. innerdeutsche und internationale Jugendarbeit,
5. Kinder- und Jugenderholung,
6. Jugendberatung.

Fragen werden gestellt („Was gibt es denn nun für Einrichtungen?", „Wer bezahlt das alles?", „Was heißt *freier Träger*?") und Paragraphen diskutiert. Die Begriffe *Jugendarbeit*, *Jugendsozialarbeit* und *Jugendschutz* werden jetzt genauer erläutert.

Jan aus der Gruppe A ist in der Lage, die Fragen nach der *Finanzierung* der Einrichtungen zu beantworten. Er erklärt, dass es öffentliche und freie Träger gibt. *Öffentliche Träger* sind die Jugendämter der Städte und Kreise und die Landesjugendämter. *Freie Träger* sind die Wohlfahrtsverbände (z. B. das Diakonische Werk und der Caritasverband), die Jugendverbände (z. B. der Christliche Verein Junger Menschen, CVJM), aber auch Selbsthilfegruppen oder Stadtteilinitiativen. Die meisten Einrichtungen der Jugendhilfe sind in der Hand *freier Träger*. Die Organisation ist Sache des Trägers, wobei die Finanzierung in der Regel mit öffentlichen Mitteln erfolgt. Die Zuständigkeit und die Finanzierung einer Jugendhilfe einrichtung werden nach dem *Subsidiaritätsprinzip* geregelt. Das heißt, dass die *öffentlichen Träger* nur dann in Aktion treten, wenn die *freien Träger* dazu nicht in der Lage sind. Sie sollen nicht in Konkurrenz miteinander treten. Ein Beispiel: Bei einer Heimeinweisung wird erst ein Platz in einer *freien Einrichtung* gesucht, wenn keiner frei ist, schaut sich das Jugendamt bei den *öffentlichen Trägern* um.

Nach diesen Ausführungen ziehen sich die Kleingruppen zur vorläufigen **Einschätzung der Arbeitsergebnisse** und zur **Weiterplanung** zurück. Manche Projektteilnehmer müssen ihren Arbeitsplan ändern. Aktionen, die ihnen vor zwei Tagen noch sinnvoll erschienen, haben sich beim Besuch der Einrichtungen als nicht durchführbar herausgestellt (Z. B. können in der Disco keine Videoaufnahmen gemacht werden. Ein türkisches Mädchen fürchtete sich davor, dass Familienmitglieder den Film sehen könnten.). Teilweise muß die Planung um neue Arbeitsschritte, die nicht vorhersehbar waren, ergänzt werden. (Gruppe B hat beim Jugend- und Sozialamt erfahren, dass es im Kolpinghaus *pädagogisch betreute Wohngruppen* gibt. Die Schüler wollen die Einrichtung besuchen.)

Gegen Ende dieses Treffens finden die ersten Überlegungen und Beratungen zur **Auswertung und Dokumentation der Projektarbeit** statt.

❶ Erläutert die Begriffe *freier Träger, öffentlicher Träger* und *Subsidaritätsprinzip*!

❷ Ein lernbehinderter Jugendlicher wendet sich an das Jugendamt, weil er Hilfe braucht. Er sucht jemanden, der sich auf sein Lerntempo einstellt und ihm den im Unterricht durchgenommenen Stoff erklärt und mit ihm übt. In seinem Stadtteil sind Betreuungsplätze frei im *Haus der offenen Tür* (CVJM) und im *Jugendbus* (Institution des Jugend- und Sozialamtes, Abteilung Kinder- und Jugendförderung).
An welche Einrichtung wird der Jugendliche verwiesen? Warum?

Versucht herauszufinden, wohin ein lernbehinderter Jugendlicher in eurer Stadt verwiesen würde!

Der vierte Tag

Die Gruppen arbeiten außerhalb der Schule.

Der fünfte Tag

Eine Gruppe ist noch unterwegs, um ein Einzelinterview durchzuführen. Die anderen treffen sich in der Schule. Heute soll eine **kritische Nachbetrachtung** der Projektarbeit stattfinden. Es geht um die Einschätzung der eigenen Arbeit sowie um die (fehlenden) Angebote für Jugendliche in Remscheid.

Danach soll die **Präsentation** der Arbeitsergebnisse für den „Tag der offenen Tür" vorbereitet werden.

Als alle versammelt sind, werden Kriterien für die Bewertung der Arbeit in den Gruppen erarbeitet.

Einrichtungen und Angebote für Jugendliche

Kriterienkatalog zur Einschätzung der Arbeit der Gruppen:

- Wie sind die Arbeitsschritte abgelaufen? War der Arbeitsplan richtig? Hatten wir etwas Wesentliches vergessen oder noch nicht berücksichtigt?
- Gab es Umstrukturierungen? Warum? Wie haben wir auf die neue Situation reagiert?
- Wie ist die Arbeit in den Einrichtungen abgelaufen? Gab es Probleme oder Erkenntnisse, die eine Neuplanung erforderlich machten? Wie sind wir damit umgegangen?
- Wie war das Verhalten, der Einsatz, das Vorgehen der einzelnen Gruppenmitglieder?
- Was ist besonders gut gelaufen? Womit sind wir gar nicht zufrieden? Woran lag das?
- Gibt es ein Arbeitsergebnis? Oder mehrere Ergebnisse? Welcher Art ist es/sind sie?

Die **Beurteilung der Einrichtungen** der Jugendarbeit in Remscheid soll sich in erster Linie an der Ausgangsfrage orientieren, etwa: „Ist das Jugendzentrum in der Lage, bei Problem XY zu helfen?" Darüber hinaus sollen auch Arbeitsweisen und Angebote der Einrichtungen begutachtet werden.

Die vier Gruppen ziehen sich zur Bewertung ihrer Arbeit und der Ergebnisse zurück.

Wir begleiten die Gruppe A, die das JZ „Die Schlawiner" besucht hat.

Jan ist begeistert: „Echt super, was die anbieten. Du kannst am Computer spielen, Fotos entwickeln oder einfach nur abhängen und Musik hören." „Stimmt. Und die Sozialarbeiter sind gut drauf", fügt Christoph hinzu. „Aber die Typen da, die Jugendlichen, die kennen sich alle untereinander. Die lassen Fremde nicht gern da rein." Daniel ist enttäuscht. Er beklagt sich darüber, dass das Haus „fest in der Hand" einiger, z. T. türkischer Jungengruppen sei: „Was nützt mir das Angebot zur Hausaufgabenbetreuung, wenn ich mich nicht traue, allein in das Haus zu gehen?"

Der Protokollant hält die Kritikpunkte an der Einrichtung fest:

- die Dominanz bestimmter Jungengruppen des Stadtviertels (Den offenen Jugendbereich bestimmen die Jungen, die sich hier auskennen.)
- die Probleme der „Neuzugänge" („Neue" trauen sich kaum allein ins Haus und schon gar nicht an den von den „Stammgästen" stets umlagerten Kicker.)
- die Dominanz der Jungen (Mädchen machen nur selten im offenen Jugendbereich mit.)
- keine Partnerberatung, keine Sexualberatung

Folgende Merkmale des Jugendzentrums werden lobend hervorgehoben:

- die Art der Angebote
- die Vielfalt der Angebote
- die ungezwungene Atmosphäre
- die Freundlichkeit, Hilfsbereitschaft, Spontanität und das Engagement der Sozialpädagogen
- Einige persönliche Probleme können hier gelöst werden, z. B. könnte Daniel ohne finanziellen Aufwand Hilfe bei den Hausaufgaben bekommen.

Die Schüler sind ratlos: „Was soll Daniel denn nun machen?". Christoph hat eine Idee: „Ich würde gerne dort Billard spielen und Jan möchte an den Computer. Was haltet ihr davon, dass wir an einem neutralen Ort Kontakt zu den Jugendlichen aus dem JZ aufnehmen? Man könnte an einer Schule in der Nähe oder im Gemeindehaus ein Jugendcafé einrichten. Dort könnten wir uns treffen und miteinander reden. Später, wenn wir uns besser kennengelernt haben, nehmen wir an den Angeboten bei den 'Schlawinern' teil". Die anderen sind einverstanden. Jan erklärt sich bereit, den Vorschlag dem Leiter des Hauses zu unterbreiten und ihn um Hilfe zu bitten. Daniel schließt sich ihm an, da es auch um ihn geht. Im Anschluß an diese Sitzung wollen die beiden sich auf den Weg nach RS-Lüttringhausen machen.

Wir verlassen die Gruppe, die sich nun kritisch mit der eigenen Arbeit auseinandersetzt.

Einrichtungen und Angebote für Jugendliche   141

❶ Schildert Daniels Problem! Welche Schwierigkeiten ergeben sich bei einem Lösungsversuch im Jugendzentrum? Welche weiteren Verhaltensmöglichkeiten könnten sich für Daniel ergeben?

❷ Was haltet ihr von der Einrichtung eines Jugendcafés? Glaubt ihr, daß sich die Hoffnungen der Gruppe auf eine Annäherung der Jugendlichen erfüllen werden? Habt ihr bessere Ideen dazu?

Tips zur Präsentation von Arbeitsergebnissen:

Die Vorbereitung:
– Klassenraum, Stellwände, Fernsehgerät, Videorekorder, Kassettenrekorder reservieren
– Tapetenrollen besorgen
– Fotos entwickeln lassen
– Arbeitsaufträge festlegen

Die Darbietung:
– ein großes Plakat zum Thema des Projekts an die Klassentür heften
– Fotos gut sichtbar präsentieren (Lockmittel für Zuschauer)
– schriftliche Informationen kurz fassen, Wesentliches drucktechnisch oder farbig herausstellen, günstig anbringen, z. B. neben den Fotos
– Filmvorführungen zu bestimmten, angekündigten Zeiten; kurze, einleitende Rede vor der Vorstellung/Plakate und Handzettel kündigen Zeitpunkt und Ort an.
– Vorführung von Tonbandaufnahmen: s. Filmvorführung
– Vorführungen von Sketchen, Rollenspielen, Experimenten usw.: s. Filmvorführung
– Vorträge/Referate: s. Filmvorführung und s. S. 163 f. zur Ausarbeitung eines Referats
– Prospekte und Broschüren gut sichtbar präsentieren
– Unterschriftensammlung: die Leute direkt ansprechen
– Werbung: durch Informationsbroschüren, Handzettel und direkte Ansprache

Nicht vergessen: Klebstoff, Schere, Heftzwecken, Stifte, Wischlappen mitbringen!

Der sechste Tag: Die Präsentation

Im Klassenraum herrscht reger Betrieb. Viele Gäste sind gekommen, um sich die Ergebnisse der Projektarbeit anzuschauen. Es gibt eine Menge zu sehen und einiges zu hören:

Die Schüler der Gruppe D rühren die Werbetrommel, damit möglichst viele Leute in der demnächst stattfindenden „Suchtpräventionswoche" das Jugendzentrum in RS-Lennep besuchen.

Ein Videofilm zum Thema „Sucht" wird vorgeführt.

Für die Installierung einer Halfpipe für die Skater und Blader im Stadtteil werden Unterschriften gesammelt.

Gruppe C informiert über wesentliche Maßnahmen der Jugendsozialarbeit in Remscheid, z. B. über berufsvorbereitende Lehrgänge, über Projekte für junge Arbeitslose und über die Leistungen des Kolpinghauses (Wohnheim für Schüler und Jugendliche in der Berufsausbildung).

Wir begleiten die Gruppe A bei den Darbietungen zu ihrem Arbeitsbereich, dem Kinder- und Jugendzentrum „Die Schlawiner".

An einer Stellwand werden Fotos und Informationen über die Einrichtung angebracht:

> **Jugendhilfe Remscheid**
>
> Das Kinder- und Jugendzentrum „Die Schlawiner" befindet sich im Stadtteil Lüttringhausen. Der Träger ist der Verein „Jugendhilfe Remscheid" e. V.
>
> Neun Mitarbeiter (Sozialarbeiter, Sozialpädagogen) und 18 bis 20 Honorarkräfte sind hier beschäftigt.
>
> Das Haus verfügt über große Räume für die *offene Jugendarbeit*, über eine Werkstatt, einen Computerraum, einen Medienraum und weitere Räume für Jugendliche, die „ihre Ruhe" haben wollen. Die Kinderarbeit findet etwas abseits im Gebäude statt.
>
> Den Jugendlichen steht für eventuelle Aktivitäten ein VW-Bus zur Verfügung.
>
> Bei den „Schlawinern" gibt es feste Gruppenangebote. Der Schwerpunkt dieser Einrichtung liegt jedoch in der *offenen Jugendarbeit*.
>
>
>
> Die *offene Jugendarbeit* ist für viele Jugendliche ab 12 Jahren die erste und häufig auch die zentrale Anlaufgelegenheit im JZ. Der offene Bereich hat seine besondere Qualität darin, dass die Jugendlichen jederzeit kommen und gehen können. Viele Jugendliche entwickeln erst aus diesem Angebot ein Motiv für den Einstieg in feste Gruppenangebote oder Projekte.
>
> Die klassischen Angebote im offenen Bereich sind Spiele wie Kicker, Tischtennis, Billard und natürlich die Möglichkeit, Musik zu hören. Der offene Bereich dient nicht zuletzt dazu, dass Jugendliche sich zwanglos treffen und ohne Konsumdruck ihre Freizeit gestalten können.
>
> Mit der Qualität der *offenen Jugendarbeit* steht und fällt die Akzeptanz fast aller anderen Angebote in einem JZ. In der *offenen Arbeit* bilden sich die Atmosphäre und die Attraktivität eines Hauses aus. Entsprechend wichtig wird diese Arbeit im Rahmen der Schlawiner-Aktivitäten genommen.
>
> Die *offene Jugendarbeit* ist wie eigentlich die gesamte Arbeit der Schlawiner stark auf den Stadtteil bezogen.

Einrichtungen und Angebote für Jugendliche

Faltblätter zu den Angeboten des Kinder- und Jugendzentrums „Die Schlawiner" werden an die Gäste und Mitschüler verteilt.

Die Gruppe A hat junge Leute, die regelmäßig ins Jugendzentrum „Die Schlawiner" gehen, interviewt. Die Gespräche wurden aufgenommen, und die Tonkassetten können heute abgespielt werden.

Gruppe A: Wie heißt du?
Khalid: Khalid.
GA: Wie alt bist du?
K: Ich bin 14 Jahre alt.
GA: Warum gehst du ins Jugendzentrum?
K: Ich gehe ins Jugi um Kollegen zu treffen. Hier können wir Kicker und Billard spielen, Musik hören und Filme gucken. Ab und zu fahren wir mal zelten und einmal im Monat ist Disco. Es gibt auch noch alle möglichen Spiele. Mit unserer Jugimannschaft nehmen wir an Fußballturnieren teil.
Die Mitarbeiter sind ganz o.k., weil sie locker drauf sind. Das Jugi ist sehr nah bei meiner Wohnung, ich brauche von zu Hause bis zum Jugi höchstens eine Minute.
Man hat auch Möglichkeiten, etwas für die Schule zu tun, und man kann hier auch Bewerbungen schreiben.
GA: Danke für das Gespräch, Khalid.
GA: Wie heißen Sie?
Pino: Pino. Ihr könnt mich ruhig duzen.
GA: O.k., Pino, wie alt bist du?
P: 25.
Ga: Warum kommst du hierher ins Jugendzentrum?

P.: Es gibt kein Besseres. Die Sozialarbeiter sind immer nett und hilfsbereit, trotz dem Streß, den wir ihnen manchmal bereiten. Außerdem treffe ich meine Freunde hier. Das Jugi hat eine große Auswahl an Möglichkeiten. Hier gibt's ein Fotolabor, einen Konferenzraum, zwei stille Örtchen und vieles mehr. Falls du Probleme mit der Schule hast, es gibt immer jemanden, der dir hilft, sogar, wenn du Probleme mit dem Gesetz hast. Einmal im Monat kommt ein Rechtsanwalt und gibt dir Rat. Man hat auch die Möglichkeit, mit einem PC zu arbeiten.

GA: Vielen Dank.
GA: Wie heißt ihr?
Diana: Ich heiße Diana. Das sind meine Freundinnen Thordis, Maria, Beate, Bianca und Steffi.
GA: Wie alt seid ihr?
Beate: Ich bin 17. Maria ist 15 Jahre alt und die anderen sind 16.

GA:	Warum geht ihr ins Jugendzentrum?
Steffi:	Weil wir uns hier seit Jahren in der Mädchengruppe treffen. Vor drei Jahren haben wir zusammen mit Frau M., einer Arbeiterin im Jugi, eine Tanzgruppe gegründet. Wir tanzen weil es uns Spaß macht und weil wir Interesse daran haben.
Thordis:	Mit den Jungen haben wir relativ wenig zu tun. Wir wollen lieber unter uns bleiben. In der Mädchengruppe reden wir über Themen, auf die die Jungen keinen Bock haben. Manchmal machen wir Ausflüge oder wir haben Lust zu kochen. Heute basteln wir Schmuck und kleine Geschenke.
GA:	Danke für die Auskunft. Tschüß.

Nach dem Interview macht Jan die Zuhörer auf die Neueröffnung eines Schülercafés aufmerksam. Eine Schule, die sich in direkter Nachbarschaft zum Jugendzentrum befindet, hat Räume zur Verfügung gestellt. Das Café wird jeden Tag von 12 bis 15 Uhr geöffnet sein. Hier sollen sich die „Stammgäste" aus dem Jugendzentrum und andere Schüler kennenlernen. Auf Jans Frage, wer bei der Planung und Gestaltung mitmachen will, melden sich viele Mädchen und Jungen. Er und Daniel bekommen Applaus für ihren Einsatz und Erfolg.

❶ Schaut euch die Angebote und das Programm der „Schlawiner" noch einmal an! Welche pädagogischen Absichten und Zielsetzungen sind mit den Angeboten verbunden?
Was findet ihr gut, was gefällt euch nicht, und was fehlt bei der Einrichtung?

❷ Erläutert den Begriff *„offene Jugendarbeit"*!

❸ Lest die Interviews der „Stammgäste"! Warum gehen die Mädchen und Jungen ins „Jugi"?

❹ Geht ihr in ein Jugendzentrum? Interessieren euch die offenen Angebote oder die festen Gruppen?

❺ Würdet ihr gern in das JZ „Die Schlawiner" gehen? Warum (nicht)?

Gestaltet einen Werbeprospekt für ein Jugendzentrum mit einem besonderen (pädagogischen) Profil (z. B. es sollen vor allem ausländische Jugendliche angesprochen werden oder die Mädchenarbeit soll stärker gewichtet werden, oder behinderte Jugendliche sollen einbezogen werden ...)! Formuliert zuerst die (pädagogischen) Ziele, erstellt dann das Programm. Welche Vorschläge habt ihr für den offenen Bereich? Welche Gruppenangebote soll es geben? Zum Schluß könnt ihr euch überlegen, wie ihr den Prospekt gestalten wollt. Die Computerfreaks unter euch können hier wertvolle Dienste leisten.

Einrichtungen und Angebote für Jugendliche

❶ Kommt abschließend zu einer kritischen Gesamteinschätzung dieser Projektarbeit! Welche Planungsschritte, Ideen, Vorgehensweisen der Remscheider Schüler erscheinen euch richtig, welche waren nicht angemessen?

❷ Überlegt darüberhinaus: Was ist gut am Projektunterricht? Wo liegen die Gefahren? Eignet sich diese Arbeitsform für den Pädagogikunterricht?

Überlegt, ob ihr nicht selbst ein größeres Projekt – zu diesem oder auch einem ganz anderen Thema – organisieren wollt! Sicherlich lässt sich fundiert über Projektarbeit erst urteilen, wenn man eigene praktische Erfahrungen damit gemacht hat.

Projektideen:
Beispiele machen Schule –
Viel Lust – wenig Frust
VHS (Nr. 42 46 263) Südwest 3
Landesmedienzentrum, Hofstraße 257, 56077 Koblenz-Ehrenbreitstein

9. Kapitel: Das andere Lernen

Ich bin auch ein Fremder

Führt die folgende Übung als Hausarbeit oder als Exkursion durch. Es ist wünschenswert, dass ihr diese Übung nach Möglichkeit mit einem fremden Partner durchführt. Wenn dies nicht möglich sein sollte, bitte allein.

Expeditionen in die Wahrnehmung des anderen

Durchführung:

In Begleitung des fremden Partners geht man – in Zweiergruppen – durch die Stadt, die Landschaft. Die Teilnehmer/innen werden gebeten, sich bei diesem Wahrnehmungstraining nacheinander auf die einzelnen Sinne (Hören, Riechen, Schmecken, Tasten und Sehen) zu konzentrieren (Wichtig ist, *nicht* mit dem Sehen zu beginnen, sondern zunächst mit den anderen, uns „fremderen" Sinnen) Beide achten bewußt auf die jeweils spezifischen Sinnesreize (nach einer festgelegten Zeit werden die Rollen getauscht). Auch sollten kleinere Gegenstände zu den einzelnen Sinnen/Wahrnehmungsformen gesammelt werden, die dann im Tagungsraum als *HörBar; RiechBar, SchmeckBar, TastBar* und *SichtBar* aufgestellt und den anderen Gruppen zur Erkundung angeboten werden.

Bei dieser *Expedition in die Wahrnehmung des anderen* kann man sich leiten lassen von folgenden Fragen:

- *Hören:* Stimmen, Geräusche, Musik ...; auf welche Klänge macht mich der/die andere aufmerksam? Welche sind ihm/ihr besonders wichtig? ...
- *Riechen:* Was (und wen) können wir gut riechen (Gefühlsassoziationen zu einzelnen Gerüchen)? Wie riecht es auf der Straße, beim Spaziergang durch den Wald ...? Wie riecht es in diesem, wie in jenem Raum? ... Worauf macht mich der/die andere aufmerksam ... (s. o.)?
- *Schmecken:* gemeinsam in ein Café o. ä. gehen; beim Essen bewußt die Einzelzutaten identifizieren, Geschmacksnuancen wahrnehmen ...; worauf macht mich der/die andere aufmerksam ... (s. o.)?
- *Tasten:* (Zu dieser Wahrnehmungsform kann evtl. vom Spielleiter eine kleine Übung bzw. „TastBar" vorbereitet werden).
- *Sehen:* Was gibt es in der fremden Welt zu sehen? Was möchte er/sie mir zeigen? Was sagen die von ihm/ihr ausgewählten Bilder über ihn/sie selbst aus? Welche Farben und Formen zeigen sich? Welche Erfahrungen und Geschichten sind den Leuten *ins Gesicht geschrieben*? Ist das Halten von Augenkontakt in dieser Kultur üblich, unhöflich ... bzw. in welchen Situationen ist das so? Inwiefern gibt es kulturelle Unterschiede? ...

aus: A. Holzbrecher, Wahrnehmung des Anderen, Opladen 1997, S. 164f.

❶ Notiert bei der Exkursion zu den einzelnen Fragen eure Wahrnehmungen auf DIN A5-Karten!
❷ Auswertung: Stellt die Expeditionsergebnisse kurz vor! Vergleicht eure Wahrnehmung miteinander, indem ihr gegenüberstellt: un/wichtig, un/normal, heimisch/befremdlich, abstoßend/faszinierend, vertraut/angstauslösend, Phantasien auslösend ...!
❸ Gestaltet mit Hilfe eurer Karten ein Mind Map!

Fotomontage
Wählt Fotos aus unterschiedlichen Kulturen und Zeiten aus: Familien-, Kinderbilder, Darstellungen von z.B. Erziehungs-, Arbeits-, Spielszenen und montiert eigene Fotos altersentsprechend.

Standbild:
Historische Fotos bzw. Fotos aus unterschiedlichen Kulturen als Dias reproduzieren, an die Leinwand projizieren; stellt die Haltung der einzelnen Personen nach und entwickelt Szenen daraus!
(vgl. Holzbrecher, S. 265.)

❹ Haben sich ganz bestimmte Bilder und Muster vom Fremden dauerhaft herausgebildet?
❺ Gibt es Merkmale, auf Grund derer Menschen zu allen Zeiten und in unterschiedlichen Kulturen als fremd betrachtet werden?

Fremdheit: Wer ist wo, warum der Fremde?

Fremd ist der Fremde nur in der Fremde

Liesl Karstadt: *Wir haben in der letzten Unterrichtsstunde über die Kleidung des Menschen gesprochen, und zwar über das Hemd. Wer von euch kann mir nun einen*
5 *Reim auf Hemd sagen?*
Karl Valentin: *Auf Hemd reimt sich fremd!*
L.K.: *Gut – und wie heißt die Mehrzahl von fremd?*
10 **K.V.:** *Die Fremden.*
L.K.: *Jawohl, die Fremden. – Und aus was bestehen die Fremden?*
K.V.: *Aus „fremd" und aus „den".*
L.K.: *Gut – und was ist ein Fremder?*
15 **K.V.:** *Fleisch, Gemüse, Obst, Mehlspeisen und so weiter.*
L.K.: *Nein, nein, nicht was er ißt, will ich wissen, sondern wie er ist.*
K.V.: *Ja, ein Fremder ist nicht immer ein Fremder.* 20
L.K.: *Wieso?*
K.V.: *Fremd ist der Fremde nur in der Fremde.*
L.K.: *Das ist nicht unrichtig. – Und warum fühlt sich ein Fremder nur in der* 25 *Fremde fremd?*
K.V.: *Weil jeder Fremde, der sich fremd fühlt, ein Fremder ist, und zwar so lange, bis er sich nicht mehr fremd fühlt, dann ist er kein Fremder mehr.* 30
L.K.: *Sehr richtig! – Wenn aber ein Fremder schon lange in der Fremde ist, bleibt er dann immer ein Fremder?*
K.V.: *Nein. Das ist nur so lange ein Fremder, bis er alles kennt und gesehen hat,* 35 *denn dann ist ihm nichts mehr fremd.*

L. K.: *Es kann aber auch einem Einheimischen etwas fremd sein!*

K. V.: *Gewiß, manchem Münchner zum Beispiel ist das Hofbräuhaus nicht fremd, während ihm in der gleichen Stadt das Deutsche Museum, die Glyptothek, die Pinakothek und so weiter fremd sind.*

L. K.: *Damit wollen Sie sagen, daß der Einheimische in mancher Hinsicht in seiner eigenen Vaterstadt zugleich noch ein Fremder sein kann. – Was aber sind Fremde unter Fremden?*

K. V.: *Fremde unter Fremden sind: Wenn Fremde über eine Brücke fahren, und unter der Brücke fährt ein Eisenbahnzug mit Fremden durch, so sind die durchfahrenden Fremden Fremde unter Fremden, was Sie, Herr Lehrer, vielleicht gar nicht so schnell begreifen werden.*

L. K.: *Oho! Und was sind Einheimische?*

K. V.: *Dem Einheimischen sind eigentlich die fremdesten Fremden nicht fremd. Der Einheimische kennt zwar den Fremden nicht, kennt aber am ersten Blick, daß es sich um einen Fremden handelt.*

L. K.: *Wenn aber ein Fremder von einem Fremden eine Auskunft will?*

K. V.: *Sehr einfach: Frägt ein Fremder in einer fremden Stadt einen Fremden um irgend etwas, was ihm fremd ist, so sagt der Fremde zu dem Fremden, das ist mir leider fremd, ich bin hier nämlich selbst fremd.*

L. K.: *Das Gegenteil von fremd wäre also – unfremd?*

K. V.: *Wenn ein Fremder einen Bekannten hat, so kann ihm dieser Bekannte zuerst fremd gewesen sein, aber durch das gegenseitige Bekanntwerden sind sich die beiden nicht mehr fremd. Wenn aber die zwei mitsammen in eine fremde Stadt reisen, so sind diese beiden Bekannten jetzt in der fremden Stadt wieder Fremde geworden. Die beiden sind also – das ist zwar paradox – fremde Bekannte zueinander geworden.*

Karl Valentin

aus: Karl Valentin, Fremd ist der Fremde nur in der Fremde. zitiert aus: PÄDAGOGIK H. 9/Sept. 1993, S. 13.

❶ Lest den Valentin-Text mit verteilten Rollen und spielt das Gespräch nach!
❷ Erläutert die Rolle der Einheimischen bei der Entstehung und Festigung von Fremdheit!
❸ Haltet in einer Rangfolge fest, was Euch am meisten dabei behindert, Fremde dabei zu unterstützen, sich nicht mehr fremd zu fühlen!

„Ui, schau – was die auf dem Kopf hab'n!"

Die Macht der Bilder und Begriffe

Läßt sich so etwas wie ein unbewußtes Muster herausfinden, das mich/uns in der Beziehung zum Anderen oder Fremden leitet? Wenn ja, wodurch hat sich dieser Code herausgebildet? Wie hartnäckig verwende ich ihn?

Der Asylantentest

Mache den Test:

Bitte kreuze Merkmale an zwischen: bis wenig zutreffend = 5
sehr zutreffend = 1   Gib den Testbogen wieder ab.

Testbogen: Asylant

	1	2	3	4	5	
viele						wenige
laut						leise
rückständig						fortschrittlich
dunkel						hell
sauber						schmutzig
aggressiv						friedlich
arbeitsam						faul
städtisch						ländlich
ordentlich						chaotisch
stark						hilfebedürftig
erfreulich						unerfreulich
angesehen						verachtet

Testbogen: Politischer Flüchtling

	1	2	3	4	5	
viele						wenige
laut						leise
rückständig						fortschrittlich
dunkel						hell
sauber						schmutzig
aggressiv						friedlich
arbeitsam						faul
städtisch						ländlich
ordentlich						chaotisch
stark						hilfebedürftig
erfreulich						unerfreulich
angesehen						verachtet

aus: R.-E. Posselt/K. Schumacher, Projekthandbuch: Gewalt und Rassismus, Mülheim a.d. Ruhr 1993, S. 291.

❶ Führt den Test bitte zunächst selbst durch!

❷ Wertet den Test anschließend gemeinsam aus und benennt mögliche Gründe für die Zuschreibung der Merkmale: Informiert euch über die Bedeutung der Begriffe!

❸ Vergleicht die Kursergebnisse mit dem Resultat einer Befragung aus dem Jahr 1985 und den Erläuterungen zum Wort „Asylant" (s. S. 152).

Überlegt, ob ihr diesen „Test" auch mit anderen durchführen wollt. Bedenkt dabei auch mögliche Varianten, indem Ihr „Asylant" bzw. „Politischer Flüchtling" durch ein anderes Begriffspaar ersetzt. Durch begleitende Interviews könnt ihr vielleicht noch mehr an Motiven für bestimmte Vorurteile beim Ausfüllen der Bögen herausfinden.

Wie nehme ich den/das Andere/n wahr?
Wie nimmt der andere mich wahr?

Andere Personen lösen aus verschiedenen Gründen zum Teil höchst unterschiedliche Gefühle und Reaktionen aus. Spontane Sympathie, sofortige Akzeptanz bis hin zu einer massiven Ablehnung oder sogar Haß. Wo liegen Gründe für diese unterschiedlichen Wahrnehmungen ... ?

Collage:
„Eigenes und Fremdes"

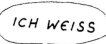

Material/Vorbereitung:
Plakatkarton für jede Gruppe,
Schreibzeug, Scheren, Klebstoff ...

Durchführung:
Bitte bildet durch Losverfahren Kleingruppen von ca. 3–5 Mitgliedern und gestaltet gemeinsam eine Collage aus sehr unterschiedlichen, z. B. folgenden Gegenständen. Sie soll enthalten:
– von jedem einen „persönlichen Gegenstand"
– mindestens zwei Haare von jedem Gruppenmitglied
– (Herbst-)Blätter oder sonstige Naturgegenstände
– eine Getränkedose
– von jedem rauchenden Mitglied eine (noch nicht gerauchte Zigarette); alternativ: Lieblingsgenußmittel
– von jedem Gruppenmitglied ein gemaltes (und in die Gesamtkomposition integriertes) Symbol für Fremdheit
– ein Objekt, das allen Gruppenmitgliedern gemeinsam „befremdlich" ist
– ....

Findet abschließend einen Titel für eure Collage.
Notiert stichwortartig, wie ihr euch jeweils selbst und wie ihr den/die Andere/n beim Gestalten wahrgenommen habt.

aus: A. Holzbrecher, Wahrnehmung des Anderen, Opladen 1997, S. 250 (veränd.).

❶ Stellt eure Collage aus und wertet sie aus!
❷ Sammelt Kennzeichen von „Fremdheit"; sucht einen Gegenbegriff!

»Wenn Flüchtlinge Asylanten genannt werden, werden es mehr«

*Assoziationen von Schülern zu den Begriffen
»Politischer Flüchtling« und »Asylant«*

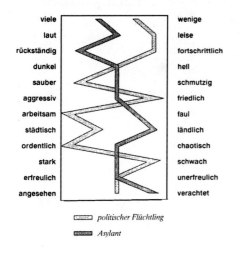

politischer Flüchtling
Asylant

»Die meisten Schüler hatten beim ›politischen Flüchtling‹ an Dissidenten aus dem Ostblock gedacht, einige an Flüchtlinge aus Chile; beim ›Asylanten‹ dachten die meisten Schüler an Afrikaner oder Asiaten.«

Im Blickpunkt: Das Wort »Asylant«
Diskriminierender Begriff

Burkhard Hirsch erteilte Nachhilfe. Das Wort »Asylant«, beschied unlängst der FDP-Abgeordnete seine Kollegen im Bundestag, sei ein »politischer Kampfbegriff« übler Sorte, ein Ausdruck der »Entmenschlichung«. Der einst verpönte Begriff »Asylant« fällt heute in jeder Asyldebatte, ist Politikern geläufig, Journalisten und Stammtischbrüdern. Dabei ist »Asylant« ein Unwort – sein Ursprung ist so unklar wie seine Bedeutung.

(...) Der Begriff sei diffus, urteilt Gerhard Müller von der Gesellschaft für deutsche Sprache in Wiesbaden. »Es ist semantisch unklar, was das Wort bedeutet.« Ebenso unklar ist seine Herkunft. Die Duden-Redaktion fand den Ausdruck 1970 in einem deutschspanischen Rechtswörterbuch, dessen Co-Autor ihn schon in den 60er Jahren in der juristischen Fachsprache gehört haben will, eine Fundstelle jedoch nicht nennen konnte.
Anfang 1978, so fand die in der Flüchtlingsarbeit aktive Juristin Simona Wolke heraus, tauchte »Asylant« dann bei SPD und Union im Bundestag auf – und ist seither auch in den Medien gebräuchlich. Der Begriff, der auch zur Unterscheidung zwischen willkommenen und weniger willkommenen Flüchtlingen dient – Dissidenten aus Osteuropa wurden anders als schwarz- oder braunhäutige Fremde nie als »Asylanten« bezeichnet – wird seither gern in Kombination mit bedrohlichen Worten verwendet: »Asylantenflut« oder »Asylantenansturm«. In solchen Begriffen, so monierte Hirsch, komme die Entfremdung und »Entmenschlichung« von Flüchtlingen nicht nur zum Ausdruck, solche Wortwahl schaffe auch Entfremdung.
Der üble Beiklang des Wortes lasse sich wissenschaftlich erhärten, sagt der Germanist Müller. Es ordne sich eher in die Reihe der negativ besetzten »-ant«-Worte wie »Simulant«, »Querulant«, »Spekulant«, »Intrigant« oder »Sympathisant« ein als in die der neutralen »-anten« wie »Leutnant« oder »Lieferant«. Wenn es nach Müller ginge, gehörte der Begriff auf den Index. Gerade in der Asyldebatte solle man mit »emotionsgeladenen« Worten sparsam umgehen. Und dazu zählt nach Einschätzung des Sprachforschers der »Asylant« allemal: »Das ist ein sprachlicher Pogromausdruck.«

SUSANNE HÖLL (Reuter)

aus: »Frankfurter Rundschau« vom 5. Oktober 1991 (gekürzt)

Bundeszentrale für politische Bildung, Argumente gegen den Haß, Bonn 1993, S. 62, S. 73.

Warum bleiben bestimmte „Bilder" so nachhaltig bestehen? Erliegt jeder einzelne etwa einer geschickten Manipulation – z. B. durch Presseberichte? Zum Einstieg die folgende Situationsschilderung.

So sind die Neger

Es kaufte sich eine ältere Frau im Schnellrestaurant einen Teller Suppe. Behutsam trug sie die dampfende Köstlichkeit an einen Stehtisch, hängte ihre Handtasche darunter. Dann ging sie noch einmal zur Theke,
5 den Löffel hatte sie vergessen. Als sie zum Tisch zurückkehrte, stand dort doch tatsächlich einer jener Afrikaner – schwarz, Kraushaar, bunt wie ein Paradiesvogel und löffelte die Suppe. Zuerst schaute die Frau ganz verdutzt, dann aber besann sie sich, lächelte ihn an und begann, ihren Löffel zu dem seinen in den Teller zu
10 tauchen. Sie aßen gemeinsam. Nach der Mahlzeit – unterhalten konnten sie sich kaum – spendierte der junge Mann ihr noch einen Kaffee. Er verabschiedete sich höflich.

Oder etwa nicht?

Als die Frau gehen wollte und unter den Tisch zur Handtasche greifen will, findet sie nichts – alles weg!
Also doch ein gemeiner, hinterhältiger Spitzbube. Ich hätte es mir doch gleich denken können — Gemeinheit! Enttäuscht, mit rotem Gesicht schaut sie sich um. Er ist spurlos verschwunden. Aber am Nachbartisch erblickt sie einen Teller Suppe, inzwischen kalt geworden. Darunter hängt ihre Handtasche.

Manfred Zacher in dem Heft **„Vorurteile"** aus Herten, in: Aktion Courage – SOS Rassismus, Handbuch Schule ohne Rassismus, Villigst, 1996, S. 96.

❶ Wieviele Menschen würden vermutlich wie diese Frau reagiert haben? Wieviele in einer anderen Weise? – Welcher z. B.?

❷ Überlegt,
  a) welche Personen eine vergleichbare Reaktion wie „der Neger" hätten auslösen können;
  b) wie es sich auswirkt, wenn z. B. die Rollen, der Ort, die Zeit ... usw. verändert würden! Probiert unterschiedliche Variationen durch!

Schreibt den Anfang dieser Geschichte als Erzählgeschichte um. Lest diesen Teil dann unterschiedlichen Leuten vor und bittet sie dann darum, den weiteren Fortgang selbst weiter zu erzählen oder zu schreiben. Vergleicht die „Lösungen" miteinander.

Der »Gastarbeiter« in der Presse

Im Zeitraum von Mai 1966 bis August 1969 untersuchte Manuel Delgado, in welcher Weise 84 täglich in Nordrhein-Westfalen erscheinende Zeitungen über »Gastarbeiter« berichteten. Der Zeitraum war ökonomisch geprägt von einer sich abflachenden Konjunktur, beginnender Arbeitslosigkeit und stetigem Zuzug ausländischer Arbeitnehmer. Wesentliche Ergebnisse seiner Untersuchung sind hier knapp zusammengefaßt:

1. Delgado unterscheidet vier Themenbereiche, unter denen sich Presseartikel über »Gastarbeiter« einordnen lassen. Über den ganzen Untersuchungszeitraum sind rund 63% aller ausgewerteten Artikel zu etwa gleichen Teilen mit »Arbeitsmarktberichten« und »Sensations- bzw. Kriminalitätsberichten« beschäftigt. Ein weiteres (knappes) Drittel ist von Sachinformationen bestimmt, ein geringer Teil enthält »Good-will-Informationen«, das heißt ausgesprochen wohlwollende Darstellungen, um allzu falsche Meinungen über »Gastarbeiter« entgegenzutreten. Diese Verteilung verändert sich im untersuchten Zeitraum: In der sich anbahnenden ökonomischen Krise steigt die »Sensationsberichterstattung« leicht an (um 3%), die »Good-will-Informationen« sinken auf die Hälfte (von rund 14% auf 7%), Sachberichte sinken von 30% auf 20% und nur die Arbeitsmarktberichte steigen erheblich (von 28% auf fast 40%).

2. Die einzelnen Zeitungen setzen unterschiedliche Schwerpunkte in ihren Berichten über »Gastarbeiter«. Erwartungsgemäß liegt die »Bildzeitung« an der Spitze der »Sensations- und Kriminalitätsberichterstattung«: 65% sämtlicher »Bild«-Artikel über »Gastarbeiter« sind dieser Sparte zuzurechnen, der Rest widmet sich ihnen in Verbindung mit der Arbeitsmarktentwicklung. Nur einige große überregionale Tageszeitungen senken während des Untersuchungszeitraums den Anteil der Sensationsberichter-

stattung: kleinere Zeitungen, regionale und örtliche Ausgaben berichten immer häufiger über Kriminalität, illegale Einwanderung und gesundheitliche Gefahren, die »Gastarbeiter« angeblich mit sich bringen. Ein offensichtlicher Zusammenhang: je mehr ein Blatt über »Gastarbeiter«-Kriminalität und andere Sensationen berichtet, desto weniger liefert es «Good-will-Informationen«.

3. Der unspezifische Sammelbegriff »Gastarbeiter« erfüllt eine besondere Funktion: Er schafft Distanz und ist für vorurteilsvolle Phantasien der Leser offen. Deutlich zeigt Delgado, daß der »Gastarbeiter« auch in der Presse im Grunde eher mit schlechten Charaktereigenschaften assoziiert wird. In einer Auszählung der Eigenschaften, mit denen »Gastarbeiter« bzw. einzelne Nationalitäten in den erfaßten Artikeln belegt werden, überwiegen die negativen gegenüber den positiven Eigenschaften. Im Vergleich zu Artikeln über bestimmte Nationalitäten – Türken, Griechen usw. – fallen die Eigenschaften deutlich schlechter aus, wenn nur von »Gastarbeitern« die Rede ist.

4. Die meisten der von Delgado ausgewerteten Zeitungsartikel beziehen sich entsprechend auf Probleme der »Gastarbeiter«, ohne nach nationaler Herkunft zu differenzieren. Auch in den wenigen »Good-will-Informationen«, die verbreiteten Vorurteilen entgegenarbeiten wollen, ist überwiegend nur von »Gastarbeitern« die Rede. Wenn es dagegen in den Berichten um scheinbar harte Fakten der Kriminalität geht und das allgemeine Vorurteil greifbarer, der *Täter* identifizierbar werden soll, steht immer die Angabe der Nationalität im Vordergrund (»Türke erstach ...«). Als *Opfer* krimineller Attacken von Deutschen wird aus dem Türken, Griechen etc. in der Schlagzeile eher verschleiernd wieder ein »Gastarbeiter«.

5. Überhaupt »die Türken«: Obwohl in den sechziger Jahren in Nordrhein-Westfalen nur die drittstärkste Gruppe hinter Italienern und Griechen, befassen sich die meisten Artikel (knapp 20%) mit ihnen. Berücksichtigt man die Gruppenstärke, entfällt auf 83 türkische »Gastarbeiter« ein Pressebericht. Weniger Beachtung finden die Jugoslawen (sie bilden die kleinste Gruppe) mit einem Pressebericht auf 108 jugoslawische »Gastarbeiter«. Den beiden größten Gruppen (Italienern und Griechen) gilt das geringste Interesse (1 : 173 und 1 : 163).

vgl.: Manuel Delgado, Die »Gastarbeiter« in der Presse. Eine inhaltsanalytische Studie, Opladen 1972

aus: Bundeszentrale für politische Bildung, Argumente gegen den Haß, Bonn 1993, S. 63.

❶ Stellt die Untersuchungsergebnisse dieser Studie dar; überlegt euch, wie ihr die Darstellung gliedern könntet!

❷ Sammelt während einer Woche aus mehreren Tageszeitungen Berichte, in denen über Deutsche und Ausländer berichtet wird und vergleicht die Darstellungsweisen mit Delgados Ergebnissen von 1972!

„Das Bild von Deutschen in ihren angrenzenden Nachbarländern": Beschreibt das Bild, das z. B. Niederländer oder andere Grenznachbarn von Deutschen haben. Überlegt euch eine möglichst illustrative Darstellung der Ergebnisse. Informiert euch in diesem Zusammenhang über den Begriff „Chauvinismus"!

Spurensuche:
legen uns „Bilder" und „Vor-Urteile" aus der Kindheit fest?

Vorurteile und bestimmte Fremdbilder sind also universale Merkmale von Gruppen und Gesellschaften. In multikulturellen Gesellschaften, wie z. B. in Deutschland, treten die Vorurteile gegenüber verschiedenen ethnischen Gruppen in sehr unterschiedlicher Weise, aber sehr häufig und auch deutlich auf. Psychologen und Soziologen suchen unter anderem durch Befragungen, Interviews und in Falluntersuchungen nach Entstehungsbedingungen und „typischen" Merkmalen.

Die Erfindung des Fremden (B. Rommelspacher)

Glaubt man den Massenmedien, ist der Traum der multikulturellen Gesellschaft ausgeträumt. Anstatt Interesse aneinander und Neugier herrsche Krieg unter den verschiedenen ethnischen Gruppen. Und die Rechtsradikalen machen weiterhin Straßen und Jugendklubs unsicher für alle, die für sie nicht deutsch aussehen.

Auch die Politik hat deutlich härtere Töne angeschlagen. Wurden die EinwanderInnen vor einigen Jahren noch differenziert entsprechend ihrer Herkunftsländer etwa aus dem Iran, Palästina, oder der Türkei, werden sie heute alle mit dem Islam identifiziert und dieser wiederum mit Fanatismus und religiöser Militanz gleichgesetzt.

Warum werden die Konflikte primär als Konflikte zwischen unterschiedlichen Kulturen interpretiert? Warum wird gerade der Islam zum Gegenspieler, indem islamischer Religionsunterricht mit der Aufstachelung gegen die deutsche Gesellschaftsordnung gleichgesetzt und das Tragen des Kopftuches zum Widerstand gegen den gesellschaftlichen Grundkonsens aufgebauscht werden? Was ist der rationale Kern einer solchen Argumentation?

Es ist keineswegs zufällig, was wir als fremd im Sinne von bedrohlich erleben und was nicht. Womit sich die Menschen vertraut machen und was sie als fremd von sich weisen, hat sehr viel mit ihnen selbst zu tun. Das Fremde, so die Grundthese Freuds, ist eine Konstruktion des Subjekts. Im Fremden begegnen uns verdrängte Anteile, allerdings angstbesetzte und unheimliche. Die positiven Anteile aber bleiben beim Selbst und definieren das Eigene. So werden zum Beispiel Tüchtigkeit, Fleiß und Entscheidungskraft vielfach erkauft durch die Abspaltung passiver Versorgungs- und Verwöhnungswünsche. Diese abgespaltenen Wünsche werden dann auf die „Fremden" projiziert. Wieviel Aggression dabei im Spiel ist, zeigt sich oft in dem Haß und der Bitterkeit, die in den Vorwürfen zum Beispiel gegen Asylbewerber zum Ausdruck kommen, daß sie sorglos in den Tag hinein lebten und alles umsonst bekämen. Diese Aggression spiegelt den Selbsthaß, der aus der Unterdrückung der eigenen Verwöhnungswünsche resultiert.

Wer zum Fremden gemacht wird, ist vor allem auch eine Frage der Macht

Nicht Fremdheit macht aggressiv, sondern die eigenen Aggressionen machen die anderen zu Fremden. In der Feinseligkeit schieben wir die anderen von uns und machen sie uns fremd. So wie wir umgekehrt in Liebe die Menschen an uns heranziehen, so schieben wir sie in der Aggression von uns fort.

Diese Spaltung der eigenen Gefühlsambivalenzen[1] in das negative Fremde und das positive Eigene hat jedoch seinen Preis. Denn diese Konstruktion bedarf der

Energie, um die Spaltungen aufrechtzuerhalten und äußert sich in dem ständigen Bemühen, die eigenen Auffassungen sich und den anderen zu bestätigen. Je starrer dies System, desto mehr ist das Subjekt mit der Umdeutung und der ängstlichen Überwachung der so konstruierten Wirklichkeit beschäftigt. Diese Menschen sind unfähig, „Erfahrungen zu machen".

Distanzen helfen, den Status quo[2] im Sinne der Mehrheit zu verteidigen

Die Konstruktion von Fremdheit, also die Frage, wer als bedrohlich empfunden wird und wer nicht, ist nicht nur eine Frage realer Unterschiede, sondern auch eine Machtfrage. Wenn Fremdheit das entscheidende Kriterium wäre, so fragt sich, warum wir uns mit dem Fremden nicht vertraut machen. Nicht die Fremdheit als solche ist das Problem, sondern: Was ist das Interesse am Nicht-Wissen-Wollen, und warum werden diese Distanzen immer wieder reproduziert[3]. Distanzen sollen den Status quo aufrechterhalten. Die Verhältnisse sollen bleiben, wie sie sind. Das wird jedoch immer schwieriger, je stärker die inneren und äußeren Widersprüche werden – etwa die wachsende Kluft zwischen Arm und Reich sowohl innerhalb des Landes als auch zwischen reichen und armen Nationen. Angesichts von Hunger, Armut, Krieg und Gewalt fragt sich, warum haben bestimmte Leute ein Recht auf Reichtum und Sicherheit und andere nicht. Das sind irritierende Fragen. Denn einerseits gehen wir davon aus, daß alle Menschen gleich sind und gleichermaßen ein Recht auf ein menschenwürdiges Leben haben, und andererseits werden wir mit immer krasseren Unterschieden konfrontiert. Wer im Wohlstand lebt, muß also irgendwie erklären und zumindest sich vor sich selbst rechtfertigen, warum er privilegiert ist. Angesichts dieses Dilemmas bieten sich Polarisierungen[4] an.

aus: B. Rommelspacher, Die Erfindung des Fremden die tageszeitung, Berlin 27.11.1997 (gek.).

---

[1] Unsicherheit, Zwiespältigkeit der Gefühle; [2] gegenwärtiger Zustand; [3] wiederholt herstellen; [4] Herstellen extremer Gegensätze

❶ Erarbeitet sorgfältig die Argumentation von B. Rommelspacher und fasst die Argumentation in eigenen Worten zusammen!
❷ Erläutert genau die These: „Das Fremde ... ist eine Konstruktion des Subjekts"!
❸ Überlegt, wodurch der einzelne Jugendliche dazu beitragen könnte, Fremdheit zu überwinden!

Erste Schritte einer Veränderung ...?

Der Mensch behält und verinnerlicht am meisten von dem, was er selbst angefasst, gefühlt und auch gemacht hat. Reden und Zuhören alleine reichen nicht aus, um bewusst Positionen zu entwickeln und in konkreten Situationen auch bewusst zu handeln. Es folgt ein Spiel, das euch helfen soll, den eigenen Standpunkt in der Auseinandersetzung mit dem Fremden zu überdenken.

Die Titanic – das Floß

Material und Zeit:
Eine Tür, ein Teppich, eine Decke o. ä.; ca. 30 min.
Teilnehmer: ca. 10. Je nach Kursgröße bietet es sich an, mehrere Spielgruppen zu bilden, um die Lösungen zu vergleichen.
Bildet eine Beobachtergruppe. Diese könnte den Verlauf in Orientierung an den Auswertungshinweisen protokollieren.

Auswertung:
Welche Lösungen zu welchem Preis wurden gefunden?
Wer hat sich durchgesetzt? Wie wurde diese Lösung begründet?
Wurden bestimmte Formen von Gewalt sichtbar?
Wie hätten sich die Leute gemeinsam retten können?
Inwiefern kann Handeln in Realsituationen simuliert werden?

Spielbeschreibung:
Anmerkung: Diese Übung ist eine klassische **Fish-bowl**-Übung. Dabei geht es darum, daß einige Leute in der Mitte (also wie Goldfische im Wasserglas) eine kritische Situation klären sollen, und von beobachtenden Menschen, außen herum, begleitet (und bestaunt) werden.
„Stellt Euch vor, Ihr seid Passagiere der Titanic. Diese hat einen Eisberg gerammt und ist schon gesunken. Die einzigen Überlebenden haben sich auf eine im Meer schwimmende Tür gerettet." Jetzt wird eine Tür in die Mitte gelegt (oder ein Teppich ausgebreitet), auf die (den) sich ca. 6 bis 8 Leute setzen. Die Tür ist alt und mit Stoffen gepolstert, sie saugt sich langsam voll Wasser. Noch trägt sie die acht Personen. Aber das Floß sinkt schon langsam. Lange wird es die acht Leute nicht mehr tragen können. In etwa 5 Minuten wird das Floß untergehen, wenn nicht mind. vier Leute die Tür (das Floß) verlassen. Ihr habt also genau 5 Minuten Zeit, um eine Lösung zu finden."
Jetzt kann das Spiel beginnen. Wie werden sich die Leute verhalten? Treten sie die vier Schwächsten von dem Floß – oder die Bockigen – oder die Schwersten oder wen? Machen sich die Leute fertig, verfallen sie in Fatalismus, ignorieren sie die Regieanweisungen?
Achtung: Hier kann eine Sonderregelung eingeführt werden. Für den Fall, daß eine/r der ZuschauerInnen aktiv wird und eine Lösung findet (oder glaubt eine gefunden zu haben), kann er/sie eine/n der Floßleute antippen und die Rolle des/der ZuschauerIn mit der FlößerIn vertauschen. Eine schärfere Spielvariante ergibt sich, wenn den Leuten bestimmte Rollen zugeschrieben werden (z. B. schwangere Frau, Berufsspieler, Kapitän, Handelsvertreter, Pastor, Waise etc.).
aus: Aktion Courage – SOS Rassismus Spiele, Impulse und Übungen, Villigst 1996, S. 102.

● Wertet die Übung aus! Greift dabei auf die Auswertungshinweise oben zurück!

Sehen – Hören – Verstehen – muß das Andere fremd bleiben?

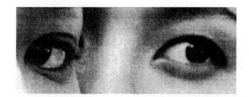

Wenn wir uns auf Begegnungen
nicht mehr einlassen, verlieren wir einen
entscheidenden Bestandteil unseres Lebens.
Er ist so, als würden wir aufhören zu atmen.

(Martin Buber)

Wir (die Autoren) sind der Meinung, daß die Begegnung mit dem Anderen immer auch eine Auseinandersetzung mit uns selbst ist. Deshalb empfehlen wir die folgende Übung.

Andere befremden durch meine „persönliche Note"

Material/Vorbereitung:
Im Vorbereitungsgespräch die Gruppenmitglieder auf mögliche Reaktionen vorbereiten; auffordern, die eigene Wahrnehmung und die Reaktionen der anderen bewußt zu registrieren; mit Theaterschminke (Pinsel) sich einen roten Punkt auf die Nase oder (noch besser:) eine „persönliche Note" – Viertel-, Achtelnote, punktiert ... evtl. mehrere Noten (= Melodie) in verschiedenen Farben – ins Gesicht malen

Durchführung:
Die Gruppenmitglieder gehen über den Schulhof bzw. durch die Fußgängerzone ... mit Pinsel und einigen Farben des Schminkkastens, fragen andere, ob sie „auch eine persönliche Note bräuchten ..." und malen eine solche entsprechend deren Wünschen ins Gesicht.
Es versteht sich von selbst, daß die Wirkung der Aktion z. B. auf einem Schulfest oder bei einer Projektwoche anders ist als in der Fußgängerzone: In eingrenzbaren Räumen kann die Situation eintreten, daß irgendwann die Zahl der „Bemalten" größer wird als derjenigen, die gegen eine „persönliche Note" Widerstand und Abwehr zeigten.

Variation:
Statt mit „persönlichen Noten" geht man mit skurrilen Masken über den Schulhof, durch die Fußgängerzone ...; eine „Kontrollgruppe" registriert Reaktionen des Publikums, evtl. Befragung, Tonbandinterview, u. U. können Passanten zur Stellungnahme aufgefordert werden, indem man über diesen „unmöglichen Aufzug" schimpft (vgl. Technik des „Versteckten Theaters" v. Augusto Boal (1979).

aus: A. Holzbrecher, Wahrnehmung des Anderen, Opladen 1997, S. 258.

❶ Wie habe ich die Aktion, mich selbst in der Gruppe, die Reaktion der anderen auf mich ... wahrgenommen?
❷ Wie fühlte ich (mich) als „Bemalter"?
❸ a) Fragt, wer aufgrund welcher Merkmale oder Reaktionen gerade den Wunsch hat, „fremd"/„anders" zu bleiben!
   b) Diskutiert, ob man sich aufgrund solcher Erfahrungen nicht verstärkt darum bemühen sollte, nicht „aufzufallen", sondern sich anzupassen!

Die Taubheit des Odysseus

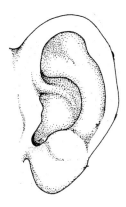

von Christina Thürner-Rohr

Zuhören drückt aus, daß andere mich etwas angehen. Es signalisiert Interesse an der Welt, Interesse an den anderen. Zuhören ist eine Metapher[1] für die Offenheit, für das Offenstehen der Person, die innere Gastfreundschaft. Wer zuhört, macht sich zugänglich und verwundbar, will von anderen wissen, ist von anderen beunruhigt, und will anderen antworten. Zuhören widerspricht dem monologischen[2] Bewußtsein. Es ist aktive Zuwendung und Irritation, kein bloßer Empfang ... Zuhören bedeutet Bejahung der anderen ...

Die unspektakuläre Haltung des Zuhörens kann nicht als Postulat[3] formuliert werden. Es ist die Frage nach der Existenzsuche der Individuen, die Frage nach dem Verhältnis zur Welt. Gemeint ist eine Haltung des „inter - esse", was Leben im Sinne des „unter Menschen weilen" heißt – mit Menschen zu tun haben, zwischen Menschen zu tun haben, zwischen Menschen handeln ... Und das Handeln, mit dem die Person sich ins Spiel und mit allen Risiken zum Vorschein bringt, ist nicht nur sprechendes Handeln.

Ohne Zuhören bleibt das Sprechen leer. Und ohne Resonanz bleibt es bloße Selbstreproduktion[4] oder verzweifeltes Agitieren[5]. Noch mehr als das Sprechen ist das Zuhören Ausdruck eines Interesses, mit dem das Individuum sich aussetzen will, um das eigene System zu überschreiten. Ein solches Interesse gibt Auskunft über ein Verhältnis zur Welt, das den gleichgültigen oder gelähmten Habitus[6] des Zynischen[7] oder Geschockten auf Dauer nicht erträgt.

aus: C. Thürmer-Rohr, Die Taubheit des Odysseus in: die tageszeitung vom 01.07.1994 (gek.).

---

[1] Bild, Umschreibung
[2] auf sich selbst gerichtet
[3] Forderung
[4] hier: Selbstbestätigung
[5] hier: Hetzen
[6] Haltung
[7] bissiger Spott

❶ Versucht eine Systematik zu entwickeln, mit der ihr die Voraussetzungen für „wirkliches Zuhören" erklären könnt!

❷ Diskutiert, ob die Anstrengung lohnt, eine Haltung des „inter - esse" zu entfalten!

Zum Nachdenken

Was ist Vaterland?

Mein Vaterland ...
    ist international
Meine Heimat ...
    ist überall
Mein Volk ...
    sind die Menschen dieser Welt
Meine Hautfarbe ...
    ist schwarz
        weiß
        gelb
    eine Mischung Mutter Erde

Frei ist man nicht

Wenn man Mauern in seinem Herzen baut
solange man sich von den Mauern nicht befreit
ist man nicht frei ...

Mauern aus Steinen sind leicht niederzureißen
aber die Mauern aus Haß
    die sind schwer
    in den Köpfen,
    aufzubrechen ...

aus: Celik H. Eren, Suche in der Fremde, Bonn 1992, S. 13/22.

● Versucht diese Gedichte zu interpretieren! „Interpretari" (lat.) heißt verstehen.

Blue Eyed von Bertram Verhaag, 93 min. Schwindstr. 3, 80978 München, Tel. 089/ 526601
„Themenorientierte AV-Medienkataloge" – Gewalt, Ausländerfeindlichkeit, Rechtsradikalismus. Beschreibung und Ausleihstellen, Bundeszentrale für politische Bildung, Berliner Freiheit 7, 53111 Bonn.

10. Kapitel: Janusz Korczak
– Arzt, Pädagoge, Freund der Kinder und der Menschen

Die Ermordung Korczaks und der Kinder im August 1942

Am 6. August 1942 marschieren Korczak und weitere Erzieher eines jüdischen Waisenhauses im Warschauer Ghetto mit 192 Kindern zum „Umschlagplatz", wo sie in Waggons zum Abtransport in Konzentrationslager verfrachtet werden. Ein Kind trägt die Fahne des Waisenhauses. Augenzeugen haben immer wieder berichtet, dass der Marsch Korczaks und der Kinder wie eine Prozession gewirkt habe: „Ich werde diese Szene in meinem ganzen Leben nicht vergessen ... Das war kein Marsch zu den Waggons, sondern ein stummer Protest gegen dieses mörderische Regime ... eine Prozession, die kein menschliches Auge je zuvor erblickt hat."

Janusz Korczak, alle Erzieher und alle Kinder teilen das grauenvolle Schicksal so vieler Juden in der Zeit des Nationalsozialismus. Sie werden in den Gaskammern von Treblinka vergast.

Korczak selbst hätte diesem Schicksal entgehen können. Mindestens zweimal hatte er die Gelegenheit sich zu retten. Korczak Biographin Betty Jean Lifton erzählt von dem Moment, wo begonnen wurde, die Kinder in die Waggons zu verladen: „Es gibt einige, die sagen, daß in dem Moment ein deutscher Offizier sich durch die Menge drängte und Korczak ein Stück Papier überreichte. Ein einflußreiches Mitglied ... hatte sich an jenem Morgen bei der Gestapo für ihn eingesetzt, und es heißt, Korczak habe die Erlaubnis gehabt zurückzukehren, nicht aber die Kinder. Korczak habe nur den Kopf geschüttelt und den Deutschen fortgewinkt." (B.J. Lifton, Der König der Kinder, S. 254.)

Sein Sekretär, Igor Newerly, der die Judenverfolgungen überlebte, hat berichtet: „Bei meinem letzten Besuch bei ihm im Ghetto hätte er mit mir gehen können, denn ich hatte noch einen gefälschten Passierschein bei mir. Er lehnte ab. Mehr noch, er war überrascht. Er hatte ganz einfach nicht von mir erwartet, daß ich ihm einen so nichtswürdigen Vorschlag unterbreiten werde – die Kinder angesichts des Todes im Stich zu lassen! Später erhielt ich sein Tagebuch ... Auf den letzten Blättern finden wir ein mit halber Stimme gesprochenes Bekenntnis: 'Ich wünsche keinem Menschen etwas Böses. Ich kann das nicht, ich weiß nicht, wie man das macht ...'" (I. Newerly, in: J. Korczak, Wie man ein Kind lieben soll, S. XXXII.)

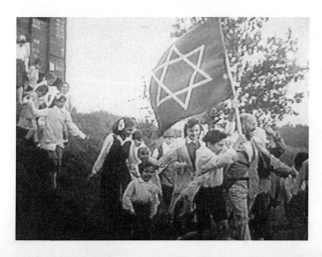

Bild aus dem Film von Andrej Wadza: „Korczak"
(Korczak und Kinder auf dem Weg zum Umschlagplatz)

Wer war Janusz Korczak?

Korczak wird 1978 als Henryk Goldszmit im Haushalt eines Rechtsanwaltes geboren; sein Großvater war Arzt gewesen. Henryk wird vom Vater eher streng erzogen, der wenig Verständnis für z. B. Träumereien des Jungen aufbringen kann. Es wird erwartet, daß Henryk sich den Lebensgewohnheiten der großbürgerlichen Familie anpaßt. Die Situation der Familie ändert sich, als Nervenzusammenbrüche des Vaters wiederholt auftreten, so daß dieser in ein sog. „Irrenhaus" muß, wo er 1896 unter nicht ganz geklärten Umständen stirbt. Henryk muß aus diesem Grunde zum Unterhalt der Familie mit beitragen – durch z. B. Unterrichten, wobei er seine Freude am Umgang mit Kindern entdeckt. Henryk studiert dann Medizin – er hat niemals Pädagogik studiert –, zugleich beginnt er zu schreiben und zu veröffentlichen. Als Autor schreibt er unter dem Pseudonym Janusz Korczak; so kommt er zu dem Namen, unter dem er später bekannt werden wird. Er hat als Autor Erfolg, er schließt dessen ungeachtet sein Medizinstudium erfolgreich ab und promoviert zum Dr. med. Seine Tätigkeit als Mediziner konfrontiert ihn nicht nur mit Krankheiten, sondern auch mit dem großen sozialen Elend seiner Patienten. Seine Erfahrungen als Arzt im Krieg haben ihn sicherlich auch weithin geprägt. Korczak führt zunächst als Arzt eine erfolgreiche Praxis, auch als Schriftsteller findet er Anerkennung.

1910 entscheidet er sich endgültig für ein Leben mit und für Kinder. Er wird Leiter eines Waisenhauses. Von diesem Zeitpunkt an lebt er nur noch für Kinder als Leiter von verschiedenen Häusern für Kinder und immer auch als Schriftsteller, der engagiert für die Sache der Kinder eintritt. Korczak verzichtet auf eine eigene Familie, seine vielen Aufgaben lassen das Leben in einer eigenen Familie nicht zu. Bis zu seiner Ermordung hört er nicht mehr auf, sich auf verschiedenste Weise für Kinder und ihre Rechte einzusetzen.

Es wäre sicherlich eine gute Idee, wenn eine Schülerin oder ein Schüler aus dem Kurs sich ausführlicher über das Leben Janusz Korczaks informieren würde und in einem Referat über Korczaks Lebensweg erzählen würde.

Referat/mündlicher Vortrag

In einem Referat stellen ein Schüler oder eine Schülerin oder auch mehrere Schülerinnen und Schüler Sachverhalte, Personen oder Überlegungen zu bestimmten Fragen bzw. Problemen für die Gesamtgruppe vor.

Referenten müssen ihr Material sorgfältig prüfen und sich auch überlegen, **wie** sie das, was sie mitteilen wollen, **sinnvoll präsentieren**.

Zunächst einmal sollten Referenten sich genau vor Augen führen:

Was will ich den anderen im Referat sagen? **Warum** sind Thema und Inhalt meines Referats für sie (für mich selbst) bedeutend?

Wenn Referenten verschiedenes Material sichten, so müssen sie sich fragen: **Welche Fakten, Aussagen, Gedanken sind überhaupt wichtig für mein Thema**? Wie kann ich

> meine vielfältigen Informationen **auf das reduzieren, was wirklich wichtig ist?**
>
> Wissen die Referenten, was sie sagen wollen, so müssen sie die Mitschüler so ansprechen, dass diese auch tatsächlich zuhören. Man sollte sich Stichpunkte aufschreiben und dann frei zu sprechen versuchen. So spricht man verständlich und nicht zu schnell. Je öfter man das auf diese Weise praktiziert, um so „sicherer" wird man dadurch.
>
> Hilfreich sind **visuelle Hilfen.** Ihr könnt Kerndaten, Kernthesen oder auch Schaubilder auf ein Papier schreiben und allen zur Verfügung stellen; ihr könnt aber auch eine Folie entwerfen und für alle an die Wand projizieren oder auch selbst an die Tafel schreiben. Wenn man etwas direkt vor Augen sieht, ist es für den, der erklären muss, und auch für die, die zuhören, leichter sich zu konzentrieren.
>
> Originell und sinnvoll wäre, wenn man sich Fragen überlegt, die man seinen Zuhörern stellen kann, womit man feststellen kann, ob sie alles gut verstanden haben. Natürlich könnte man sich auch kürzere Aufgaben in einem solchen Sinne einfallen lassen.
> **Alles, was vom sturen Ablesen eines fertigen Textes abweicht, macht ein Referat interessanter!**

Korczaks Zusammenleben mit Kindern

Über Janusz Korczak läßt sich nur schwer berichten, man muß von Janusz Korczak erzählen oder ihn selbst erzählen lassen.

Betty Jean Lifton hat anschaulich dargestellt, wie sich das alltägliche Zusammenleben von Korczak mit Kindern abgespielt hat:

Wetten

Es ist Freitagnachmittag. Eine lange Kinderreihe wartet in der Halle vor dem kleinen Vorratsraum, den Korczak jede Woche in ein Spielkasino mit einem einzigen Croupier umwandelt – nämlich ihm selbst.
»Also, was wettest du?« fragt er Jerzy, einen achtjährigen Lauselümmel, der als erster
5 in der Reihe steht. (...)
»Ich wette, daß ich mich diese Woche nur einmal prügeln werde«, sagt Jerzy.
»Die Wette kann ich wahrscheinlich nicht annehmen«, sagt Korczak, ohne von seinen Büchern aufzuschauen. »Das wäre dir gegenüber ungerecht.«
»Warum?«
10 »Weil du ganz sicher verlieren wirst. In der vergangenen Woche hast du fünf Buben verprügelt und sechs in der Woche davor, also wie willst du so schnell damit aufhören?«
»Ich schaff das.«
»Wie wär's denn mit vieren?«
»Zwei«, argumentiert Jerzy.
15 Sie handeln noch ein wenig weiter und einigen sich dann auf drei. Korczak trägt es ins Buch ein und gibt Jerzy einen Bonbon aus dem Korb. Wenn Jerzy gewinnt, kriegt er drei weitere Bonbons am folgenden Freitag. Wenn er verliert, kriegt er einen verständnisvollen Blick, Mut zugesprochen und vielleicht ein Stückchen Schokolade zum Trost. Jerzy weiß, daß, ganz gleich wie viele Kämpfe er zugibt, Korczak seine Angaben nie-
20 mals überprüfen wird – es ist Ehrensache.

Der nächste in der Reihe ist Antek.
»Was wettest du?«
»Daß ich in dieser Woche nur fünfmal fluchen werde.«
»Zuwenig.«
»Sechsmal.«
»Wie wär's denn mit sieben, ein Fluch für jeden Wochentag?« schlägt Korczak vor.
Antek nimmt das Angebot an und trollt sich strahlend – wildentschlossen, die Wette zu gewinnen.

Schauspielern

Korczak glaubte, daß ein Erzieher auch Schauspieler sein müsse, und tat bei einem unverbesserlichen Kind manchmal so, als ob er die Geduld verloren hätte. Er brüllte, sein Gesicht und seine Glatze liefen rot an, doch seine Worte waren nicht die einer offensichtlichen Ermahnung »Schäm dich!« oder »Laß das sein!«. Mit einem Griff in sein »Glas voller Scheltworte« holte er »Du Torpedo! Du Hurrikan! Du Perpetuum mobile! Du Rattenmensch! Du Lampe! Du Tisch!« hervor.
Häufige Wiederholungen weichten die Wirkung eines Ausspruches auf; das wußte er und erweiterte ständig sein Repertoire, lieh sich Begriffe aus der Natur und Kunst: »Du Stein! Du Dudelsack! Du Hackbrett!« Außerdem versuchte er, genau den Begriff herauszufinden, auf den ein bestimmtes Kind ansprechen würde. Es gab einen Racker, bei dem nichts zu wirken schien. Er gebrauchte jedes nur erdenkliche Wort – vergebens. Und dann eine plötzliche Inspiration: »Ach, du F-Dur!« Für den Rest des Tages war der Bub gebändigt.

Strafen?

Eine weitere Strategie: Er sagte zu einem Kind, das sich schlecht benahm: »Ich bin dir bis zum Mittagessen oder Abendessen böse.« Wenn es wirklich etwas ausgefressen hatte, konnte diese Frist auch bis zum nächsten Tag gehen; in dieser Zeit sprach er mit dem Kind kein Wort.

Er achtete darauf, niemals »Das habe ich dir schon hundertmal gesagt!« zu verwenden, denn das war ungenau und nörglerisch, und das Kind würde es ohnehin leugnen. Statt dessen sagte er: »Ich habe es dir am Montag oder Dienstag oder Mittwoch und so weiter gesagt.« Oder: »Ich hab es dir im Januar, Februar und so weiter gesagt.« Oder: »Im Frühling, Sommer, Herbst oder Winter.« Nicht nur, daß dies eine präzise und faire Angabe war; er erreichte zwei Dinge gleichzeitig: er lehrte das pflichtvergessene

Kind die Wochentage, die Monatsnamen oder Jahreszeiten und erweiterte so sein Vokabular.

Ganz gleich wie unverbesserlich ein Kind war, Korczak griff niemals zu den sonst üblichen Waisenhausmethoden wie Schläge oder Essensentzug – Strafen, die er für »ungeheuerlich, sündhaft und kriminell« hielt. Aber wenn keine seiner Bemühungen Erfolg zeigte, kam dann irgendwann doch der schmerzliche Augenblick, in dem eine Tracht Prügel in Erwägung gezogen werden mußte. Schmerzlich deshalb, weil Korczak glaubte, daß Prügel eher zu einer Sucht für den Erwachsenen werden als eine erzieherisch sinnvolle Maßnahme abgeben würden. »Aber wenn es denn sein muß, niemals ohne Warnung und auch nur als einmalige notwendige Verteidigungsmaßnahme. Und auch dieses eine Mal ohne Wut.«

Der Erzieher, der ein Kind versohlte, glich dem »Chirurgen, der mit einer unheilbaren Krankheit kämpft: nur die gewagte Operation kann das Leben des Patienten noch retten – oder es beenden.« Das Risiko mußte man eingehen.

Loben

Wenn ein Kind sein Betragen oder seine Leistungen verbesserte, bekam es eine Bildpostkarte mit Korczaks Unterschrift. Wenn es sich nicht besserte, erhielt es vielleicht zum Ansporn trotzdem eine Karte. Die Postkarte hatte den Vorteil, bunt und billig zu sein; außerdem nahm sie keinen Platz weg, und ihr Besitzer konnte sie ohne weiteres zu seinen Schätzen geben. (...)

Die Bilder auf den Karten paßten zu den Leistungen, für die ein Kind eine solche Karte erhielt: Wer im Winter nach dem Wecken sofort aus dem Bett sprang, hatte eine Schneelandschaft auf seiner Karte; im Frühling war es eine Frühlingsansicht. Für's Kartoffelschälen gab es Blumen. Für's Raufen, Zanken und zuviel Ausgelassenheit eine Tigerkarte.

Achtung von kindlichen „Besitztümern"

Als eine Besucherin fragte: »Was ist denn an diesen Karten so Besonderes, die bekommt man doch überall für ein paar Pfennige?«, meinte Korczak barsch: »Manche Dinge sind für manche wertvoll, für andere nicht. Ich kenne Leute, die die Bilder ihrer Mutter als Kochplatten verwenden.«

Alles, was ein Kind sammelte, war für Korczak sehr wichtig. Scheinbar wertlose Gegenstände – ein Stück Schnur, Perlen, Briefmarken, Federn, Tannenzapfen, Kastanien, Trambahnkarten, trockene Blätter, Bänder – hatten vielleicht eine Geschichte oder sonst einen unschätzbaren emotionalen Wert: »Das alles sind Erinnerungen an die Vergangenheit oder Sehnsüchte nach der Zukunft. Eine kleine Muschel ist der Traum einer Reise ans Meer. Eine kleine Schraube und ein paar Stücke Draht sind ein Flugzeug und der stolze Traum, eins zu fliegen. Das Auge einer vor langer Zeit zerbrochenen Puppe ist die letzte Erinnerung an eine verlorene Liebe. Man findet vielleicht auch die Photographie der Mutter eines Kinder oder zwei Pfennige in einer rosa Schleife, die der inzwischen längst verstorbene Großvater dem Kind einst gab.«

Durch eigene Erfahrungen lernen lassen

Als die Kinder wegen des Pflückens der Äpfel von der Apfelbaumallee, die beim Tor begann und den Pfad entlangführte, einen Sitzstreik veranstalteten, berief Korczak eine Versammlung ein. (...)
»Jetzt sagt ihr mir, was ihr tun wollt.«
Sie wußten es nicht. Dann fiel ihnen ein, daß es auf dem Kiesweg vor der Veranda weh tat, barfuß zu gehen, und einer der Buben schlug vor, Erde auf den Kies zu schaffen. Korczak war einverstanden. In der folgenden Woche mühten sich die Streiker, die Erde mit Schubkarren von den Feldern herbeizuschaffen. Es gelang ihnen, einen weichen Weg herzustellen, auf dem man schmerzlos barfuß gehen konnte. Doch als nach dem ersten schweren Regen eine einzige Matschpiste entstanden war, begriffen sie den praktischen Wert von Kies und daß es für vieles, was sie als selbstverständlich ansahen, ganz bestimmte Gründe gab.

Handeln aus „edlen Motiven" auch gegen Regeln

Um drei Uhr früh hörte Korczak eines Morgens einige Buben, die klagten, wegen der Stechmücken nicht schlafen zu können. Er raunte ihnen zu, sich schnell anzukleiden und ihn dann bei der Kartoffelhütte zu treffen. Die Tür der Hütte war verschlossen, und Korczak bat den kleinen, dünnen Strulik, durchs Fenster zu kriechen und sie hereinzulassen. Jeder nahm sich einige Kartoffeln, und sie schlichen durch den Wald auf eine Lichtung, wo sie öfters picknickten. Sie spielten einige Spiele, erzählten sich Geschichten und machten dann ein Kartoffelfeuer. (...)
Sobald sie ins Lager zurückkamen, es war schon lange nach dem Frühstück, trug sich Korczak in die Liste für Gerichtsverhandlungen ein. Er bekannte, das Lager nach Einbruch der Dunkelheit verlassen und ohne Erlaubnis Lebensmittel mitgenommen zu haben. Auch die Buben trugen sich ein, weil sie schließlich Komplizen gewesen waren. Der Kindergerichtshof, der auch hier wie in Warschau samstags morgens tagte, befand sie alle für schuldig. Aber die Richter verziehen Korczak, weil er aus edlen Motiven gehandelt hatte.

aus: Betty Jean Lifton, Der König der Kinder. Das Leben von Janusz Korczak, 4. Aufl., Stuttgart 1991, S. 170–178 (Auszüge).

❶ Überlegt, ob Korczaks Umgangsformen mit Kindern „besondere" Umgangsformen darstellen!
❷ Denkt darüber nach, ob solche Verhaltensweisen, wie Korczak sie zeigt, auch für den Umgang mit heutigen Kindern „gute" Verhaltensweisen wären!
❸ Könnt ihr in den Verhaltensweisen Korczaks grundsätzliche Leitlinien für sein erzieherisches Handeln entdecken? Versucht solche Leitlinien zu beschreiben!

Kultur des Zusammenlebens: Kindergericht und Kinderparlament

Die Einrichtung von Kindergericht und Kinderparlament in seinen Waisenhäusern war – dessen war sich Korczak bewußt – ein Experiment. Korczak war Realist, in seinem Roman „König Hänschen" hat er nicht verschwiegen, wie schnell in Kinderparlamenten heillose Streitereien und unvernünftige Vorschläge und Abstimmungen aufkommen könnten. Im Waisenhaus aber konnten Korczak und – was wichtiger ist – die Kinder bedeutsame eigene Erfahrungen mit den Institutionen Gericht und Parlament machen

Man muss allerdings wissen, dass Kindergericht und Kinderparlament nicht einfach voraussetzungslos eingeführt wurden. Im Waisenhaus wurde versucht, Gemeinschaft so zu organisieren, dass – so weit so etwas machbar ist – niemand sich als benachteiligt erleben sollte.

So z. B. mussten notwendige Arbeiten – auch die unangenehmeren Tätigkeiten – von allen im Waisenhaus erledigt werden. Sogar die Erzieher sollten sich daran beteiligen. Ganz entscheidend für das Zusammenleben war die offene Kommunikation im Haus. Eine große Tafel bot Raum für Informationen, die alle angingen. Hier wurden nicht nur organisatorische Punkte bekannt gemacht; Mitteilungen konnten so weitergegeben werden, auch Lob und Kritik wurden auf diese Weise öffentlich gemacht.

Das Schwarze Brett im Waisenhaus

Des weiteren stand ein Briefkasten bereit, wenn Kinder Sorgen, Wünsche, Kritik mitteilen, aber nicht für jedermann öffentlich machen wollten.

In einem Kramladen konnte getauscht und (für wenig Geld) eingekauft werden, sogar ein Notariat, wo Vereinbarungen festgehalten wurden, wurde zeitweise eingerichtet.

Kinder konnten im Waisenhaus die verschiedensten Dienstleistungen übernehmen; diese Dienste waren beliebt, da die Kinder für diese Dienste entlohnt wurden: Korczak verlangte nicht von den Kindern, alle Aufgaben nur aus Idealismus heraus tun zu wollen: „Warum sollen wir ein Kind nicht möglichst früh lehren, was Geld ist, nämlich eine Entlohnung für eine Arbeitsleistung; damit es den Wert der Unabhängigkeit verspürt, die verdientes Geld verschafft, und damit es die guten und schlechten Seiten des Besitzes kennenlernt."

Regelmäßige Versammlungen fanden statt, wo offene Fragen, Ideen, Probleme beraten wurden. Die Ideen der Kinder wurden ernst genommen, ihre Vorschläge wurden häufig in die Tat umgesetzt.

Wöchentlich wurde eine Zeitung herausgegeben. So wurde vieles bekannt, was im Alltag passierte. In dieser Zeitung durften auch Kritik und Beschwerden geäußert werden. Das galt auch und insbesondere mit Blick auf die Erzieher.
Eine Besonderheit im Waisenhaus war die Möglichkeit, dass Kinder Betreuungsverhältnisse übernehmen konnten. Ein Kind erklärte sich bereit, ein anderes (jüngeres) Kind zu betreuen. Es beriet und half dann diesem anderen Kind, vermittelte in Konflikten und sprach für es bei Erziehern oder Lehrern vor. Es gibt Berichte, die belegen, dass schon 12jährige Kinder sehr erfolgreich und hilfreich jüngere Kinder in diesem Sinne „betreuten".

Informationen aus: J. Korczak, Wie man ein Kind lieben soll, S. 286–301.

In diesem Kontext muss man das „Gericht" und das „Parlament" einordnen. Gericht und Parlament sind Bestandteile neben anderen in einem System, das vor allem ein Ziel verfolgt: es möglich zu machen, dass im Waisenhaus viele Jungen und Mädchen – und zwar so, wie sie nun einmal sind – miteinander auskommen können:

Die Richter

Das Gericht tritt einmal wöchentlich zusammen. Die Richter werden durch das Los aus dem Kreise derer bestimmt, gegen die im Laufe einer Woche keine Streitsache anhängig war. Zur Verhandlung von je fünfzig Rechtssachen werden fünf Richter ausgelost.

§ 1: Das Gericht verkündet, daß A seine Klage zurückgezogen hat.

§ 5: In dieser Frage verzichtet das Gericht auf einen Urteilsspruch in der Annahme, daß diese Vergehen in nicht allzu langer Zeit von selbst aufhören.

§ 9: [...]
Das Gericht belobigt – dankt – drückt sein Bedauern aus.

§ 10: Das Gericht sieht in der Tat von A keine Vergehen, sondern ein Beispiel von Zivilcourage (von Tüchtigkeit, Rechtschaffenheit, Redlichkeit, edler Begeisterung, Aufrichtigkeit und Herzensgüte).

§ 13: Das Gericht drückt sein Bedauern darüber aus, daß so etwas geschehen konnte, ohne jedoch A zu beschuldigen.
Das Gericht verzeiht, denn es kann keine böse Absicht bemerken.

§ 32: Da viele das gleiche getan haben, wäre es unbillig, einen zu verurteilen.

§ 33: Das Gericht spricht die Verantwortung für das, was A getan hat, B zu.

§ 60: Das Gericht verzeiht dem A, weil er es (wie er sagte) im Zorn getan hat, er von jäher Art ist – aber er wird sich bessern.

§ 61: Das Gericht verzeiht A, weil er es aus Eigensinn gemacht hat, aber sich bessern wird.

§ 64: Das Gericht verzeiht A, denn er hat aus Furcht so gehandelt, er will mutiger sein.

§ 65: Das Gericht verzeiht A, weil er schwach ist.

§ 66: Das Gericht verzeiht A, denn er hat unter Druck so gehandelt.

§ 71: Das Gericht verzeiht, denn A bedauert es, daß er so gehandelt hat.
Das Gericht verzeiht bedingt.

§ 80: Das Gericht verzeiht A, denn es ist der Meinung, daß nur Güte ihn bessern kann.

§ 92: Das Gericht verzeiht, weil A uns bald verlassen wird und das Gericht es vermeiden will, daß er im Zorn von uns geht.

§ 93: Das Gericht verzeiht dem A, weil es der Auffassung ist, daß ihn übertriebenes Wohlwollen und übermäßige Nachsicht seitens aller anderen verdorben haben; das Gericht weist A nachdrücklich darauf hin, daß vor dem Gesetz alle gleich sind.

§ 100: Ohne zu verzeihen, stellt das Gericht fest, daß A das getan hat, was ihm in der Anklage vorgeworfen wird.

§ 600: Das Gericht erkennt, daß A sehr schlecht gehandelt hat. Das Urteil ist in der Zeitung bekanntzumachen und an der Tafel auszuhängen.

§ 700: Das Gericht erkennt, daß A sehr schlecht gehandelt hat. Das Urteil ist in der Zeitung bekanntzugeben, an der Tafel auszuhängen und der Familie mitzuteilen.

§ 800: Das Gericht entzieht A die Rechte der Gemeinschaft auf die Dauer einer Woche und ladet die Familie vor, um sich mit ihr zu verständigen. Das Urteil wird in der Zeitung und durch Tafelaushang bekanntgegeben.

§ 900: Das Gericht sucht einen Betreuer für A. Wenn sich im Verlaufe von zwei Tagen kein Betreuer findet, wird A von der Anstalt verwiesen. Das Urteil wird in der Zeitung bekanntgegeben.

§ 1000: Das Gericht verweist A aus der Anstalt. Das Urteil wird in der Zeitung bekanntgemacht.

aus: Janusz Korczak, Wie man ein Kind lieben soll, S. 312–317.

Bild aus: J. Korczak, König Hänschens Kinderparlament, in: Lesen, Darstellen, Begreifen, Ausgabe A., 5. Schuljahr, hg. von F. Hebel, Frankfurt am Main 1991, S. 41.

Originell sind die Beschlüsse des Parlaments:

§ 9. Der 22. Dezember. Losung: „Es lohnt sich nicht aufzustehen" (denn der Tag ist kurz). Wer will, kann schlafen und braucht nicht aufzustehen. Wer will, braucht sein Bett nicht zu machen. Einzelheiten werden von der Verfassungskommission des Sejm erarbeitet.

§ 10. Der 22. Juni. Losung: „Es lohnt nicht, sich hinzulegen." Wer will, kann die ganze Nacht wach bleiben. Bei schönem Wetter Nachtmarsch durch die Stadt.

§ 18. Der Tag der Toten. Während des

Morgengebetes wird der verstorbenen Erzieher namentlich gedacht.

§ 19. Tag des dreihundertfünfundsechzigsten Mittagessens. Die Hauswirtschafterin bekommt für ihre Mühe Bonbons, ebenso der Küchendiensthabende. Losung: „Namenstag der Küche." Anmerkung: erwünscht sind Vorschläge für die Ehrung der Wäscherei.

§ 22. Tag des Schmutzbartels. Losung: „Sich zu waschen ist verboten." Wer sich an diesem Tage waschen will, (muß) eine Gebühr zahlen, deren Höhe der Sejm beschließt.

§ 24. Tag der Uhr. Der unpünktliche Schuster hat sich, nachdem er es versprochen hatte, gebessert und ein ganzes Jahr die reparierten Schuhe am richtigen Tag zur festgesetzten Stunde geliefert. Der Sejm hat ihm eine Postkarte für Pünktlichkeit zuerkannt. Zur Erinnerung daran dürfen die Kinder am Tag dieses Sejmbeschlusses eine Stunde länger in der Stadt bleiben.

§ 32. Tag der Ermutigung. Wer in einem Jahr die meisten Schulparagraphen hatte, erhält freisprechende Urteile für die Vergehen einer ganzen Woche. Falls er will, kann er Richter sein. Dieser Tag wird eingeführt zur Erinnerung daran, daß einer der größten Lümmel eine Woche lang kein einziges Verfahren hatte.

aus: Janusz Korczak, Wie man ein Kind lieben soll, S. 354–356.

❶ Versucht in Arbeitsgruppen, typische Vergehen von Jugendlichen heute aufzulisten und überlegt, nach welchen Paragraphen des Gerichts Korczaks ihr jeweils Urteile fällen würdet? Bedenkt in diesem Zusammenhang, ob die Paragraphen für den Umgang mit heutigen „Vergehen" ausreichen würden!

❷ Überlegt, wie eine Orientierung an den Leitlinien und Gesetzen Korczaks die Umgangsformen in einer Klasse/Schule verändern würde! Wären Korczaks Ideen in einer Schule überhaupt zu verwirklichen? Warum bzw. warum nicht?

❸ Welche Forderungen/Ideen würdet ihr in ein Schulparlament einbringen wollen?

❹ Schreibt eine Utopie, indem ihr eine Schule ausmalt, die nach den Prinzipien Korczaks organisiert würde!

Utopie

In einer Utopie stellen wir uns ein zukünftiges verändertes Leben vor. Eine Utopie ist immer dann besonders gelungen, wenn wir eine Zukunft nicht nur in allgemeinen Worten prophezeien, sondern so anschaulich wie möglich ausmalen. Wichtig ist, dass ihr anders als etwa in sog. Science-fiction-Erzählungen eine Utopie entwerft, die tatsächlich einmal so möglich sein könnte.

Lest die Schulordnung eurer Schule und vergleicht sie mit den „Ordnungs"-Ideen Korczaks! Entwickelt Vorschläge für eine Verbesserung der „Ordnung" an eurer Schule! Fragt euch, ob vielleicht die eine oder andere Idee nicht auch tatsächlich ernsthaft berücksichtigt werden müsste!
Informiert euch über die Mitbestimmungsmöglichkeiten bzw. -organe in eurer Schule! Sind diese Mitbestimmungsmöglichkeiten ausreichend? Wo können und wollen Kinder und Jugendliche eher Einfluß nehmen – in eurer Schule oder in einem der Häuser Korczaks? Welche Motive haben junge Menschen, in bestimmten Institutionen Einfluss zu nehmen oder umgekehrt auf Einflussnahme zu verzichten?

Korczak als Kinderbuchautor

Korczak hat viel geschrieben; er hat regelmäßige Radiosendungen gestaltet. Korczak hat vor allem viele Freunde damit gewonnen, dass er einfach erzählt hat.

Das bekannteste Buch ist die Geschichte von König Hänschen I, welches so erfolgreich war, dass Korczak noch einen Folgeband geschrieben hat: König Hänschen auf einer einsamen Insel.

Vielleicht könnt ihr dieses Buch in eurem Kurs gemeinsam vollständig lesen.

 Möglich wäre auch, dass einige Schüler aus eurem Kurs das Buch lesen und den Inhalt des Buches genauer vorstellen.
Ihr könntet dann gemeinsam diskutieren: Ist dieses Buch ein gelungenes Buch für Kinder? Welche Absichten verfolgte wohl Korczak mit dem Schreiben dieses Buches?

Kinderrechte nach Janusz Korczak

Am 20. November 1959 werden von der Vollversammlung der Vereinten Nationen einstimmig die „Rechte der Kinder" erklärt.
Wir sind bis heute weit davon entfernt, diesen Rechten der Kinder in der Welt wirklich Geltung zu verschaffen. Aber immerhin sind solche Rechte formuliert und stellen eine rechtliche Grundlage für Menschen dar, die sich für Kinder einsetzen wollen.

Eigentlich müssten in allen Schulen oder auch anderen Gebäuden für Kinder und Jugendliche die Kinderrechte der UN öffentlich aushängen.

Kennt ihr die Kinderrechte? Erkundigt euch nach dem Text der Kinderrechte!

Vielleicht findet ihr einen Ort in der Schule, wo ihr den Text der Kinderrechte dauerhaft aushängen könnt bzw. dürft!

Janusz Korczak hat schon lange Zeit vorher über fundamentale Rechte für Kinder nachgedacht. Korczak wusste, dass es wichtig ist, Kinderrechte kurz zusammenzufassen. Jeder sollte diese Rechte kennen können und auch verstehen können. Korczak hat die Recht der Kinder in drei Grundrechten zusammengefasst:

1. Das Recht des Kindes auf seinen Tod

Das erste Grundrecht des Kindes, das Korczak formuliert, ist sicherlich auf einen ersten Blick leicht misszuverstehen. Was heißt es, das Kind habe ein Recht auf seinen Tod? Indem Korczak das kindliche Recht auf seinen Tod fordert, will er letztlich das kindliche Recht, sein Leben auch leben zu dürfen, verteidigen. Korczak schreibt: „Aus Furcht, der Tod könnte uns das Kind entreißen, entziehen wir es dem Leben; um seinen Tod zu verhindern, lassen wir es nicht richtig leben." Korczak wehrt sich gegen erzieherische Übervorsicht, die die Kinder in enge Fesseln zwingt und ihnen verwehrt, eigene Lebenserfahrungen zu machen: „Das Zimmer für das Kleinkind hat sich aus der Entbindungsklinik entwickelt, und diese ist nach den Vorschriften der Keimfreiheit eingerichtet. Achten wir darauf, das Kind in dem Bestreben, es vor Diphteriebakterien zu schützen, nicht in die muffige Atmosphäre von Langeweile und Willenlosigkeit zu versetzen." Korczak nimmt in seiner Kritik an den Erwachsenen kein Blatt vor den Mund: „Das Bangen um das Leben des Kindes verbindet sich mit der Furcht, es könne sich verletzten. Und diese Furcht wiederum ist mit der Sorge um die zur Aufrechterhaltung der Gesundheit notwendige Sauberkeit verknüpft. Hier nun wird die Laufkette der Verbote auf ein neues Schwungrad übertragen: Sauberkeit und Unversehrtheit der Kleidung, der Strümpfe, der Krawatte, der Handschuhe und der Schuhe; schon geht es nicht mehr um das Loch in der Stirn, sondern um das in der Hose. Nicht Gesundheit und Wohl des Kindes, sondern unser Ehrgeiz und Geldbeutel spielen die Hauptrolle. Eine neue Laufkette von Verboten und Geboten

setzt das Rad unserer eigenen Bequemlichkeit in Gang." Korczak fragt so kritisch an, ob die vermeintliche Sorge um die Gesundheit und das Leben des Kindes immer Sorgen wirklich primär um das Wohl des Kindes sind. Oder denken die Erwachsenen nicht – ohne es sich einzugestehen – mehr an sich selbst: an ihre Mühen oder Ängste bei Krankheit der Kinder, an ihren guten Ruf, wenn bekannt würde, dass ihr Kind aufgrund von Unachtsamkeit Schaden genommen haben könnte. Wie aber, so fragt Korczak, soll ein Mensch sich als Mensch entwickeln können, wenn er nicht auch solche Erfahrungen machen darf, die mit Risiken zu tun haben.

2. Das Recht des Kindes auf den heutigen Tag

Was heißt es, ein Grundrecht „auf den heutigen Tag" zu haben? Auch dieses Grundrecht soll das Kind schützen. Das Kind, so Korczak, müsse davor geschützt werden, dass sein Leben in der Gegenwart für eine vermeintlich bessere Zukunft mit vielen fragwürdigen Verboten und Geboten, Aufgaben und Anforderungen belastet werde. Wieviel wird Kindern (oder auch Jugendlichen) von Eltern, Erziehern oder Lehrern aufgebürdet mit dem Hinweis, das alles geschehe nur, damit sie es später einmal gut haben sollten. Korczak will nicht das Heute dem Morgen opfern. Natürlich weiß auch Korczak, dass Menschen lernen müssen, damit sie die Aufgaben, die zukünftig auf sie zukommen werden, einmal bewältigen können. Aber darf man deshalb ein Kind immer nur mit Blick auf seine entfernte Zukunft hin erziehen? Korczak lässt keinen Zweifel: „Wir sollten auch die gegenwärtige Stunde achten, den heutigen Tag. Wie soll es [das Kind] morgen leben können, wenn wir es heute nicht bewusst, verantwortungsvoll leben lassen?" Korczak will jeden Moment im Leben eines Mitmenschen, eines Kindes ernstnehmen und achten. Nur so könne sich ein Mensch sinnvoll als Mensch entwickeln. Nur wenn man das Leben und Erleben eines Kindes in jedem Moment ernstnehme, könne man einem Kind gerecht werden und zeige Achtung „vor den Geheimnissen und Schwankungen der schweren Arbeit des Wachsens".

Erwachsenen, die im Umgang mit Kindern immer nur an die Zukunft denken, nimmt Korczak kritisch in den Blick: „Was wird aus ihm, wenn er groß ist? – So fragen wir mit Bangen. Wir möchten, dass unsere Kinder besser werden, als wir es sind. Wir träumen von dem vollkommenen Menschen der Zukunft. Wir müssen schon wachsam sein, um uns selbst bei einer Lüge zu ertappen und den in Phrasen gekleideten Egoismus bloßzulegen... Wir erlauben den Kindern nicht, uns zu kritisieren, noch kontrollieren wir uns selbst. Wir sind freigesprochen; also haben wir den Kampf mit uns aufgegeben und diese Bürde den Kindern auferlegt." Warum sollen nur Kinder anstrengend lernen müssen für eine bessere Zukunft? Müssten nicht auch genauso die Erwachsenen immer noch anstrengend für eine bessere Zukunft lernen? Warum sollen nur Kinder sich immer gut benehmen, rücksichtsvoll sein? Dürfen Erwachsene das von Kindern verlangen, wenn sie selbst nicht Vorbilder in einem solchen Sinne sind?

3. Das Recht des Kindes, so zu sein, wie es ist.

Dürfen Erwachsene Kinder kritisieren, wenn sie sich nicht immer auch selbst kritisch betrachten? Dürfen sie Kinder zu „Besserungen" drängen, wenn sie selbst nicht Besserungen anstreben?

Aus diesem Grunde vereidigt Korczak das Recht eines Kindes, so zu sein, wie es ist. Kinder werden nicht dazu geboren, irgendwelche Träume von Erwachsenen zu erfüllen. Sie sind, wie sie sind, und, so Korczak, sie sollen auch sein können, wie sie nun einmal sind. Vielleicht kann man sagen, dass Korczak auf diese Weise die Würde des Menschen und besonders des Kindes verteidigt.

Korczak durchschaut: „Es ist eine flüchtige Mode, ein Fehler, eine unvernünftige Meinung, dass uns alles, was nicht hervorragend ist, als verfehlt und wertlos erscheint. Wir kranken an dem Hang zur Unsterblichkeit ... Ein Kind ist kein Lotterielos, auf das der Gewinn eines Porträts im Sitzungssaal eines Magistrats oder einer Marmorbüste im Vestibül eines Theaters fallen kann. In jedem ist ein eigener Funke enthalten, der die Flamme des Glücks und der Wahrheit entzünden kann und vielleicht in der zehnten Generation zur feurigen Eruption eines Genies wird, das ... der Menschheit dabei das Licht einer neuen Sonne schenkt."

Korczak erkennt so an, dass jedes Kind sich individuell von anderen Kindern unterscheidet. Es gibt Kinder, die viel Schlaf, und Kinder, die wenig Schlaf benötigen, Kinder, die sich immer und viel bewegen wollen, und Kinder, die längere Zeit sich ruhig beschäftigen mögen. Es gibt ungeduldige und unkontrollierte und ruhigere und diszipliniertere Kinder, gesunde und kränkliche Kinder. Solche Aufzählungen ließen sich beliebig fortsetzen. Kann man, darf man all diesen so unterschiedlichen Kindern auf gleiche Weise begegnen? Darf man für alle diese Kinder gleiche Ziele erstreben? Korczak weiß, dass jeder Mensch Fähigkeiten und Begabungen entwickeln kann, die ihn besonders auszeichnen. Darum sollen Kinder bzw. Menschen die sein können, die sie sind bzw. die werden können, die sie werden wollen. Vielleicht können Menschen, die sie selbst bleiben können, dann auch „bessere Menschen" werden:

„Eine neue Generation wächst heran, eine neue Welle erhebt sich. Sie kommen mit Fehlern und Vorzügen; lasst uns die Voraussetzungen schaffen, daß sie bessere Menschen werden können ... wir können Kornblumen nicht befehlen, Getreide zu werden. Wir sind keine Wundertäter, wir wollen aber auch keine Scharlatane sein. Entsagen wir also der trügerischen Sehnsucht nach vollkommenen Kindern."
Korczak will sogar schwierige, verhaltensauffällige Kinder nicht überfordern. Er weiß, dass auch solche Kinder Verständnis und Unterstützung brauchen: „'Du bist jähzornig', sage ich zu einem Jungen. 'Nun ja, dann schlag nur zu, aber nicht zu fest; brause nur auf, aber nur einmal am Tag.' Wenn ihr so wollt habe ich in diesem einem Satz meine ganze Erziehungsmethode zusammengefaßt."

Zitate aus: J. Korczak, Das Kind in der Familie, in: Wie man ein Kind lieben soll, S. 1–150; J. Korczak, Das Recht des Kindes auf Achtung, in: Das Recht des Kindes auf Achtung, 3. Aufl., Göttingen 1979, S. 7–36.

① Überlegt, was Korczak zu der Idee sagen würde, einen Regelkatalog aufzustellen, was man Kindern jeweils mit welchem Alter erlauben und verbieten sollte!

② Wenn tatsächlich alle Menschen ein „Recht auf den heutigen Tag haben", was heißt das für Lern- und Umgangsformen in der Schule? Darf jetzt etwa auf Lernen für die Zukunft verzichtet werden?

③ Was, glaubt ihr, ist der wichtigste Erziehungsgrundsatz Janusz Korczaks?

④ Wenn ihr diese drei „Rechte" der Kinder bedenkt, würdet ihr alle „Rechte" für gleichermaßen wichtig halten?

⑤ Glaubt ihr, dass die Erwachsenen, die Kinder erziehen, diesen „Rechten" gerne zustimmen würden? Warum bzw. warum nicht? Erstellt eine Liste mit möglichen Äußerungen von Erwachsenen zur Forderung Korczaks nach solchen Kinderrechten!

Was hat Korczak Kindern gegeben?

Janusz Korczak war kein weltfremder Träumer, aber er verfolgte dennoch die Utopie einer besseren Welt: „Wir fordern: beseitigt den Hunger, das Elend, die Feuchtigkeit und die Stickigkeit, die Enge und die Überbevölkerung. Ihr seid es doch, die ihr die Voraussetzungen für Rebellion und Seuchen schafft: eure Leichtfertigkeit, euer Unverstand und eure Unfähigkeit zur Ordnung."
Diese Kritik hat Korczak vor weit mehr als 50 Jahren geschrieben! Sind diese Worte unterdessen veraltet oder noch immer aktuell?
Korczak setzte einer solchen Welt den Versuch entgegen, Menschen, Kinder sein zu lassen, wie sie waren, ihr Leben in jedem Moment wichtig zu nehmen, sie ihr Leben leben und so auch selbst suchen und finden zu lassen. Wenn diese Kinder ihn dann verließen (z. B. weil sie zu alt für das Leben in einem Waisenhaus geworden waren), dann gab er ihnen folgende Worte mit auf dem weiteren Lebensweg:
„Nichts geben wir euch! Wir geben euch keinen Gott, denn ihr müßt ihn selbst in eurer eigenen Seele, in eigenen Anstrengungen suchen. Wir geben euch kein Vaterland, denn Ihr müßt es in Eurer eigenen Arbeit, in Euren Herzen und Gedanken finden. Wir geben euch keine Menschenliebe, denn es gibt keine Liebe ohne Ver-

gebung – und das ist die Mühseligkeit, Schwierigkeit, die jeder selbst überstehen muß. Wir geben euch jedoch eines: Sehnsucht nach einem besseren Leben, das es noch nicht gibt, aber geben wird, nach einem Leben voll Recht und Gerechtigkeit."

Was Korczak ihm gegeben hat, hat einmal ein ehemaliger Waisenhauszögling, der Handwerker geworden war, Jahrzehnte nach seinem Leben im Waisenhaus Korczaks so in Worte gefasst: „**Sehen Sie, Korczak hat mir das Wichtigste gegeben: ein gutes, solides Fundament. Selbst wenn das Haus abbrennt oder abgerissen wird, auf so einem Fundament kann man immer ein neues errichten. Das Fundament ist das wichtigste."**

(Zitate bei J. Korczak, Das Recht des Kindes auf Achtung, S. 37; A. Lewin, Auf den Spuren der pädagogischen Gedanken J. Korczaks, in: K. Ermert (Hrsg.), Erziehung in der Gegenwart. Zur aktuellen Bedeutung der pädagogischen Praxis und Theorie J. Korczaks, Loccum 1988, 58f.; M. U. Z. Wróblewski, Siebzehn gute Jahre, in: J. Korczak, Von der Grammatik und andere pädagogische Texte, S. 180.)

● Überlegt gemeinsam: Was könnten Kinder im Umgang mit Korczak gelernt und erfahren haben, dass sie auf diesem Fundament ihr gesamtes weiteres Leben erfolgreich bewältigen konnten?

Janusz Korczak, Das Recht des Kindes auf Achtung, hrsg. von E. Heimpel und H. Roos, Göttingen 1970.
Janusz Korczak; Wie man ein Kind lieben soll, hrsg. von E. Heimpel und H. Roos, Göttingen 1983.
Janusz Korczak, König Hänschen I (dtv junior).
Janusz Korczak; König Hänschen auf einer einsamen Insel (dtv junior).
Wolfgang Pelzer, Janusz Korczak. Mit Selbstzeugnissen und Bilddokumenten (rororo bildmonographien).
Monika Pelz, Nicht mich will ich retten. Die Lebensgeschichte des Janusz Korczak, Beltz & Gelberg Biographie.

Andrej Wajda, Korczak, (Deutsche Bearbeitung: Defa-Studio Babelberg, Regie: H. Kratzert).

Abbildungsverzeichnis

S. 1: Die Zeit, Nr. 6/1975, nach: M. Seidel, Erziehung wozu? Frankfurt 1976, S. 29.
S. 2: aus: Spielzeit. Spielräume in der Schulwirklichkeit, Friedrich-Jahresheft XIII, 1995.
S. 3: E. Meueler-Mainz, Die Freiheit auf dem hohen Seil und auf dem harten Boden, in: PÄD Forum 3/1996, S. 274.
S. 4: Deutsches Institut für Fernstudien, Zeitungskolleg, Achtung Kinder: Studienführer, Tübingen 1979, S. 27.
S. 6: Loriots Großer Ratgeber. Gütersloh o.J., S. 42.
S. 7: Bundeszentrale für gesundheitliche Aufklärung, Familienbilder, Köln 1979, Titelseite.
S. 10: Deutsches Institut für Fernstudien, Zeitungskolleg, Achtung Kinder: Studienführer, Tübingen 1979, S. 7.
S. 11: R.G. Lempp, Kinder für Anfänger. Zürich 1968, S. 34.
S. 15: Die Rechte der Kinder. Freinet-Pädagogik. Bremen o.J., S. 114.
S. 17: Die Rechte der Kinder. Freinet-Pädagogik. Bremen o.J., S. 76.
S. 18: M. Moisio, aus: Internationales Jahrbuch der Fotografie 1983, Düsseldorf 1982, S. 158.
S. 30: Fliegende Blätter, Nr. 17, München 1845, S. 132.
S. 38: aus: Ludwig Fertig. Zeitgeist und Erziehungskunst, Darmstadt 1984. S. 100, 106.
S. 48, 51, 55, 59, 67, 69, 70, 72, 73, 75: eigenes Bildmaterial
S. 52: eigene Collage
S. 61: A.R.Penck: Der Übergang. 1963.
S. 79: Titelbild von: Schulfreud, Schulleid durch alle Zeit. Geschichten und Bilder zum Schulmuseum Friedrichshafen. Allen großen und kleinen Kindern gewidmet von Gisela Frey. Friedrichshafen 1992.
S. 83: aus: Schulfreud, Schulleid durch alle Zeit. Geschichten und Bilder zum Schulmuseum Friedrichshafen. Allen großen und kleinen Kindern gewidmet von Gisela Frey. Friedrichshafen 1992, S. 19.
S. 84 oben: aus: Schüler. Herausforderungen für Lehrer. Friedrich-Jahresheft 1984, S. 138.
S. 84 unten: aus: Schüler. Herausforderungen für Lehrer. Friedrich-Jahresheft 1984, S. 54.
S. 85 oben: aus: Schüler. Herausforderungen für Lehrer. Friedrich-Jahresheft 1984, S. 74.
S. 85 unten: Freinet-Klasse aus: Lernmethoden, Lehrmethoden. Wege zur Selbständigkeit, hrsg. von Meinert A. Meyer u. a., Friedrich-Jahresheft XV. 1997, S. 31. © Veit Mette, Bielefeld
S. 87: Rückseite von: Schulfreud, Schulleid durch alle Zeit. Geschichten und Bilder zum Schulmuseum Friedrichshafen. Allen großen und kleinen Kindern gewidmet, von Gisela Frey, Friedrichshafen 1992.
aus: Schüler. Herausforderungen für Lehrer, Friedrich-Jahresheft 1984. S. 74.
S. 88: Th. Th. Heine aus: Unterrichtsstörungen – Dokumentation, Entzifferung, Produktives Gestalten, Friedrich-Jahresheft V, 1987, S. 21.
S. 91: Schulappell ... aus: Verantwortung, hrsg. von Peter Fauser und Käthe Meyer-Drawe, Friedrich-Jahresheft X, 1992, S. 32. © DIZ München
S. 95: aus: Unterrichtsstörungen – Dokumentation, Entzifferung, Produktives Gestalten, Friedrich-Jahresheft V, S. 19.
S. 100: Knöpfel, E.: Echt abgedreht – Werte der Jugend ... in: Pädagogikunterricht 2/3, 1996, S. 38.
S. 105: aus: Liebe und Sexualität. Schüler 1996. Friedrich-Jahresheft 1996, S. 32.
S. 107: Walter Bartussek: Pantomime und darstellendes Spiel. Mainz 1991, S. 58.
S. 110: Pädagogik. (49) 1997, H.7–8 (Titelfoto).
S. 112: Spiegel spezial 12/1997, S. 50.
S. 116 oben li.: aus: leben und erziehen. Magazin für Eltern. Oktober 10/1991. S. 3.
S. 116 Mitte: aus: Pädagogik (49) 1997, Hf. 7/8, S. 60. © Wolfgang Beutel, Jena
S. 117, 119, 120, 121: Zeichnungen von Julia Gröning (eigenes Material).
S. 130, 134, 135, 137, 140, 143: eigenes Bildmaterial.
S. 125: Spiegel spezial 12/1997, S. 18.
S. 128 oben: Stadtbibliothek Wuppertal.
S. 128 unten: Jugendzentrum Wetter.
S. 146: Pädagogik 9/1993, S. 10. © Katharina Joanovic, Hamburg
S. 149: aus: basta. Nein zur Gewalt. Auch auf DICH kommt es an. Ein Heft für Jugendliche 96/97, hrsg. von der Arbeitsgemeinschaft Jugend und Bildung e. V., Langenbeckstraße 9, 65189 Wiesbaden in Zusammenarbeit mit dem Bundesministerium des Innern, Wiesbaden: Universum-Verlagsanstalt, S. 9.

S. 151:	R.-E. Posselt u. K. Schumacher, Projekthandbuch: Gewalt und Rassismus. Mülheim a. d. Ruhr, 1993, S. 297.
S. 159:	GEO: Sinne und Wahrnehmung, Hamburg 3/1997, S. 79.
S. 161:	Relief in Olsztyn (Allenstein); aus: E. Dauzenroth, Janusz Korczak 1878–1942. Der Pestalozzi aus Warschau, Zürich 1978, S. 82.
S. 165:	aus: Wolfgang Pelzer, Janusz Korczak. Mit Selbstbildnissen und Bilddokumenten. Reinbek, 1987, S. 46.
S. 166:	aus: Wolfgang Pelzer, Janusz Korczak. Mit Selbstbildnissen und Bilddokumenten. Reinbek, 1987, S. 56.
S. 168:	aus: Wolfgang Pelzer, Janusz Korczak. Mit Selbstbildnissen und Bilddokumenten. Reinbek, 1987, S. 65.
S. 172:	Titelbild von: Januszc Korczak, König Hänschen I, München: dtv-junior 1974.
S. 173:	aus: Kinderwelt: Bewegungswelt, Friedrich-Verlag 1982, S. 95.
S. 174:	aus: Kinderwelt: Bewegungswelt. Friedrich-Verlag 1982, S. 97.

Sollte trotz aller Bemühungen um korrekte Urheberangaben ein Irrtum unterlaufen sein, bitten wir darum, sich mit dem Verlag in Verbindung zu setzen, damit wir eventuelle Korrekturen bzw. Vergütungen vornehmen können.

Textquellenverzeichnis

S. 2:	nach: U. Baer, 666 Spiele, Friedrich Verlag, Seelze, 1994, S. 208, leicht gekürzt.
S. 5:	aus: Heidrun Bründel, Klaus Hurrelmann, Hilflosigkeit, Züchtigung, Mißbrauch in: Erhard Friedrich Verlag SCHÜLER 95: Gewaltlösungen, Friedrich Verlag, Seelze 1995, S. 58f.
S. 8:	aus: Astrid Lindgren, »Lotta zieht um«, Oetinger Verlag, Stuttgart 1962. Übersetzt von Thyra Dohrenburg.
S. 9:	Mein Kind darf alles, in: FAZ vom 9.11.1987
S. 10:	aus: Redaktion Deutsches Institut für Fernstudien, Die Schwierigkeit, richtig nein zu sagen, in: Deutsches Institut für Fernstudien, Achtung: Kinder, Textsammlung, Tübingen, 1979, S. 175
S. 12:	aus: Alice Miller, Am Anfang war Erziehung, Suhrkamp Taschenbuch, Frankfurt 1983.
S. 13:	aus: St. Aufenanger/D. Garz/M. Zutavern, Erziehung zur Gerechtigkeit, Reinhard Verlag, München 1981, S. 84 und 122.
S. 14:	aus: Erich Fromm, Haben oder Sein, DVA, Stuttgart 1976, S. 45ff (Auszüge). Übersetzt von Brigitte Stein.
S. 17:	aus: Bundesminister f. Jugend, Familie und Gesundheit, Bonn 1979, S. 15.
S. 19:	aus: H. Gudjons, Auf meinen Spuren, Bergmann + Helbig, Hamburg 1992, S. 207f.
S. 20:	aus: D. E. Zimmer, Kinder der Wildnis (I), in: zeit-magazin 38/1985, S. 49ff.
S. 22:	nach: Fischer/Bubolz, Entwicklung und Sozialisation, Frankfurt 1984, S. 56f. (gekürzt).
S. 24:	aus: H. Hobmair (Hrsg.), Psychologie, Stam Verlag, Köln 1997, S. 252f.
S. 26:	aus: Karlheinz Scherler, Grips muß greifen, in: Deutsches Institut für Fernstudien, Zeitungskolleg: Kinder, Basisartikel, Tübingen, 1979, S. 8f.
S. 27:	aus: Martin Hirzel, Wer ist Papis Frau, in: Deutsches Institut für Fernstudien, Zeitungskolleg, Achtung: Kinder. Textsammlung, Tübingen 1979, S. 118.
S. 32:	Reiner Luyken, Prügeln oder nicht? Ein Neunjähriger verklagt seinen Stiefvater, nun streiten die Briten, in: DIE ZEIT, Nr. 39, 20.09.1996.
S. 34:	aus: E. E. Geißler, Erziehungsmittel, 4., völlig neu bearbeitete Auflage, Klinkhardt Verlag, Bad Heilbrunn/Obb. 1973, S. 152 und S. 132.
S. 35:	Johann Heinrich Pestalozzi, in: Die Strafe in der Erziehung, bearbeitet von Hans Netzer, Beltz Verlag, Weinheim – Berlin – Basel 1959, S. 32–35.
S. 36:	aus: Jean Jaques Rousseau, in: Die Strafe in der Erziehung, bearbeitet von Hans Netzer, Beltz Verlag, Weinheim – Berlin – Basel 1959, S. 21f.
S. 39:	aus: Christa Meves, Mut zum Erziehen, Hamburg 1970; zit. nach: E. Groß, Tiefenpsychologische Aspekte der Erziehung I, Schwann, Düsseldorf 1975, S. 45f.
S. 41:	aus: „Brigitte", Hf. 11, 1971; zit. nach: J. Langenfeld, Das Normenproblem in der Erziehung, Schwann, Düsseldorf 1977, S. 45f.
S. 42:	aus: Manfred u. Monica Borchert, Karin Derichs-Kunstmann u. Wilfried Kunstmann, Erziehen ist nicht kinderleicht, Fischer Verlag Frankfurt/M. 1977, S. 19f.
S. 43:	aus: M. u. M. Borchert, K. Derichs-Kunstmann u. M. Kunstmann, S. 28f.
S. 45:	aus: Fulton u. Will Oursler, Pater Flanagan von Boys Town, Baden-Baden 1951, zit. nach: Die Strafe in der Erziehung, bearbeitet von Hans Netzer, Beltz Verlag, Weinheim – Berlin – Basel 1959, S. 91–93.
S. 47:	aus: Astrid von Friesen, Liebe spielt eine Rolle. Erziehung im Geben und Nehmen, Rowohlt, Reinbek 1995, S. 114f.
S. 55:	aus: Regina Becker-Schmidt, Geschlechtertrennung – Geschlechterdifferenz, Dietz Verlag, Bonn 1987, S. 107.
S. 56:	aus: Ursula Scheu, Wir werden nicht als Mädchen geboren – wir werden dazu gemacht, Fischer, Frankfurt am Main 1995, S. 63f.
S. 57:	aus: Marianne Grabrucker, Wie man Mädchen wird, in: Psychologie Heute, Beltz Verlag, Weinheim 1989, Heft 9, S. 46f.
S. 59:	aus: Uwe Sielert, nds 21, 1992, S. 5.
S. 59:	aus: Ernst E. Ecker, Die Reitergeschichte, in: Mädchen dürfen stark sein..., Rowohlt, Hamburg 1985, S. 52ff.
S. 62:	aus: Katja Leyrer, Hilfe! Mein Sohn wird ein Macker, Konkret Lit. Verlag, Hamburg 1992, S. 12f., 16–25 (Auszüge).
S. 69:	aus: D. Sellerberg/S. Hermanowski, in: Brave Mädchen, böse Buben, Beltz Verlag, Weinheim 1993, S. 145ff.
S. 75:	aus: B. Bettelheim, Zeiten mit Kindern, Herder Verlag, Freiburg 1994, S. 47f.
S. 80:	aus: J. Korczak, Die gegenwärtige Schule; in: Ders., Von Kindern und anderen Vorbildern, Bertelsmann Verlag, Gütersloh 1979, S. 67–71, hier S. 70f.

S. 92:	aus: Arbeitsbuch für den Unterricht in der deutschen Sprache an Volksschulen, bearbeitet von Paul Garz u. a., Hf. 3 (5.–6. Schuljahr), 2. Aufl., Wiesbaden 1942, S. 77.
S. 93:	aus: Rechenbuch für Volksschulen. Gaue Westfalen-Nord- und Süd. Ausgabe A für mehrklassige Schulen, Hf. VII – Siebentes und achtes Schuljahr, Leipzig u. Dortmund [1941], S. 121 f.
S. 94:	aus: Irina Korschunow, Die Sache mit Christoph, Zürich/Köln 1978, zit. nach: Th. Eggers, Schulhaus-Geruch, München 1979, S. 25–32.
S. 96:	aus: „Der Spiegel", Hf. 34, 1997, S. 170–172.
S. 102:	aus: Gegenwartskunde 3/1997, S. 321, 324 f.
S. 106:	nach: J. Langefeld / Verband der Pädagogiklehrer, Auf dem Wege zum Selbst, Jgst. 9.2., Wuppertal 1989, S. 16.
S. 107:	nach: J. Langefeld, J./Verband der Pädagogiklehrer, Auf dem Weg zum Selbst, Jgst. 9.2., Wuppertal 1985, S. 17 f.
S. 109:	Bundeszentrale für politische Bildung, ZEITLUPE: Familie, 1994, S. 18.
S. 110:	Bundeszentrale für politische Bildung, ZEITLUPE: Familie, 1994, S. 19.
S. 111:	H. Oswald /W. Boll, Das Ende des Generationenkonflikts ..., in: Bundesmin. f. Familie, Senioren, Frauen und Jugend, Familie und Erziehung in Deutschland, Stuttgart 1995, S. 55.
S. 112:	aus: H. Giesecke, Das Ende der Erziehung, Klett, Stuttgart 1986, S. 83, 89 f.
S. 114:	aus: H. Gudjons u. a. Auf meinen Spuren, Hamburg 1992, S. 251 f.
S. 116:	aus: H. E. Richter, unveröffentlichtes Manuskript
S. 119:	aus: Brigitte Blobel, Meine schöne Schwester, Bertelsmann Verlag, Gütersloh 1989, S. 10 f., 27, 71 f., 102 f., 136, 139, 161 f., 216, 218 f.
S. 126:	aus: Helga und Hubert Teml, Komm mit zum Regenbogen. Phantasiereisen für Kinder und Jugendliche. 6. Auflage, Linz: Veritas-Verlag 1996, S. 114.
S. 147:	aus: A. Holzbrecher, Wahrnehmung des Anderen, Leske + Budrich, Opladen 1997, S. 164 f.
S. 148:	aus: Karl Valentin, Fremd ist der Fremde nur in der Fremde. zitiert aus: PÄDAGOGIK H. 9/ Sept. 1993, S. 13.
S. 151:	aus: A. Holzbrecher, Wahrnehmung des Anderen, Leske + Budrich, Opladen 1997, S. 250 (veränd.).
S. 152:	Manfred Zacher in dem Heft **„Vorurteile"** aus Herten, in: Aktion Courage – SOS Rassismus, Handbuch Schule ohne Rassismus, Villigst, 1996, S. 96.
S. 155:	aus: Birgit Rommelspacher, Die Erfindung des Fremden die tageszeitung, Berlin 27.11.1997 (gek.).
S. 157:	aus: Aktion Courage – SOS Rassismus Spiele, Impulse und Übungen, Villigst 1996, S. 102.
S. 158:	aus: A. Holzbrecher, Wahrnehmung des Anderen, Opladen 1997, S. 258.
S. 159:	aus: C. Thürmer-Rohr, Die Taubheit des Odysseus in: die tageszeitung vom 01.07.1994 (gek.).
S. 160:	aus: Celik H. Eren, Suche in der Fremde, Bonn 1992, S. 13/22.
S. 164:	aus: Betty Jean Lifton, Der König der Kinder. Das Leben von Janusz Korczak, 4. Aufl., Verlag Klett-Cotta, Stuttgart 1991, S. 170–178 (Auszüge). Übersetzt von Anngrete Scholl.
S. 168:	Informationen aus: J. Korczak, Wie man ein Kind lieben soll, S. 286–301. Übersetzt von Armin Dross. Göttingen. Vandenhoek & Ruprecht 1979.
S. 169:	aus: Janusz Korczak, Wie man ein Kind lieben soll, S. 312–317.
S. 170:	aus: Janusz Korczak, Wie man ein Kind lieben soll, S. 354–356.
S. 173:	Zitate aus: J. Korczak, Das Kind in der Familie, in: Wie man ein Kind lieben soll, S. 1–150; J. Korczak, Das Recht des Kindes auf Achtung, in: Das Recht des Kindes auf Achtung, 3. Aufl., Göttingen 1979, S. 7–36.
S. 176:	(Zitate bei J. Korczak, Das Recht des Kindes auf Achtung, S. 37; A. Lewin, Auf den Spuren der pädagogischen Gedanken J. Korczaks, in: K. Ermert (Hrsg.), Erziehung in der Gegenwart. Zur aktuellen Bedeutung der pädagogischen Praxis und Theorie J. Korczaks, Loccum 1988, 58 f.; M. U. Z. Wróblewski, Siebzehn gute Jahre, in: J. Korczak, Von der Grammatik und andere pädagogische Texte, S. 180.)

Sollte trotz aller Bemühungen um korrekte Urheberangaben ein Irrtum unterlaufen sein, bitten wir darum, sich mit dem Verlag in Verbindung zu setzen, damit wir eventuelle Korrekturen bzw. Vergütungen vornehmen können.